子どもイメージと心理療法

網谷由香利

論創社

はじめに

分析心理学における治療者イメージのひとつに「傷ついた治療者」がある。この「傷ついた治療者」の諸要素を扱った論を仮に「『傷ついた治療者』論」と名づける。本書は「傷ついた治療者」論に立脚している。

「傷ついた治療者」の概念は、マイヤーによって示唆された。グッゲンビュール＝クレイグは神話を通して論究し[1]、グロウスベックによって心理療法実践において具体的なイメージが提示された。本書は、この流れを汲むものである。

筆者は心理臨床実践において、セラピストがクライエントとの関係性の中で心理的な傷つきを体験した後に、「子どもイメージ」が生まれることが、治療機序に関わっているという経験を持っている。セラピストとクライエントもしくはその両者に子どもイメージが現れ、セラピストがその子どもイメージと関わりをもつことが、心理療法の展開に繋がった。

本書はそのような経験から導きだされたセラピストの内的体験を、分析心理学における「傷ついた治療者」論の枠組みにおいて論考したものである。

本書では、セラピストが「傷ついた治療者」として機能するために生まれる子どもイメージを理論化する際の方法論として、日本神話との対応が用いられた。分析心理学では神話はこころの体験をうつしだしていると考えられているが、「傷ついた治療者」論と神話との繋がりは、従来ヨーロッパの神話であるアスクレピオスの神話を基に展開されてきた経緯があり、日本神話による体系的な試みは少なく、また子ども神を論じた研究も多くはなかったと思われる。

心理療法と日本神話を結びつけた研究者のひとりとして知られる織田尚生は、分析心理学の立場から「わたしたちのこころは、神話によって基礎づけられている」[2]「(神話は)わたしたちの文化を深層において規定し」[3]ていると述べている。日本人であるセラピストとクライエントのこころを映し出せると思われる日本神話の中から、治療の機序となりえている「傷ついた治療者」、「子ども神」、「傷」に関する記述をとりあげることは、我々日本人の治療論を考える上で意味があると考えている。

「傷ついた治療者」であるセラピストの内的体験が、日本神話に登場する神々の体験したことと密接な関係を持っていることを考察する。さらに、「傷ついた治療者」や「子ども神」の出現に関連して記述される「吟」・「愁」・「忽然」の漢字用法分析を通して、そのときの神々の心理状態が治癒の機序となりえる「傷ついた治療者」としてのセラピストの心理状態と重なることを検証していく。

臨床素材として、セラピストとクライエント双方のイメージや夢を中心とした内的体験を具体的に記述した五事例を取り上げた。深いレベルでのこころの傷つきを負ったクライエントとの心理療法実践において、「傷ついた治療者」として機能しているときのセラピスト側の逆転移としての内的体験を五事例を通して論述する。

そして、セラピストが「傷ついた治療者」として機能するために、「子どもイメージ」が生じる場合があることを現象学的に提示し、検証する。(4)

「子どもイメージ」を取り上げる際、中心に扱っていくのは、セラピストの内的体験である。当然のことではあるが、セラピストの内的作業だけでは、現実の心理療法は成り立たない。心理療法の中ではセラピストとクライエントの双方が、現実の生の体験と心的内的体験との二つの次元を異にする体験をする。しかし、本書では、イメージを問題にし、論究の対象としていくために、セラピストの内的体験に焦点を当て、心理療法の中で展開するセラピスト、クライエントの現実の関わりの部分はあえて論の中に記述することを排除した。

心理療法の中でセラピストにどのようなイメージが生じ、セラピストは何を感じ、何を体験しているのか、という視点から、セラピストが、「傷ついた治療者」イメージを生きるためには、「子どもイメージ」との出会いが必要な場合があることについて述べていきたい。

心理療法の中で子どもイメージが生じ、このイメージとセラピストが関わり、イメージを生きることによって治療が進展するという現象は、すでにロジャースによって実例が示されている。(5)しかし、晩年のロジャースの体験ということもあってか、あまりこのことは一般に知られていないように思う。彼は子どもイメージが生じたセラピストの体験について、「稀」に起こったものであると述べている。しかし、本書で紹介する事例には、すべて子どもイメージが生まれている。

各事例に共通していえることは、子どもイメージが生まれたことが契機となり、治療の転回点となる現象が見られるということである。

子どもイメージと言っても、そこには個人的無意識の現れから、集合的無意識の現れと思われるものまで幅があるが、本書に提示した心理療法過程の中では、両方の子どもイメージが出現している。その中で、治療の転回点に出現し、回復の契機をもたらす「子どもイメージ」は、集合的無意識の現れのひとつであり、元型的なものであるといえるであろう。

心理療法の中でセラピストにイメージが生じ、セラピストがそのイメージと関わることでクライエントの持つ「いわれなき傷」と出会い、クライエントと同様の体験をするが、両者のこの体験が重なったとき、一定の作業プロセスを経て、どちらの個人史にも帰せない元型的子どもイメージが両者の間に立ち上がる。

このイメージと結びつくことで、「傷ついた治療者」イメージが生まれ、その結果、治療的機能が働きだすのであろう。以上のような作業は、先行体験として、セラピストにまず起こり、セラピストの体験の後に、クライエントにも同様のプロセスが現れる事が多い。

臨床の場で、セラピストが「傷ついた治療者」を生きるための必要条件としての子どもイメージを取り上げ、各事例の中で、子どもイメージの多彩な姿と特徴について提示し、あわせてセラピストに子どもイメージが生じる治療的条件、治療プロセス、治療的効果などについて具体的に述べていく。また、子どもイメージを単に恣意的で漠然としたイメージとして取り扱うのではなく、イメージと治療の細部を組み合わせ、照合して論じていく。

セラピストの中に生じたイメージを追いながら、『古事記』『日本書紀』の「神話の知」を用いて、心理療法の実際の理解を深めていきたい。

本書では、臨床的接近方法による心理臨床実践において、セラピストに体験されている体感やイメージが、治療促進的に機能する方途の可能性を提示すると同時に、限界をふまえた上で一般化への道を示したいと思う。

現代社会が複雑なこころの問題を抱えている今日、心理療法が果たす役割が大きいことはいうまでもない。本書が心理臨床に携わる方々の一助となりうれば幸いである。

二〇一〇年二月

著者

子どもイメージと心理療法　目次

子どもイメージと心理療法

第Ⅰ章　事例1――被虐待経験を持つ不安障害が疑われる成人女性（四十八歳）との面接

――セラピストに生じたナメクジの姿をした元型的な子どもイメージとの関わり

凡例——

「　」はクライエント、〈　〉はセラピストの発言。《　》はセラピストの思い。セラピストの体験は二字下げ。（　）はその他注記。〔　〕はクライエントの夢内容。なお、個人のプライバシーに配慮するために、一部変更を加えてある。

1　「事例1」の概要

＊クライエント――Aさん、女性、四十八歳、無職

＊主訴――心の奥底に母親への怨みがあり、いつか怒りが噴出し、現実に仕返しをしてしまいそうで怖い。実母に似た女性を見るだけで震えてきて苦しい。長年苦しんできた実母との関係を解決したい。

＊家族構成――夫（公務員）、長男、次男

＊原家族――父親、母親、弟（二人）

＊生育歴および問題の経緯――幼少期から、実母による身体的、心理的虐待を受けていた。虐待の出来事はずっと忘れていたが、子どもの予防接種を受けに保健所に行ったときに「虐待」の資料が偶然に目に入り、身体中が震え、強いショックを受けた。虐待は記憶がある三歳から、社会人になっても続いた。最近、実母に似た雰囲気の女性が近所に引っ越してきたことが契機となり、自分が虐待を受けてきた記憶を次々に思い出すようになり、強い不安が襲うようになった。

＊第一印象――礼儀正しく、真面目で奥ゆかしく知的に高い女性だという印象を受ける。眼鏡をかけており、清楚な服装には気配りが感じられる。実年齢よりも若く見えるが、表情がなく能面をかぶっているように見える。

＊ＤＳＭに基づく診断分類(1)――全般性不安障害(2)
＊来談経路――Ａさんから直接面接依頼があった。
＊面接構造――民間心理面接室。隔週五〇分。自費。全二年五ヶ月（Ｘ年五月〜Ｘ＋二年九月）。計四七回。
＊スーパーヴァイザー――初回から終結までついていない。

2 「事例１」の経過

第1期　セラピストに生じた傷つけられた小さな子どもイメージと、恐ろしい母親イメージ

第一回　Ｘ年五月

Ａさんのインテーク面接はセラピストが担当した。Ａさんはインテーク面接のための情報を正確に速く、びっしりと用紙に記述した。Ａさんは「ずっと過去を振り返ることから目を背けてきました。自分が女の子を産むことが怖かった。同じことをしてしまうんじゃないかと不安でした」と話し、実母から受けた虐待の記憶を語り始めた。

「三歳の頃、後ろから母に捕まえられ、畳に叩きつけられ、鼻血を大量に出して目の前が血の海になり、翌日、このときの血で血まみれになった父親のＹシャツを母親が笑いながらクリーニ

ング店に出したことなどを鮮明に思い出します。よく母親に腕を引っ張られて、腕が抜けてしまいました。高校を卒業して社会人になって、母親にお給料を渡すようになっても虐待はなくならなかった。母親は二人の弟のことは猫可愛がりしていました。」

Aさんは終始冷静に表情を変えずに、話の内容と不釣合いな程、どこか他人事のように淡々と語った。

セラピストは、Aさんからシンデレラの物語を聴かされているような気持ちになってきた。Aさんが冷静であればあるほど、いつしかグリム童話の世界に入ったような感覚になっていった。

第二〜三回　X年六月

前回同様に、Aさんは表情を変えずに冷静に語った。「私は長女だったので、社会人になってからも、弟二人が独立するまでは、家を出ることは考えられませんでした。父は給料が安くて、すぐに私の給料は父の給料を抜いてしまったので、母親は私の給料を当てにしていました。」

この時期のセラピストはグリム童話の世界にすっぽり入った感覚から抜け出せず、目の前のAさんがますますシンデレラに見えてきた。

第四〜五回　X年七月

「子どものときは本当に惨めでした。お金もないし、行くところもないし。いつも早く死ねないかなと思っていました。小学生の頃は自殺したくて、安全かみそりで手首を切っていました。最近、近所に越してきた人が母親に似ていてとても怖い。私が引き寄せちゃうんでしょうか。職場でもまたそういう人に会ったら怖いから、社会復帰ができません。」

「私が引き寄せちゃうんでしょうか」とAさんは問いかけたが、セラピストに具体的な答えを求めているようには感じられなかった。

何も語らずにAさんの話を聴いているうちに、セラピストの中にみすぼらしい洋服を着せられた弱々しい小さな子どもイメージと、恐ろしい顔をした母親イメージが生まれてきた。その小さな子どもが恐ろしい母親から木刀で殴られる映像が浮かび、セラピストの身体に痛みが走ってきた。

第六〜七回　X年八月

第六回から、Aさんは面接時間のほとんどを沈黙するようになった。第七回では、面接終了五分前に初めて口を開いた。「先日、近所に住む三歳くらいの女の子が『猫がいなくなっちゃった』って泣きながら歩いていたんです。町内に響き渡るような大きな声で泣きわめいていて、すごいパワーを感じました。思い切り自由に泣いているのが羨ましかった。」

Aさんはこのように日常の出来事を淡々と話した。Aさんの表情が変わらないため、情動が動いているようには見えないが、Aさんの内側では、自由に泣きわめく子どもを切実に羨ましいと感じていることが伝わってきた。Aさんの話から影響を受け、セラピストは自分自身の個人的な体験を思い出した。

幼稚園児の頃、いなくなった猫を泣きながら探したことがある。Aさんの近所の三歳の女の子のように、町内に響き渡るような大きな声で泣いていた場面が浮かんできた。セラピストは、Aさんの近所の泣きわめく三歳の女の子も、幼稚園児の自分も、愛おしいと感じた。

第八〜九回　X年九月

Aさんの沈黙は続いた。セラピストは耐えられない睡魔に襲われるようになった。Aさんは「沈黙」という睡眠薬を使ってセラピストを眠らせようとしているのかと思う程だった。

睡魔と闘っているうちに、セラピストの中に恐ろしい母親に殴られている小さな子どもイメージが再び生まれてきた。イメージの中で、恐ろしい母親は子どもを柱に縛りつけ、「眠ったら殴り殺す」と叫んでいるような気がしてきた。現実のセラピストの身体を睡魔が恐ろしい強さで締め付けてきた。

セラピストは睡魔と闘うことが拷問のように感じ、《いっそ殺して欲しい》と願いながら、その願いと矛盾するように、イメージの中の小さな子どもに、《負けないで》と声をかけた。

このとき、自分の中の小さな子どもが石の上で眠るイメージが生まれてきた。セラピストは生理的な睡魔を、このイメージと関わることで耐えた。

しばらくすると、イメージの中に突如小さなペルシャ猫が小さな子どもの足元に現れた。その猫はしなやかにジャンプして、子どもの身体を縛っている縄を嚙み千切って助けてくれた。恐ろしい母親は猫を捕まえようと襲いかかったが、猫は身軽に木に登り、木から木へ飛び続け、恐ろしい母親をおびき寄せてくれた。

イメージの中で、小さな子どもは石の上でぐっすり眠った。現実のセラピストの身体を締め付けていたような睡魔も同時に消えていった。（第九回）

【夢1】〔忍者屋敷みたいなところに子どもと二人でいる。子どもはそこから地元の小学校に行く。二階にいるが、床に穴が開いていて下が透けている。〕

（連想）「どうして二階の床に穴が開いているんだろうと不思議だった。」

第一〇〜一一回　X年一〇月

「実は私にはひとつ違いの妹がいます。私がいたために妹は親戚にもらわれたことを、子どものときに聞かされました。だから、妹に負い目があった。妹が結婚するまで、自分が先に結婚する訳にはいかなかったから、プロポーズしてくれた人を全部断ったんです。私は母が怖い。とにかくすぐ殴って蹴ってくる。早く暴力を終わらせるために、感情は出せなかった。泣いたら暴力が終わらないから。つとめて感情は出さないで生きてきました。父が病気になってしまい、母は父の面倒を見ないから、私が見てあげなきゃいけないとずっと思っていました。」

第2期　セラピストに生じたナメクジの姿をした元型的な子どもイメージとの関わりと、大人殺害のイメージ体験

第一二回〜一三回　X年一一月

【夢2（第一二回）】（前回の面接を受けた日の夜に見た夢。秘密の花園みたいな素敵なところで、子どもたちと、子どもの自分が遊んでいる。『ジャックと豆の木』で、ジャックが下を見るような感じで、地面の下が見える。「また穴が空いているわ」と思った。）

（連想）「子どもになって遊んで楽しかった。最初の夢【夢1】のときは、子どもと置き去りにされている感じで、周りも白黒だった。今回の夢は暖かい感じの彩りだった。誰かと三人くらいで遊んでいた。」

【夢3（第一三回）】（家の周りにいる黒い猫を捉まえた。放りだしたくて、叫んでいる。子どものときに住んでいた家の裏の景色だった。）

（連想）「猫を捕まえたのに、放りだせなくて『どうしよう』と思った。」

「私は子どもであることがとても嫌でした。子どもは他に行き場がないから。女の子だという

理由で学校は二の次だった。家事さえしていたらいいんだと言われていた。家事をしてからじゃないと学校に行かせてくれませんでした。遅刻しないで学校に行くのは稀でした。友だちと遊ぶこともできなかった。自分が子どもだから我慢していた恨み、辛み、本当にいたたまれない。だから、子どもでいることが死ぬほど嫌でした。」

じっとセラピストの目を見て話すAさんの眼鏡の中の目の奥の引力に、セラピストの身体が引き込まれるようだった。セラピストは自分が座っている椅子の肘掛を両手でしっかりとつかみ、Aさんの中に入っていかないように身体に力を込めた。次第に無重力の宇宙に入ったような感覚になってきた。地に足が着かなくなり、真っ黒な宇宙の中に放り出され、自分がどこに漂っていくのかわからず、つかみどころのない、恐ろしい不安に陥った。

その時、真っ赤な顔をした女の子がブラックホールに吸い込まれて行くイメージが浮かんできた。全身から血の気が引いていくような恐怖が襲い、〈誰か助けて〉と繰り返し呟き、渾身の力を込めていると、突如暗闇のイメージの中から、干からびたナメクジのような姿をした恐竜の子どもイメージが生まれてきた。

顔がないこの不気味な生物の子どもは、ニョロニョロと干からびた身体を動かし、宙を泳ぎ、赤い顔の女の子に近寄って来た。そのナメクジの姿の子どもが女の子の身体の水分を奪っている映像が見え、実際のセラピストの喉の粘膜が張り付きそうになり、全身がドクドク音を立てて痛み出してきた。干からびて死んでいく恐怖が襲い、セラピストは〈その女の子は子どもの敵ではない〉とナメクジの姿の子どもに（声を出さずに）全身で叫んだ。その直後に、暗闇の中から「子どもは死ね」と言う大人の声がした。その言葉に対して、ナメクジの子どもは怒りの炎を燃やした。セラピストの乾いた身体は燃えるように熱くなり、ナメクジの姿の子どもは大人の声がする方に身体を巻きつけて行った。セラピストが極限の熱さに耐えていると、大人の断末魔の叫び声がした。《大人は焼け死んだのだろう》と思った。その直後に天から雨が降り、ナメクジの子どもがつるつるとした身体に生まれ変わったイメージが浮かんだ。このようなイメージ体験をしていたセラピストの実際の身体の熱も同時に引いていった。

第3期　Aさんの傷つきの自覚と、夢体験による母親を象徴した動物や虫との戦い

第一四～一五回　X年一二月

「ずっと『母から電話が来たらどうしよう』って不安な気持ちでいたのに、憑き物が落ちたみたいに平気になってきた。子どもの受験を通して夫とも絆が深くなってきました。」

第一六～一九回　X＋一年一月～三月

【夢4】〔イルカがいる海にいた。後ろに船があって、それにもたれかかってとても安心して浮

いていた。」

（連想）「今まで一度もこんな夢を見たことがありませんでした。不安もなくて、ゆったりと浮いていました。子どものとき海が近くにあったけど、怖いイメージだった。海って、赤ちゃんのときに浮いている羊水のことかなと思った。赤ちゃんが羊水で守られるように、私も海に守られているようでした。」

「ここ何年も母親のことが頭の中を占めていて、すごく苦しかった。母親から電話がかかってくると怯えて、ナンバーディスプレー（かかってきた番号が表示される）にしているので、母親からの電話に出ないようにしていた。ずっと母親の存在自体が嫌で嫌で仕方なかったのに、最近は不思議なくらいもう母親のことはどうでもよくなってきました。母親から電話がかかってきても普通に話をしている自分がいる。」

第二〇～二三回　X＋一年四月～五月

【夢5】〔小さい女の子が喉を痛めて咳をしている。女の子の姿は黒くてぼんやりしている。手当をしなきゃと思いました。年齢は四歳か五歳くらい。昔の韓国の女の子みたいな感じで、口の周りに血が付いている。その血はとても綺麗だった。私は少し上から見ている感じでした。〕

（連想）「今までこんな夢を見たことがありません。昔、お医者さんに喉に薬を塗ってもらって治ったことを思い出しました。」

「先日、出かけて自宅に帰ったら、母親から『咳が止まらないよ』という留守録が入っていました。今までだったら、何をおいても母親のところに飛んで行ったのに、今回は私の人生で初めて無視をしました。母親がいる実家まで電車で四時間かかります。以前、母から『下血がある』と何回も電話がきたので、実家に行くと、『ここに血がついているのよ』って血がついている下着を見せられたことがありました。

無理をして母に何をやっても、やってもらうのが当たり前と思っていて、あとで必ず文句を言ってきます。弟たちは何もしないのに、男だからという理由で、母親は弟たちに車を買うお金をあげたりしている。私は母親に愛情をもらえなかった分、なんとかして認めてもらおうと、必要以上に親孝行してきたけれど、自分がどうやって生きたいか、ここで一旦立ち止まり、改めて考えていこうと思います。」

第二四～二七回　X＋一年六月～七月

「あれから母親から留守電が入っても、かけ直していません。母親から暴力を振るわれた後遺症が今も残っていて、身体の調子が悪いので、病院に通院しているのですが、整形外科の先生から、『子どものとき、交通事故に遭いませんでしたか』と言われました。私は交通事故に遭ったことはありません。母親から受けた虐待を夫に話しても、私は生々しい感情が出ないから、実感としてわかってくれない。子どもの頃は、惨めで嫌な想い出ばかりだから、私は二度と子ども時代には戻りたくありません。」

第二八〜三〇回　X＋一年八月〜九月

「一番最初に面接に伺ったとき、面接室のドアを開けた瞬間に、私は顔なし状態だと思いました。でも今は『私は人間だ』って感じます。」Aさんは目に涙をためて、「先生、私、変わりたい」と語った。Aさんの顔が真っ赤になった。このとき、初めてAさんが無邪気で可愛らしい少女に見えた。

【夢6】〔炊飯ジャーを開けている夢。グリーン色がとても綺麗でした。栗の黄色もとても綺麗だった。ご飯に生命力が溢れていた。〕

〔連想〕「あまりに綺麗なご飯だったので、不思議だなと思った。身体に力が入ってきた気がします。」

第三一〜三四回　X＋一年一〇月〜一一月

「虐待のニュースを見ると、はっと昔のことを思い出す。こんなことがあったのに何年も忘れていました。」

【夢7】〔家のかきだし窓のところから太った蛇が入ってこようとする。必死に網戸とサッシを閉めて家の中には入れなかった。蛇が網戸の中にくっついて、ぐにょっとしていました。〕

（連想）「太った蛇が母そのもののようだった。今も母から、『私の方を見てよ』という感じで電話がかかってきます。うにょっとした毒々しい蛇の嫌悪感と母親に対する嫌悪感はすごく似たものがある。現実に二階の雨戸も閉め切っているのは、防犯のためということにしているけど、母親との関係が大きいかもしれません。外側では防犯のためでも、心の中では母親を締め出すってことかもしれない。空き巣なら警察に通報したらいいけれど、母親が無理やり入ってきたら、警察に電話しても、『実の母親なんですから、そちらでやってください』と言われて助けてくれないと思います。」

【夢8】〔家を新築した。広い玄関があって、入って右側にすごく広い白い壁がある。でも玄関までしかできていない。〕

（連想）「実際の自宅の玄関の右側にも白い壁があるけど、夢の中では玄関しかできていないから、まだこれからかな、と思いました。」

第4期　Aさんに生じた可能性を象徴する子どもイメージと、夢体験による母親を象徴した動物や虫の殺害

第三五〜三七回　X＋一年一二月〜X＋二年一月

【夢9】〔小さなお弁当箱にお弁当を詰めて近所の男の子にあげようと思った。でもこれも汚

れている、これも汚れている。どうしよう？　詰めてあげられないというところで目が覚めました。」
（連想）「現実にいつも近所の子どもの面倒を見ています。これはすごく関係があるのかな。よその子にお弁当を作っちゃだめなのかなと思いました。」
【夢10】〔二人の人間がいて、一緒に上下にばっさりと切られた。真っ黒な人間で、中も真っ黒、骨だけ白い。死んじゃう訳ではなくて、移植して助かるんだという内容。私は見ていただけでした。〕
（連想）「すごく不気味だった。誰が誰を切ったのだろう。でも助かる内容で安心しました。」
【夢11】〔二階のベランダに猫が上がってきて、洗濯物を泥で汚した。隣から「屋根に写真がいっぱいあるよ」という声がした。長男の子どものときからの写真が屋根にひらひらいっぱいある。私の親友から二〇年以上借りているカードを一緒にしないと返せない。「返せないわ」って思っていたら、最後にテーブルの上にちゃんとカードがあって、「あぁ、カードが見つかった」というところで夢が終わりました。〕
（連想）「今までに見た事のないような不思議な夢。カードが見つかったっていうのは何なんだろう。わからない。こちらのドアからこちらのドアまで距離がある感じでした。」
【夢12】〔今の住んでいる家の階段にすごく太った猫がいる。いつ入ったのかなと思って、プラスチックのバターナイフを投げつけて、窓から追い出そうとするけれど、追い払えない。捉まえて二階の窓から、その猫を捨てちゃおうと思った。でも、こんなデブだから落ちたら死んじゃうかな？　と思いました。」

（連想）「猫イコール母親。自分の方に侵入してこないように気をつけている自分の気持ちがあったと思います。」

【夢13】（何処かに自分が並んでいました。自分は白地に銀と赤の模様の着物を着ている。並んで順番を待っています。」

（連想）「今度、次男が中学二年になるのを機会に仕事に出ようと思っています。人間関係とかシステムとか変わっているので、自分が社会に出るのは無理だと思っていました。でもここのところ、『やっていける』と思うようになりました。」

【夢14】（建替えている家から、ゴキブリが出てきたので、ゴキブリを山に履き出した。ごにょごにょ動いているけれど、割と平然とタッタタッタ片づけて山に投げ捨てました。」

（連想）「すごく不思議な夢でした。自分が溜め込んでいた物を一斉に在庫整理しているのかなと思います。」

【夢15】（「あ、これだ」と思ったところで目が覚めた。」

（連想）「この夢は前回の夢の続きです。これだけは、内容を全然憶えていなくて、でも何か『これだ』って思いました。私の中で答えがわかった感じがします。」

「最近ぼうっとしていると、こっちの間にドアが見つかって、ドアを開けると、お花畑があって、この頃そこに女の子が出てくるようになりました。ちょっと絵本の原作のような世界です。その女の子が、話しかけてくる訳じゃないけど、言葉じゃないけど、通じるんです。それで先週、絵本の原画展に行ったときに、雲のさきに山が見えて、お日さまが出ている絵があったんですけど、その女の子は『そっちにも行けるんだよ』と言うんです。今までは新しいことをするのは、とても恐かった。でも、今は人間関係とかいろいろあるかもしれないけど、やっていけるって思いが強くなってきました。」

第三八〜四〇回　X＋二年二月〜三月

【夢16】〔前回の面接のあと夢を見ました。ちょっと話しにくい夢。どこか建物の中に自分がいました。私は大便がもれそうになって、トイレに急いでいる。子ども用のプールがあって、紙おむつがひとつ流れていた。側に大きなもにょもにょっとした物があって、それは私から出た大便でした。「あれは何だ?」って言ったら、『それはあなたのよ』と言われて、「エッ、あんな大きいのは出ません」と言ったけど、どうも私のらしい。「ビニール袋に入れて何処かに捨てに行きます」というところで目が覚めました。〕

〔連想〕「どうもあれは母だったような気がします。前はぶっとい猫でした。今度はとんでもないものに変わっていた。」

【夢17】〔檻の中にふかふかのお座布団が敷いてあった。ヒョウの子どもが寝そべっています。

人間の子どもが着ぐるみを被っているようでした。よく見ようとしたら目が覚めました。」

〈連想〉「ヒョウの子はどうも男の子みたいでした。ヒョウは猛獣。だから、私の中の本当に自由にやりたい気持ちだと思います。私は大人になっても何でも相手に合わせてきました。自分が本当にやりたいと思っている気持ちなのかなと思いました。」

「この頃、自分の中で変わったなと思うことがあります。私は心配性で、戸締りや、火の後始末などが気になって、子どもより後に家を出ることができませんでした。でも最近は心配じゃなくなりました。鍵を二箇所閉めたら大丈夫と思ってサッサと家を出れるようになりました。前までは、こんな物騒な世の中だから、心配、心配って気持ちがすごく強かった。子どもが持っている力を信じてあげられるようになったんだなと思います。」

第四一〜四三回　X＋二年四月〜五月

【夢18】〈前は家の中にいた猫が駐車場にいました。車と自転車の間に隠れるようにいた。左の足で蹴って追い出そうとしたけど、猫の口は鋭いから「痛いぞ」と思った。結局噛まれたけれど、痛くありませんでした。〉
〈連想〉「最初は何て変な夢なんだろうと思ったけれど、駐車場の中にいた猫は私の中の母だと思います。」
【夢19】〈父親、母親が住んでいた家の中で、私は独身に戻っていて、父母がいて、弟が二人いて、みんな揃っていました。私が月々お金を入れていたり、盆暮れにボーナスを入れていたり、弟の月謝を払ったり、実際に私のお金なのに、母親が親がやったと言って誤魔化している。母親がそのお金で着物を買ったり、カラオケに行ったりしていることを、私が怒って全部ぶちまけている夢。」

（連想）「本当のことなんだか、夢のことなんだか、すごい夢でした。夢の中で言えたからさっぱりしたという感じじゃなくて、しばらくどんよりするくらい、暗くて重たい夢でした。現実でも三〇年近く前に、母が頻繁にカラオケに遊びに行ったり、飲みに行って高い値段のボトルとか入れていたので、親戚が『金使いが荒いな。変だな』と思っていたと言っていました。母親は働くのを嫌がるから、夢と同じで、当時の私は給料やボーナスを母親に渡していました。下の弟は専門学校に行って、上の弟は学費の高い大学に一年行って、その後他の大学に行きました。私は自分で朝食を作って食べて行って、残業が多いので、食事をして帰っていました。それでも母親は、『土・日は手伝え、手伝え』とオウムのように繰り返し言っていました。」

【夢20】〔実際にうちの玄関のポーチの横に、昔蛇が死んでいたことがあって、夢の中でその蛇が死んでいたすぐ側に「猫がね、糞をして行っちゃったよ」と次男が言う。糞にハエがたかっていて、ハエが家に入らないようにしっかり窓を閉めました。猫の糞を私と夫と次男で、しっかりしたビニール袋に入れて片づけた。〕

（連想）「現実では、夫と次男が一緒に片付けるなんて絶対にあり得ない。いつも私が片づけているので。でも、猫の糞も母親だと思いました。もう猫じゃなくなって、ウンチとハエになったんだと思う。」

「最近、母親に言われて嫌だった記憶が出てきます。身体への暴力は殴る、蹴るです。母親が私に謝ったことは一度もありませんでした。」

【夢21】〔すごく立派な台所ができて、遊びに来たお友だちに見せている。〕

〔連想〕「夢の中の私の家に立派な台所ができたと思いました。」

【夢22】〔立派なシステムキッチンつきの壁が動いて、「こんなに動くのよ」と自分が言っている。「壁って動くんだ」ともうひとりの自分が思っている。ゴミ箱が下に収納してありました。〕

〔連想〕「前の夢の家とすごく雰囲気が繋がっていると思う。」

【夢23】〔乳母車に猫が乗っている。猫が何枚も綺麗な前掛けをしている。その猫は母親。私はその乳母車を押していました。〕

〔連想〕「今までの夢の中では母親を捨てたはずなのに、この夢では母親を大事にしていて、目が覚めてから嫌な気分になりました。」

「大人になってからずっと子どもの頃のことを思い出さないようにしてきました。私が中学生になったとき家を新築して、父が私のために六帖の部屋にベッドもある女の子らしい部屋を用意してくれました。六年その部屋を使っただけで、上の弟がその部屋を使うことになって、私の物は廊下に出されたんです。

大人になって仕事から帰って来て、母親の和室で寝ました。母親はよくクドクドと昔のことをほじくり返して言う人でした。子どもって何て嫌な存在だろう、早く大人になりたいと思っていた。

父は私たち子どもには優しい人だったけど、母親がヒステリックなので、母親には冷たいところがありました。母親が父を徹底的に追いつめるような言いかたをすると、父は手をあげていました。その仕返しが私に来ていたのかもしれません。学生のとき、周りの人が恋愛とか結婚とかの話に花を咲かせると、私は内心冷ややかに思っていました。

祖母も母親の悪口を私にこぼしていて、祖母は私にとってもいい人じゃなかった。祖母は近所に住んでいました。『お前のところは（両親の）仲が悪いからいずれ別れるだろう。弟たちは男の子だから父親についていく、お前は女の子だからお母さんについていくように』と幼い頃から言われていたので、母親が帰って来ないと不安で不安で、『帰って来ますように』と祈りながら、父親と母親に見立てたお人形を枕元に並べて母親の帰りを待っていました。」

第四四〜四六回　X＋一二年六月〜八月

【夢24】〔クローゼットの中に古いこげ茶色のコートが入っていた。ベランダの端に陰干ししていたら、丈の長いコートの中に猫が入ってきて、姿は見えないけど、猫が入っていると思った。下の駐車場のコンクリートに叩きつけようと思い、コートに触った瞬間、グレーの袋に変わった。

袋が猫の形になって下の方が膨らんで丸くなった。ちょうど駐車場に車がなかったので、袋ごと落としてやろうと思い、「今がチャンスだ」と思って、袋に入ったまま「えいっ」と叩きつけた。三メートルはあるので死ぬのはわかっていました。完璧に退治したと思いました。」

（連想）「夢に猫がいつも出てきます。現実の猫は一見フワフワして可愛いけど、私にとってはふてぶてしい生き物で、嫌な動物です。犬とは違う。追い払っても来るし、私の中では母親と共通した嫌な動物という存在です。蛇はいる場所が決まっているし、向こうからそんなに近づいて来ないけど、猫は隙あらば入ってくるから。」

「今まで気が付かなかったけど、私はいつも玄関の鍵を何度も確認していました。自分がひとりのときは、多少風通しが悪くてもカーテンも閉めていました。家中のカーテンを全部きっちり閉めないと安心して過ごせなかった。最近そのことに気が付きました。

その他にも普通ではないことがありました。私はすごく水分を摂っていました。一回に二〇〇グラムや三〇〇グラムでは足りなくて、頻繁に一リットルを一気飲みしていました。喉はあまり乾かないのに、飲まないではいられなかった。それがここ二ヶ月くらいパタッと止まって、そんなに飲まなくても大丈夫になったんです。」

Aさんは少し間を置き、いたずらっぽい目をしながら次のような話を語った。

「ウルトラマンに出てくる怪獣は、ガァッて言うお母さんそのもの。ウルトラマンって、正義の味方で必ず最後は怪獣をスペシウム光線でバラバラにするんです。怪獣は何処かの星から来た者で侵入してくる。あれは必ずバラバラにしないとならない。無力な子どもにとって、お母さんが頭ごなしに怒鳴ると、怪獣そのものです。身体も大きくて、言いまかすことができなくて、だから、子どもたちはウルトラマンを見るんだと思う。必ず最後は見る影もなく怪獣を粉々にするから。」

上品でおとなしい雰囲気だったAさんが、子どものように目をキラキラさせて、少し興奮気味に話をした。感情豊かでおちゃめで可愛らしい印象の少女に見える。セラピストは、《Aさんの心の中の化け猫怪獣をバラバラにすることができるだろうか》と思いながら、Aさんの話を聴いていた。

「あんなに、がばがば水分を摂っていたのは何だったんだろう。最近は普通の量になりました。身体の方の調子もよくなってきました。アルコール依存や買い物依存と同じに、たまたま私は水依存だったのかな。」

Aさんは外見にも変化が現れ、爽やかな明るい色の洋服を着てくるようになった。

「水だけではなくて、食べる量も過食だったと気が付きました。今落ち着いて、体重も四キロ減りました。何でスッと変わっちゃったのか自分でもすごく不思議です。別にやめようと思った訳ではなくて、そんなに必要なくなった感じ。

たとえば初めの頃、先生のところに来るとなると、いつも異常に食べて行かなきゃと強迫的に思っていたんです。手荷物も沢山持っていないと不安でした。満たされない思いが、食べることや、飲むことに繋がっていたのかと思う。それを摂らないと心が異常事態になっていました。今、自分の中の不安と恐怖がスッと自然になくなったような気がします。

荷物も一緒で、ちょっと近所に行くだけでも、沢山荷物を入れた鞄を持って出かけていました。お財布と携帯だけ持って出かけることも不安でできなかったのに、最近は、ウエストポーチだけで出かけられるようになったんです。自分でも本当にビックリしています。」

第四七回　X＋二年九月　終結

【夢25】〔最初に見た場所は、薄暗くて岩がある。蛇が死んだ。蛇が頭だけある。場面が変わって、四つ葉のクローバーがびっしりある草原を私は裸足で歩いています。ふかふかして気持ちがいい。その両側にちぎれた蛇が広がっていました。私は蛇の身体をバラバラにちぎり、蛇の両側を歩いて行きました。すごく気持ちが良かった。蛇は全然恐くありませんでした。〕

〈連想〉「バラバラの母親だと思った。クローバーの草原はすごく気持ち良かった。踏んでいくと、ふぁっと広がる。それはすごくふわふわと。最初は蛇だとわからないくらい動かなくてひからびていました。」

【夢26】〔自然の川を自分が泳いでいた。足もつくし、水も汚くない。スイスイ泳いでいた。そこから急に場面が変わった。私はズタズタになったサメを、三角形の一輪だけついている台車に詰め込んで運んで行った。運んでから、サメをメチャメチャにミンチ状態にして捨てに行きました。」

（連想）「蛇のバラバラより、サメはもっとミンチでひき肉状態だった。台車に乗せて。ずっと母親は猫の姿になっていたけど、蛇とサメになったのかなと思います。母は何でも私の物を持って行っちゃうので、私の中で母は猫になって、サメみたいな存在になっていました。何でも食いちぎって盗んで行ってしまう。すごく生命力が強くて、恐ろしい。それが母の本性だった。母親はミンチになりました。」

「前は母に似た近所の人のことを考えるだけで、思い浮かべるだけで、鳥肌が立ったけど、今は薄っぺらい感じになって何ともなくなった。母がミンチですから、近所の人に会っても大丈夫です。ここに来たときは、母に似た近所の人が越して来て、苦しくて、苦しくて仕方ありませんでした。その苦しさを誰もわかってくれなかったことが一番辛かった。そのことがなかったら、先生のところに来る勇気はなかったと思います。今は母親に怯えることは不思議なくらいなくなりました。」

終結の日から一ヵ月後にAさんから丁寧なお便りが届いた。多飲、多食がなくなり、体重が五キロ減り、身体が軽くなったこと、仕事も始め、職場の人たちとの人間関係も問題なく、元気に過ごし、未来を信じて生きていくことができるようになった、ということが書かれてあった。

終結から一年後、そして二年後にもAさんからお便りが届いた。当時の状態にリバウンドすることなく、順調に仕事を続け、幸せに暮らしているとのことだった。

3 「事例1」の考察

(1) セラピストのイメージと体感

インテーク面接時にクライエントによって語られたのは、母親によって家族の中でひとりだけ虐められた女性の体験である。

こうしたクライエントの話を聴きながら、セラピストは、まるでシンデレラの物語を聴いているようだと感じた。「まるで……のよう」とは、ある物の感じを他の感じにわかりやすく置き換えただけのストレートな直喩の世界であるから、これは無意識の深い部分から浮かんだものではなく、セラピストは、クライエントから投げ入れられた「シンデレラのようなもの」を捉えて、クライエントの状態をそのように受け取ったといえるだろう。初期のセラピーは、こうしたクライエントから受け取った印象と出会うことから始まった。

第四〜五回では、セラピストにみすぼらしい服の弱々しい子どもと、恐ろしい母親のイメージが浮かんできた。子どもは母親に殴られていた。これは子ども時代のエピソードを語るクライエントの言葉がイメージ化されたものであり、セラピストのイメージの中で、クライエントは「傷つけられている子ども」として現れたのだと思われる。

セラピストは傷つけられた子どものイメージと関わり、セラピストの身体に痛みを感じだした。

現実のクライエントは大人であるが、セラピストのイメージの中では、クライエントは傷つけられた子どもイメージとなっており、その子どもの傷つきに出会うことで、セラピストが身体の痛みを感じ、傷つきを体験した、とまとめることができるだろう。

ここでは、イメージと体感が繋がっている。体感などの感覚と情動が伴うイメージは、自分自身の体験として、生き生きと感じることができる。セラピストはそれらを生きながら、心理療法は展開していった。本ケースは、セラピストの体感を抜きに論じることはできないと思われる。

(2) 個人的な無意識レベルから元型的な無意識レベルへ

第七回では、いなくなった子猫を大泣きしながら探し歩く三歳くらいの女の子を見たクライエントが、「羨ましい」と語った。セラピストにはクライエントが切実に羨ましいと感じていることが伝わってきた。このとき、セラピストには無意識に沈んでいたであろう、長い間忘れていた記憶が呼び覚まされ、意識化された。セラピストがかつて自由な子どもとして、その女の子と同じような行動をした個人的な過去の記憶が浮上してきたのである。クライエントの「羨ましい」という言葉には、羨ましいと感じる体験の逆の体験がこれから深まっていくことが示唆されていたのではないだろうか。

第九回では、クライエントは沈黙し、同時にセラピストは睡魔に襲われた。第五回でセラピストに生まれた小さな子どもイメージが再び生まれ、その子どもは、母親に縛り付けられ、「眠ったら殺す」と言われていた。セラピストはイメージの中の小さな子どもに、《負けないで》と声をかけた。このとき、自分の中の小さな子どもが石の上で眠るイメージが生まれてきた。セラピストは生理的な睡魔を、このイメージと関わることで耐えた。

母親に縛り付けられている小さな子どもイメージと、あとから生まれた自分の中の小さな子どもイメージは別の存在である。あとから生まれた自分の中の小さな子どもイメージは、生身のセラピストと母親に縛り付けられている小さな子どもイメージが睡魔に耐えるために、ふたりに代わって眠ってくれたのだろう。なぜ、柔らかな布団の上で眠るイメージはなく、〝石の上で眠るイメージ〟が生まれたのか、セラピスト自身その理由はわからなかった。それは、意図的に想像したのではなく、自然発生的に生まれたものであるからだろう。

その後、ペルシャ猫が現れて、子どもを縛っている縄を嚙み切った。そののち子どもは石の上で眠った。ここで、現実のセラピストを締め付けていた睡魔が消えた。セラピストが眠いという辛さに耐え続けたのち、イメージの中で子どもが眠ってくれることで、現実の睡魔という体感から自由になった。イメージで体感したことが、現実の感覚に影響を与えているのである。子どもイメージは石の上で眠ったが、この寝床は日常的一般的なものではなく、神話的背景を持っていると思われる。

『万葉集』巻二には石之日売《イワノヒメ》（記紀にも登場する仁徳皇后）の歌として、「かくばかり恋ひつつあ

らずは高山の磐根し枕きて死なましものを」が記載されている。(3)

磐根とは石、それを枕にするとは石の上で眠ることであると言われている。それは死、つまり最も深い安息の眠りを意味する。何故ならば、日本人の他界観の中には死の世界を山中深くにみる「山中他界」の観念があり、山と死は強く結びついている。また、山と石も結びつく。山と死の結びつきを媒介にして山にある石、岩の上での眠りは死のイメージを形成するからである。

この岩を枕にする眠りの歌が神話伝説上の人物に仮託されているということは、この体験が個人のものではなく伝承上のものである事を意味する。言いかえれば、原体験、神話的イメージ、元型的イメージの体験なのではないだろうか。したがって、ここでの石の上の眠りは、死に近いほどの深いものであり、個人的体験を超えたものであると思われる。このような深いレベルでの眠りをイメージしなければ回復しない程の強力な睡魔だったのだろう。

ここで簡単にグロウスベック(一九七五—)を参照してみたい。ここまでが補章で取り上げたグロウスベックが述べる二人の無意識の心の交流から、両者の間に第三のものが立ち上がると語っている直前のプロセスである。第三のものとは元型的イメージであるが、ここに一足飛びにいくのではなく、心の交流が深まるとともにイメージは個人的なものから次第に元型的なものに近づいていっていることがわかる。少しずつ元型的要素が細部に加わってくるのだといえよう。

(3) セラピストの元型的な傷つき①

第一三回のセッションは体感から始まった。セラピストはクライエントに見つめられ、クライエントの中に引き込まれそうになるが、引き込まれないように耐えていった。やがて真っ黒な宇宙の闇に放り出されたような、つかみどころのない、恐ろしい不安に陥ったとき、真っ赤な顔をした女の子がブラックホールに吸い込まれて行くイメージが浮かんできた。セラピストに恐怖が襲い、〈誰か助けて〉と繰り返し呟き、渾身の力を込めていると、闇の中から干からびたナメクジのような姿をした恐竜の子どもイメージが生まれてきた。

ナメクジのような姿の子どもイメージが出現した契機は、セラピストが傷の痛みに耐えることが極限にきたときに、思わず助けを求めたことにあると思われる[4]。セラピストにはナメクジのような子どもが赤い顔をした女の子に近づき、女の子の身体の水分を奪っている映像が見えた。現実のセラピストは身体の干からびを感じ、痛みを覚え、死の恐怖に襲われた。

何故このようなことが起こったのであろうか。ここでは、イメージの中の存在である赤い顔の女の子の水分が奪われているという状態がセラピストの身体上の現実と直結しているのであろう。セラピストはまるで、赤い顔の女の子であるかのごとく体験している。セラピストは〈その女の子は子どもの敵ではない〉とナメクジの姿の子どもに叫んだ。この現象は、セラピストの自我の傷が深まり、元型的な子どもイメージと出会い、この子どもイメージと関わった場面である。

こののち、大人から「子どもは死ね」との声が発せられ、ナメクジの子どもは怒りの炎をあげ、セラピストの身体も燃えるように熱くなり、セラピストが極限の熱さに耐えていると、大人は死に、雨が降り、ナメクジの子どもとセラピストは干からびから回復した。ここで、セラピストの中のイメージは、「傷ついた治療者」として機能したのではないだろうか。このセッションがグロウスベックの述べる第三のもの、元型的イメージが立ち上がる場面であろう。

第三のものは干からびたナメクジのような恐竜の子どもとして現れた。この子どもは現実の子どもとは全く似ていない。形は、どこか神話のヒルコを思わせる非合理な子どもの姿をしている。筆者がヒルコ、ヒルメを子ども元型の両極の現れとして見ていることは、第Ⅶ章で述べている。蛭児は兵庫県西宮神社をはじめ、神として祀られることも多い元型的な子ども像であろう。

では、このナメクジの子どもの「干からび」は、どのようなことを意味しているのであろうか。応神記には、秋山の下氷壮夫と春山の霞壮夫と呼ばれる兄弟の神話が記載されている。元型的呪術的治療者である母神は弟との約束を守らなかった兄に呪いをかけて病気にし、傷つける。兄は苦しみ悩むがやがて母親に頼んで呪いを解いてもらい、傷が回復するという内容である。ここには母親が兄に呪いをかけて病気にするときの呪詛の言葉が記されているが、そこには神話における病や傷、あるいはそれらの原因についてのイメージが示されている。

以下は原文の口語訳である。

イヅシ河の河島にある竹を取り、目の沢山あるカゴを作り、河の石を塩と一緒に竹の葉に包み、呪って言うことには、「この竹の葉が青くなる如く、萎びるが如く、青ざめてしなびろ。

また塩が満ちたり干したりするように浮腫んだり、干からびろ。この石が沈む如く、病に沈んで寝込んでしまえ。」このように呪わせてカマドの上に置いた。兄は長年の間、干からびて萎れ病んだ。兄は悲しみ泣いて、母に縋ったところ、呪いの品を返させた。そこで兄の身は元のように平安になった。
（『古事記』[5]）

病気にするときには、母親は「乾ヨ」と呪いをかけ、身体を干からびさせる。干からびることはたちまち病につながり、兄は「干萎病枯」という状態に陥る。水分を奪うということは、生命体にとって命の存続とただちに関わってくる危険な行為である。

このイメージもまた元型的な傷のイメージであり、それ故神話の中で傷や病の具体的現れとして語られているのではないだろうか。このように理解したとき、干からびは元型的な背景を持ったものであることが理解される。

（4）セラピストの元型的な傷つき②

次にこの第三のもの、元型的イメージが出現する契機をオオナムチ、スクナヒコナの神話とウミサチ、ヤマサチの神話を媒介に考えてみたい。

オホナムチ神話第一段でのオホナムチは、何度も傷を受け続ける。異母兄たちによって熱した石で焼かれ、樹の間に挟まれて圧迫死させられ、スサノヲには這う虫、飛ぶ虫によって攻撃され、火に焼かれている。

しかし、これらの攻撃や虐待に対しては、受動的態度を崩さずに、傷を受けたまま耐え抜いている。（兄を追い払うのは、スサノヲの命令を受けた後のことである。）こののち地上の王となったオホナムチは国土経営に乗り出すが、このときにも大事業は一人では完成できないという（能力や力量上の）傷を受け入れて耐えている。

ここで神話の記述を見ておきたい。

国土経営の途中でスクナヒコナが帰ってしまった後、自分ひとりでは国土経営が決して出来ない、という認識のもとに、オホナムチは一人でいることを「愁」える。第Ⅶ章で見るように、「愁」とは心の苦しみをほとばしる思いで訴えることを意味する。オホナムチは苦しみ、心から訴えたのである。自分とともに活動してくれる神、その神がどのような由来の神であるかは知らないが、ただひたすら求めた。この必死の求めがあって、救済者がやってきたのである。

こうした神話の内容をケースに重ねてみることができると思われる。すなわち、セラピストは傷を負い、苦しみ続けるが、傷が深くなるとどうにもできない状況になり、このときには、何とかしたいと心ほとばしる思いになる。この一連の作業こそが、救済力を持つ子ども治療神と出会う原動力になっていることと繋がっているのではないだろうか。これは自我を保ちつつ、イメージを生きる作業である。自我が無意識に呑み込まれてしまえば、願うという主体的行為はあり得ない。

同様の内容が『古事記』上巻の最末や『日本書紀』第十段に見られた。海幸、山幸の神話である。

ここでは、オオナムチ神話の表記と同じ「愁」、「忽然」の漢字が使用されていることを再確認しておきたい。ヒコホホデミノミコトは傷をさらし、苦しみ、声にならない声で、うめくことしか出来なかった(「吟」)。万策尽きて自分にはどうすることもできないと認識したとき、無意識の世界からメッセージがもたらされるのではないだろうか。

このように、どうにもならなくなり、ひたすら何とかしたいと心を動かすという状況の中で、元型的な子どもイメージは出現したと思われる。当ケースではナメクジの子どもの姿になって生まれてきたのであろう。

他のケースでも繰り返し述べていくが、本ケースにおいても、神話のオオナムチやヤマサチと同様、セラピストは傷つき、その痛みに耐え続けた。第九回のセラピストには激しい睡魔が襲ってきた。この睡魔の中に現れたのは「眠ったら殺す」と言われ、迫害されている子どもイメージである。セラピストはこの子どもを励ましながら、自分も同じ苦しみを生き、耐え抜いた。

第一三回になると身体的苦痛はさらに強く現れた。イメージ上に出現した像も、ブラックホールに赤い顔の子どもが吸い込まれつつあるという危機的なものであったため、セラピストは絶体絶命というところに追い詰められていった。このようなイメージと関わっているセラピストは強い痛みを感じた。これが神話で記される「吟」であろう。

セラピストは宇宙の穴であるブラックホールに対してはあまりに非力なのだが、この子どもイメージをブラックホールに呑み込まれるままにしてはおけない、何とかしたいという切実で必死な思いが突き上げてきた。

セラピストにはブラックホールの巨大な引っ張りこむ力からこの子どもイメージを助ける力はない。しかし、何としても助けたい、との思いが膨れ上がり、〈誰か助けて〉という心からの願いになってほとばしった。これが「愁」であろう。セラピストもオホナムチ、ヤマサチと同様に何も出来ないとうめき、心から何とかなって欲しいと訴えたのである。

このとき、新しいイメージが生じている。ナメクジのような見慣れぬ子どもイメージが現れた。ここを構造的に（繋がりを重視して）見れば「吟」と「愁」のプロセスがあって、子ども元型が立ち上がった、ということになる。したがって、第三のもの、子ども元型はセラピストが傷を生き、傷の痛みに耐え抜き、痛みの限界に至らなければ出現することはない、と考えられる。

第一三回で体験したセラピストの傷は、死に近いほどの元型的な傷のイメージを持っていた。ブラックホール体験も、干からび体験もほとんど死のイメージ体験である。このような体験を極限まで生きることが次のプロセスへと繋がっていくのであろう。傷を生き、傷の痛みの限界ではとばしる思いが生じたのち、元型的子どもイメージに出会い、「傷ついた治療者」が機能するようになる。これが「傷ついた治療者」イメージが生まれるアウトラインである。

第九回では、イメージの中で子どもを迫害する大人から逃れることは出来たが、大人の切断までには至らず、元型的子どもも登場していない。第一三回で元型的子どもイメージが登場し、元型的な子どもイメージの力を借りて大人を切断した。元型的子どもイメージが生まれた後には、傷つける大人を切り捨てる作業が行われたのである。

（5）クライエントの内的体験

以上がセラピストの体験である。クライエントの体験はこうしたセラピストの体験とどのように有機的に関わっているのであろうか。第九回で、セラピストが睡魔に耐えた体験をしたのち、クライエントから夢の報告があった。

【夢1】〔忍者屋敷のような二階の床に穴が空いて下が見える。〕

今まで見通せなかった場所が見渡せるようになるという内容の夢である。これからの展望を示すものであろう。

第一二回では、【夢2】が報告された。

【夢2】〔ジャックと豆の木で、ジャックが下を見るような感じで、地面が見える。床に穴が空いている。〕

【夢2】は【夢1】と同じテーマと見ることが出来る。この回、セラピストはセッションの中で痛みに耐え、元型的子どもイメージと出会い、この子どもが子どもを傷つける大人を切断するという体験をした。

第一四〜一五回では、クライエントは「母親から電話がきたらどうしよう」と不安な気持ちでいたのに、憑き物が落ちたみたいに平気になってきたと話している。元型的な子どもが大人を切ったイメージをセラピストが生きた後にクライエントは、大人＝母親を恐れなくなっている。このことからも、セラピストの体験はクライエントの無意識に影響を与えていると考えられる。このののち、クライエントは内的作業を夢によって行った。

【夢5】〔昔の韓国の子みたいに見える小さい女の子が咳をしている。口の周りには綺麗な血が付いている。手当てをしなきゃと思った。〕

クライエントの自画像らしい傷ついた女の子が現れている。かつての韓国は儒教的、家父長的であり、超自我（スーパーエゴ）の強い文化の国という一面を持っていたが、その文化の内側の子どもが病気だと言う。しかし、クライエントは病気の証である血を、「綺麗」と言っており、このことからも傷や病気を受け入れ始めたことが伺える（第二〇〜二三回）。

【夢15】〔「あ、これだ」と思ったところで目が覚めた。〕

クライエントは【夢15】に対して、次のような連想を語った。「この夢は前回の夢の続きです。これだけは、内容を全然憶えていなくて、でも何か『これだ』って思いました。私の中で答えがわかった感じがします。」

【夢15】ののちに、次のような体験が語られた。

「最近ぼうっとしていると、こっちの間にドアが見つかって、ドアを開けると、お花畑があって、この頃そこに女の子が出てくるようになりました。ちょっと絵本の原作のような世界です。その女の子が、話しかけてくる訳じゃないけど、言葉じゃないけど、通じるんです。それで先週、絵本の原画展に行ったときに、雲のさきに山が見えて、お日さまが出ている絵があったんですけど、その女の子は『そっちにも行けるんだよ』と言うんです。今までは新しいことをするのは、とても恐かった。でも、今は人間関係とかいろいろあるかもしれないけど、やっていけるって思いが強くなってきました。」

このイメージの中の女の子は、新しい世界へ導いてくれる子どもで、雲の先にそびえる山へも行くことが出来ることを示唆している。クライエントの行く手を指し示すこの子どもは、現実に近い子どもではなく、元型的な子どもではないだろうか（第三五～三七回）。

【夢17】〔檻の中にふかふかのお座布団が敷いてあった。ヒョウの子どもが寝そべっています。人間の子どもが着ぐるみを被っているようでした。よく見ようとしたら目が覚めました。〕

【夢17】では、人間の子どもが着ぐるみを被っているように見えたが、豹の子どもが寝そべっていたことが報告された。この豹の子どもはクライエントの中の自由な野生児であり、人と動物との混在したイメージであろう（第三八～四〇回）。

クライエントの子どもイメージは、韓国の病気の女の子から、クライエントを導いてくれる元型的な子ども、そして野生児へと展開している。セラピストの作業が無意識にクライエントに作用し、クライエントにも傷ついた子どもの受け入れを通して、元型的な子どもイメージとの出会いが生じている。

これらのプロセスを経て、クライエントは【夢25】、【夢26】で蛇やサメをバラバラに引き千切り、さらにはミンチ状に粉砕している。蛇は巻きつき、締め付けるものであり、サメは呑みこむものであるから、共にネガティブな母親の持つ力のメタファーと見てよいであろう。母親はクライエントによって切断されたのである。この切断は、セラピストが元型的子どもイメージと出会い、元型的子どもとセラピストが怒りの熱で大人を焼き殺すという作業を行った後のプロセスで行われている。クライエントも元型的な女の子や、野生児に出会い、その結果ネガティブな母親イメージを殺害することができたのであろう。

以上、神経症圏の大人のクライエントを対象とした心理療法の中で、セラピストとクライエントの両者に、傷つけられた子どもイメージと、元型的な子どもイメージが現れ、「傷ついた治療者」として機能していくことを述べた。

第Ⅱ章　事例2――摂食障害の不登校女子（十四歳）の母親（四十歳）との面接

――周囲を操作する母親と、セラピストに生じた子どもイメージとの関わり

凡例——

「　」はクライエント、〈　〉はセラピストの発言。《　》はセラピストの思い。セラピストの体験は二字下げ。（　）はその他注記。〔　〕はクライエントの夢内容。なお、個人のプライバシーに配慮するために、一部変更を加えてある。

1 「事例2」の概要

＊クライエント――Bさん、女性、四十歳、無職

＊主訴――子どもの摂食障害（拒食症）、自傷行為、家庭内暴力、昼夜逆転、不登校

＊家族構成――夫（会社員）、長女、次女（十四歳、中学三年生、以下C子）

＊原家族――父親、母親、兄（三人）、妹

＊問題の経緯――C子は中学三年生の四月から昼夜逆転の生活になり、食事を摂ることを拒絶し、抜毛や待ち針による手首への自傷行為をおこなうようになった。さらに家の中で暴れだし、家族と会話をしなくなった。

＊第一印象――拒食症の娘の状態に混乱し、震えている様子が伝わってくるが、娘に代わる新たなしがみつく対象を求めているようにも感じられる。Bさん自身が拒食症ではないかと思うほどやせ細っており、ふらふらとした足取りで歩く姿や、怯えたような目つき、弱々しい話し方が同情を誘うような印象を与える。

＊DSMに基づくBさんの診断分類――特定不能の虚偽性障害（代理人による虚偽性障害）の疑い。(1)

＊来談経路――C子の学級担任と養護教諭からBさんに面接の勧めがあり、学校長から緊急扱いの面接依頼があった。

＊面接構造——市教育委員会学校教育課所属相談室。民間心理面接室。X年六月～X＋二年五月まで週一回五〇分。X＋二年六月～X＋二年一二月まで隔週五〇分。X＋三年一月～X＋三年三月まで、月一回五〇分。X年六月～X＋一年三月まで無料。X＋一年四月～X＋三年三月まで自費。全二年九ヶ月（X年六月～X＋三年三月）。計一〇七回。

＊スーパーヴァイザー——初回から終結までついている。

2 「事例2」の経過

第1期 セラピストに生じた個人的な子どもイメージと、元型的な子どもイメージとの関わり

第一回 X年六月 X＋一年一一月まで、すべてのセッションでBさんは泣きながら語る。

Bさんはセラピストとの初対面の挨拶もそこそこに震えた声で話し始めた。「C子は身長一五六センチ、体重三八キロです。アイスクリームしか食べず、自傷行為をしています。」Bさんは話し終わるか、終わらないうちに「わぁ～」と声をあげて泣き出した。

机に伏せて五分程泣き続けたかと思うと、さっと一区切りついたかのように姿勢を正し、セラピストの目を見ながら、縋りつくような視線を送り、涙を流しながら話を続けた。「C子は『両親の喧嘩を取り持つのも、テストで良い点を取るのも疲れた』と言っているんです。」Bさんは

話し終えた後、「ヒィ〜」というような大きな声を上げて泣き出し、椅子から崩れ落ちた。

Bさんのその様子は演技しているようには見えないが、悲劇のヒロインのようにも感じられた。それでもセラピストには、《Bさんのために何とかしたい》という強い気持ちが動いていた。そして、その思いと相反するように、Bさんから強い依存関係を求められているような圧迫感を感じ、壁に追い詰められていく自分の姿のイメージが浮かんだ。

第二回 X年六月

Bさんは初回面接同様に弱々しく震えるような声で話し始めた。「夫とはほとんど話をしません。夫は冷たい人です。夫を大切にすることはできません。私の実父は我儘な性格なので、母親は苦労をして本当に可愛そうでした。妹は我儘な性格で自由に外へ出て行きました。私は姉だから母親に心配をかけないように我慢してきました。C子はアイスクリームも食べなくなって、麦茶しか口にしなくなりました。C子は死ぬのではないでしょうか」と語ると、大声を出して泣き出し、机に伏しながら嗚咽し始めた。

セラピストは一言の言葉もかけずに、黙ってBさんを見守り続けた。一〇分程経ったとき、Bさんは背筋を伸ばして何事もなかったように涼しい表情を浮かべた。Bさんの極端な変化にセラピストは戸惑ったが、《Bさんを支えたい》という気持ちが強くなっていった。

セラピストは《Bさんは母親に守られずに、母親へ向けるべき怒りをC子に向け、傷つけてきたのだろう》と思いながら、《C子を死なせてはいけない》という強い思いに捉われた。Bさんから「C子は死ぬのではないでしょうか」と問いかけられ、「命の責任」という重い荷物を背負わせられたような状態になり、逃げ場を失っていくような不安に襲われた。セラピストの意識では、《Bさんを支えたい》、《C子を死なせてはいけない》と思いながら、それとは全く別のイメージが浮かんできた。

セラピストは漠然とした恐ろしさを感じ始めた。恐ろしさの正体がわからないまま、立ち尽くしているような感覚になり、次の瞬間に姿が見えない敵から子どもが首を絞められているイメージが生まれてきた。その子どもイメージは、セラピストを小さくしたような姿の子どもだった。敵が誰なのかわからない恐怖と、首を絞められている苦しさがセラピストの身体に伝わってきた。

第三〜四回　X年六月

「C子を本当に羨ましく思います。深夜でも自由に外出しているんです。私が子どものときに出来なかった行動をC子は取っています。」(C子が深夜にだけコンビニエンスストアに行って買い物をしていることを、BさんはC子が深夜に自由に外出していると表現している。)C子は、この頃より深夜にひとりで料理を作るようになる。(コンビニエンスストアでは、料理のための食材を買っている。)この回からBさんは夢を報告するようになった。

【夢1】〔C子はまっすぐ行きたいと言ったけれど、歯医者は右の方なので、右に行った。白いご飯と栗ご飯を食べるところで、「栗ご飯を下さい」と言うと、「もうない」と言われました。「私は前に働いていた」と言ったら、栗ご飯がもらえました。歯医者さんにC子がいると思ったのにいなかった。受付の人が「予約が入っていない」と言って怒っていました。私は予約を入れたと思い込んでいたんです。C子を探しに歩きました。〕

セラピストは夢の報告を聴きながら、Bさんとの面接が容易ではないことを漠然と感じ、《この先どうなるのだろう》と、強い不安が襲ってきた。

第五～六回　X年七月

【夢2】〔床に座って治療を受けました。子どもをおぶった大人が来ました。先生（セラピスト）が「お兄ちゃんは学校へ行ったの？」と聞くと、その人は「行きました」と答えていた。先生はおやつを大人にくれました。背中の二～三歳の子が「頂戴」と手を出したのであげました。〕

【夢3】〔外に花を植えるため、子どもたちと準備していました。先生（セラピスト）も私も両手に重い荷物を沢山持っていました。子どもがいなくなって、心配にはならないけど探しに行きました。〕

「先日も夫と喧嘩をしました。私は子どもの頃我慢していた分、夫に甘えてきたんですね。私は子どもの気持ちをわかろうとしなかったんです。あぁ、私のせいでC子は自分の居場所がないのかもしれません。私の責任です。私が悪いんですね。」Bさんは大声で泣きながら、涙をボロボロと流し、縋るような目でセラピストを見つめた。

セラピストの目には、Bさんが弱々しく無力な女性に映り、自分自身を責めているBさんの姿を見ているうちに、第二回同様に、泣き続けるBさんをしっかり支えて、守ってあげなければならないと思っていた。しかし同時に、《C子が回復するためには、Bさんの大人の部分に共感してはならない》という内側からの声が聞こえ、セラピストはふたつに引き裂かれるような状態になっていった。

セラピストの意識とは関係なく、「可哀想な人」の着ぐるみをまとった大人イメージが浮かんできた。第二回でイメージの中に生まれた子どもの姿が再び浮かび、「可哀想な人」の姿をした大人から首を絞められている映像が鮮明に見え始めた。それを見ているセラピストはとても恐ろしくなり、セラピストの身体も苦しくなってきた。セラピストは、〈早く逃げるように〉と、子どもイメージに声をかけた。

この時期、C子はわずかに食事を摂るようになってきた。

第七回　X年七月

七月一一日C子入院。診断名：摂食障害小腸管動脈症候群。

わずかに食事を摂れるようになってきたC子は保健室登校をするようになった。保健室の先生に「もっと体力をつけたい」と語り、病院を紹介してもらった。点滴だけを受けるつもりで受診したが、点滴はしてもらえず、「入院六ヶ月の必要がある」と言われ、入院を拒否すると拘束された。C子は入院を嫌がり、「死ぬ」と叫び暴れて帰りたがったため、点滴と鼻からのチューブ、両手両足を縛られ、オマルの使用となった。抗鬱剤、睡眠剤が投与された。

その日、C子は今までの苦しい体験をBさんに語った。さらに「家に連れて帰ってくれるのか、心を無視して身体だけ治療すればいいのか、どちらか選択しろ」とBさんに迫ったが、夫は「（退院させて）一家心中するつもりか」と言ったと、Bさんが一連の経緯を教えてくれた。（C子の）姉はストレスがたまり、自律神経失調症になったとも述べられた。Bさんはこの世の終わりとでもいうように、終始怯えながら嗚咽して泣いた。

これらの情報と共に、BさんがセラピストのB面接を受けることを夫が反対していることも伝えられた。セラピストは、夫がなぜ、自分の妻を支えている面接に反対するのか理解ができず、なぜか会わざる夫に追い詰められているような心理状態になった。セラピストはこのとき、Bさんが語る外側の情報しか得られなかった。外の世界で何が起きているのか、医療側サイドが、医療の治療を希望したC子に対して、なぜこのような反応を起こし、強制的な拘束を行ったのかわからなかった。しかし、内側から沸き起こるイメージは意識とは違ったものだった。

このセッションでも第二回で生まれた子どもイメージが現れた。その子どもは（C子がされているように）見知らぬ大人たちに無理やり身体を拘束され、身体の痛みで身動きができない状態になった。面接室の中にいる実際のセラピストの身体にも痛みが伝わり、痛みに耐えているうちに、見知らぬ大人たちを操作している魔女がどこかに隠れている恐怖が襲ってきた。姿を現さない魔女が、子どもの姿のセラピストを狙い、矢を撃つイメージが浮かびだした。

セラピストはその魔女がBさんのような感じがしたため、そのイメージに衝撃を受けた。セラピストはその魔女が恐ろしかったが、イメージの中の子どもの姿をしたセラピストは、姿のない魔女に対して、〈味方をなぜ撃つのか〉と抗議した。

スーパーヴァイザーから、「その主治医はボーダーラインかもしれない。母親が癒されると子どもも癒される。母親面接を継続するように」とのアドバイスを受けた。

第八〜九回　X年八月

これまでBさんは「夫は冷たい」と語っていたが、「夫は一生懸命に自分のためにやってくれた」と述べた。Bさんが病院側に「C子を退院させたい」と願い出たところ、主治医からは、「治療拒否して退院させるつもりなら、児童虐待法に触れる。児童保護施設に連絡する」と言われたと語った。

いつしか、Bさんは強制的に拘束されているC子を救う立場となり、C子に対して正義の味方になっている。面接室の中で黙ってBさんの話を聴いているセラピストがそれを支持しているかのような状況になってきた。セラピストは外側で起きている状況から、その背後に何が起きているのか、自覚することを恐れ、第七回で生まれたイメージを自ら否定していた。

第一〇回　X年八月

この回、Bさんは席に着くなり話し始めた。「面会に行くと、C子はぼうっとして天井を見つめて笑っていたんです」と語り、声をあげて泣き出した。

「透明なビニール袋に中身が出された色んな薬がいれられていて、C子は無理やり薬を飲ませられているんです。何の薬かわかりません。C子は私に『このまま病院にいたら、精神病になるか、精神病院に入れられる』と泣きながら訴えているんです。やっと私に心を開いて話してくれるようになったのに、病気が良くなるどころか、悪化しています。C子は『入院してから、心が一層傷ついた』と言っています。夫は退院に反対しているけれど、私は退院させたい。C子を助けたい。このままいったら、私の方がC子より先に精神病になってしまう。どうしたらいいんでしょうか」と語り、初回面接のときと同じように、「わぁ～」と大きな声をあげて泣き崩れた。

セラピストは声をかけずに見つめながら、《Bさんを何とか守りたい》と思う気持ちが動いていた。泣き声は徐々に大きくなり、面接室の外の廊下にも響いていた。（面接終了後に、Bさんの面接中に廊下を通ったスタッフから、「すごい泣き声に驚いた。何があったのかと思った」と伝えられた。）

セラピストの意識に反して、第七回で生まれたイメージ（子どもの姿をしたセラピストを傷つける姿が見えない魔女）が再度生まれてきた。セラピストは魔女の存在を認めるのが恐ろしかった。《セラピストに支えを求めている目の前にいる弱々しい女性のBさんが魔女である訳がない》と魔女がBさんであるというイメージを意識的に何度も打ち消した。

父親面接　第一回　X年八月

Bさんからの依頼で、C子の父親との面接を行った。初対面の父親は、礼儀正しく深々と頭を下げて挨拶をした。今にも泣き出しそうな表情を浮かべ、怯えているようにも見えた。父親は、Bさんがセラピストの面接を受けることに反対している、とBさんから聞かされていたが、父親が母親面接を快く思っていないとは思えなかった。素直な性質の方だという印象を受けた。しかし、このときも、セラピストはBさんへの疑いを意識的に払いのけた。

父親は、「娘は退院したいと訴えていますが、病院側からは、退院させたら死ぬと言われています」と震えながら語った。

「退院したら死ぬ」と言われたC子の恐怖がセラピストに伝わり、小さな人間の赤ちゃんが、周囲を大人に囲まれ、ザクザク身体を刺されるイメージが生まれた。セラピストの身体に痛みが走った。（この痛みは、C子のものか、セラピスト自身のものか、区別ができない。）

セラピストは、C子の病状は大人から傷つけられてきた心の領域から来ているであろうこと、症状を通して訴えているであろうことを父親に伝えた。

父親は「子どもの病気は、自分たちの夫婦関係も影響しているのではないかと思います。私たちが変わらなきゃならない」と語り、「必ず退院させます」と目に涙を浮かべながら語った。

第一一回　X年八月

セラピストは、C子を退院させたという報告をBさんから受けた。Bさんは、「主治医から『重症なので、退院させると死ぬかもしれない』と主治医から言われましたけど、夫が『ほかの方法の治療も考えたい』と訴えて、無理やり退院させました」と語った。

自宅に戻ったC子はジュース類を口に入れるが、トイレで吐き、「なぜ、もっと早く退院させてくれなかったのか」と泣きながら母親に責め寄ったという。

退院したC子の状態は、入院する前より悪化しているということをBさんは訴えていた。（入院する直前のC子はわずかに食べることができていた。）C子が入院治療を拒否してきたことは明らかだが、「退院させると死ぬかもしれない」と言う医師の言葉は、セラピストにも向けられたものではないか、という気がした。

父親面接第一回で生まれた小さな人間の赤ちゃんイメージが再度浮かんできた。この赤ちゃんは、赤ちゃんの姿のセラピストでもあり、C子でもあるような感じがした。赤ちゃんイメージは、魔女に操られている大人たちから、鉄の鎖で十字架に張り付けられ、死の宣告をされたのだというのがわかった。その姿を見ているセラピストの身体は恐怖で固まり、《誰か赤ちゃんを助けて》と願った。

藁にも縋るような気持ちでいると、突如異様な姿をした子どもが土の中から飛び出してくるイメージが生じてきた。その子どもの身体は茶色く穴だらけの木でできており、カマキリの形をしている。カマキリの身体の子どもは、両手に鎌を持ち、恐ろしく不気味な印象だが、両目は子どもらしく、丸く愛らしい。セラピストは《味方が現れた》と感じた。赤ちゃんイメージに《負けないで》と声をかけた。

第一二回　X年九月

退院したのち、C子本人が外来受診を拒否した。主治医より、児童相談所に児童虐待の通報が入り、Bさん宅に福祉士が深夜に来訪した。「未治療のままでは死ぬ可能性があるので放置できない」と言われ、今までの病院ではなくてもよいので、必ずどこか入院先を決めるように迫られた。紹介状がなければ、「訴える」と主治医が言っていると福祉士から伝えられたと、Bさんから緊急の電話連絡が入った。Bさんは電話でも泣きじゃくりながら話していた。

一方、セラピストが勤務する公的機関にも、主治医から抗議連絡が頻繁に入り、セラピストは、課長と指導主事から夜に緊急の呼び出しを受け、自宅から勤務先に出向いた。このとき、主治医から通告を受けた県の公的機関からも警告を受けていることを知らされ、課長から「元の病院に再入院させた方が安全ではないか」との忠告を受けた。

セラピストは、C子が病院治療を受け付けないことをBさんから報告を受けていること、C子の病状は母親が抱えている問題が影響しているであろうことを説明し、同病院の再入院に関しては課長の判断に委ねた。（その後、課長は母親面接の継続を支持した。）

その後のBさんは面接の中で、「一体、私はこの先持つのでしょうか」と儚げに呟き、泣き崩れた。

面接室の外側で色々なことが起きている。セラピストは面接の中で、脆く崩れる印象のBさんの話を聴き、Bさんが潰れてしまわないようにBさんを支え、BさんがC子の気持ちをわかり、C子が回復に至る関係になるように援助していこうとしていた。

そうしているうちにいつのまにか外の世界では、セラピストがBさんを動かし、C子の敵であるかのようになっているような気がしてきた。《C子とセラピストの見えざる敵は、Bさんではないか》という疑いが浮かんだが、セラピストとクライエントの信頼関係と、クライエントが変わる可能性、という道しるべを失うわけにはいかなかった。自分のクライエントを疑うことはセラピーを破滅に招くような心境だった。《Bさんを信じろ、信じろ》と自分に言い聞かせた。

意識の努力とは無関係に第一〇回で生まれたイメージが再度浮かび上がってきた。鉄の鎖は赤ちゃんの身体にめり込み、血が滲み出てきた。セラピストの身体にずきずきと切り刻まれるような痛みが走った。《傷の痛みに耐えられない》と思ったとき、カマキリの子どもイメージは、赤ちゃんを拘束している鉄の鎖を切断しようと必死に両手の鎌を振り回し、鉄の鎖を破壊した。

赤ちゃんが解放されたと同時に、柔らかなレースのスカーフで顔を覆った女が現れた。女は口から長いナイフを出し、カマキリの子どもを刺そうとした。カマキリの子どもは両手の鎌を振り回し、必死に女と闘い、鎌で女のスカーフを破いた。女のスカーフははがれ落ち、顔が露になった。女は蛇の目をした魔女だった。カマキリの子どもは魔女に腹に飛び込まれ、ナイフで腹を突き刺さされた。カマキリの子どもの身体から血が噴き出た。魔女は真っ赤な血を浴び、「子どもは死んだ」と高らかに笑った。

腹から血を噴出させているカマキリの子どもは怒り、身体から炎が燃え出した。面接室にいるセラピストの身体も燃えるように熱くなった。カマキリの子どもは炎となって魔女に襲いかかった。魔女は笑いながら焼け死んだ。カマキリの子どもが消えたあとから木の芽が出てきた。

こののち、外的な問題を解決するために、スーパーヴァイザーに相談をした。「外的に守られるためにも、一度別の病院を受診した方がよいであろう」との指導を受け、スーパーヴァイザーが病院を紹介してくれた。

C子は紹介された病院をすぐに受診した。担当医に心を開き、拒食症になったいきさつを素直に話したという。入院、通院の必要がないこと、C子の拒食症の回復には母親面接が有効であると担当医から告げられた。

第2期　クライエントに生じた傷ついた子どもイメージとの関わり

第一三〜一五回　X年九月

「自分の心の中に、自由ではなかった子どもの頃の自分がいることがわかるようになりました。C子は主張が強いので、私も負けてなるものか、とずっと思っていました。」C子は保健室登校を始めた。

外的な混乱が収まり、この時期になって、ようやくBさんが自分の心の中の傷つきと向き合う準備を始めたと感じた。

第一六〜一七回　X年一〇月

【夢6（第一六回）】〔春雨サラダを食べると美味しいが、C子イメージのタレントの側で食べると美味しくない。このタレントと離れて、自立のイメージを持った別のタレントと寄り添っていく。〕

《C子を縛り付けてきたBさんが、逆にC子に縛られている存在としてイメージされていたのだろうか》と思われた。

「C子は、『家に帰りたくない。学校にも居場所がない。学校ではハサミで机をガタガタと揺らせている』と言っています。私は長女でした。父親は出稼ぎで留守だった。苦労している母親には甘えられず、家事と畑仕事を手伝っていました。母親の苦労を見ていたので、自分の感情を抑えていたのかもしれない。母親の愚痴は私だけが聴いていました。私が結婚してから、母親は兄妹の中で、一番最初に私に贈り物を送ってくれるんです。」（第一七回）

この回から、苦労をしている母親に支配され、自由な子どもを生きることができなかったBさんが自分の傷つきを自覚するようになってきた。

第一八〜一九回　X年一〇月

C子のお菓子作りが激しくなる。一日二回に及ぶ。チョコレートを少し食べるようになった。

【夢10】〔心の病を持った幼児が、異様な声をあげていた。叫びながら私のところに走ってきて、その子と出会えました。C子も叫び声をあげていた。〕

「私自身の居場所がなかったのです。」

第二〇〜二三回　X年一一月

Bさんは、「子どもを心から想うことができません。私は八方美人で嘘つきです」と泣きながら語った。「C子が『悔しい』と泣いたとき、私も初めて子どもの頃の悔しい思いが沸き起こってきました。」この頃より、少しずつC子は食べ始めるが、人前で食べることはできず、深夜にひとりで食べている。「C子は今までのように料理を夢中になって作ることはありませんが、楽しんで作っています。C子は犬を欲しがっているけれど、私は犬が嫌いです。」

第二四回　X年一二月

動物愛護センターから犬をもらってくる。「実母よりも夫の母親の方が優しい。実母は愚痴ばかり言うので、私はずっと本心を打ち明けられなかった。C子は髪の毛を染めたけど、それでいいと思いながらも本心では許せない。」

このとき、セラピストは、母親から日常の不満を聞かされた個人的体験が浮かんできた。

被害者になっている母親が自分の不平を吐き出すように、子どものセラピストに話をしている映像が見えてきた。

子どものセラピストは苦痛を感じ、イメージの中で「私は廃棄物（不満）を捨てるごみ箱ではない」と怒りを向け、イメージの中で母親を切断した。

第二五～二七回　X年一二月

「私の高校の学費は兄が出してくれました。兄に感謝し、母親にも感謝しました。苦労した母親だから甘えられなかった。かつて、C子を叩いたことも思い出した。」

【夢11】〔妹に愛される夢。妹は私と違って自由で気ままだった。〕

第二八〜三〇回　X＋一年一月

「私は犬に対して必要以上に厳しくしてしまう。優しくしたいけれど出来ないんです。」

第三一回　X＋一年二月

「C子から、『お母さんは自分が楽になりたいから、私に謝っているだけでしょう』と言われました。」その通りで自分が楽になりたい。兄から電話があり、「母親が『Bさんから電話がない』と言っているので、電話するように」と言われ、母親に怒りを感じた。母親は私にも『兄から電話がない』といつも言っていました。」

【夢12】〔私とC子が、道でハイハイしている乳児を拾い、その子の家に連れて行くと、乳児の父親がC子にお年玉をくれた。C子はこのお年玉を使って旅行に行くのかもしれない。〕

第3期　クライエントの中の傷ついた子どもと、治療者＝元型イメージとの関わり

第三二回　X＋一年二月

C子は高校受験のための志望校を決める。

【夢14】〔歯医者に行き、C子は熱を測る。三六・六度あった。治療室だけが明るかった。〕

第三三～三六回　X＋一年三月

C子の受験は不合格。C子は沈み込んでいるという。義務教育が終了するため、X＋一年三月をもって公的機関による面接を終了する。（第四〇回　X＋一年四月、再契約。自費）

第三七～四〇回　X＋一年四月

【夢22】〔猪の肉をもらうが、料理の仕方がわからないので、帰ってしまう。〕

「C子は、『パン屋さんでアルバイトをしたい』と言い出しています。」

第四一～四四回　X＋一年五月

【夢24】〔葬式。五人がそれぞれに参加している人たちの喪服の評価をしている。「すごく豪華なのは男次第」と誰かが言う。〕

第四五～四八回　X＋一年六月

【夢25】〔小学生くらいの男の子をカメラマンが撮影している。その男の子は、元気なアイドルタレントの背中に乗り、撮影が終わっても背中にくっついたままでいる。〕

「私の母親はジャガイモを送ってくれても、『自分は小さいの。お前には大きいのを送った』と言います。いつも『自分はこんなに我慢しているんだ』と恩にきせてくる。私は今まで母親を『可愛そう』と感じて、すべてを受け入れてきた。私が母親をわかってあげることばかり考え、母親にわかってはもらえなかったから、その分夫や子どもにわかってもらえないと許せなかった。」

第四九～五二回　X＋一年七月

C子はコンビニエンスストアでアルバイトを始める。アルバイト先が決まると同時に湿疹が出た。C子がアルバイトを嫌がるので、Bさんは C子に頼まれて、湿疹を理由にアルバイトを断った。C子はこの時期より、ファッションにこだわり始める。「C子は『高校ではなく、フランスに行ってモデルになりたい』と言っています。C子が羨ましい。」

第五三～五六回　X＋一年八月

【夢26（第五三回）】〔山が爆発する。穴が開き、橋が永久にかけられる。ワイヤーにぶら下がって遊ぶ。すごく楽しい。〕

「私は母親から『浜から拾ってきた子ども』と言われていました。すごく悲しくて、母親に捨てられまいと必死にしがみついてきた。『この子はよく寝る手のかからない良い子だ。でもあんまり寝るから、泥棒に連れて行かれてもわからないね』とも言われた。すごく悲しくて、すごく怖かった。」

第五七〜六〇回　X＋一年九月

C子は家族と一緒に普通の食事を摂るようになる。

第六一〜六四回　X＋一年一〇月

「テレビドラマを観ていたときに、夫が『ドラマの中の子どもは、みんな我儘だな』と言ったとき、私は『いいのよ。子どもは我儘で』と言ったんです。C子は驚いたように私を見ました。」

第六五〜六八回　X＋一年一一月

【夢30】〔お坊さんと何人かの人が私の家に来て、食事をすることになる。私は「私が生けた玄関にある花を見て欲しい」と言う。食事はほとんどおかずがない。C子もいる。私は大根を買おうとする。〕

第六九〜七一回　X＋一年一二月

C子はパン屋さんでアルバイトを始める。

第七二回　X＋一年一二月

「C子から『ひとりになってパソコンをやりたいから、お母さん出て行ってくれる？』と言われました。私はなぜか嬉しかった。」

第七三～七六回　X＋二年一月

C子は働いたお金を全てファッションに使ってしまう。「恐ろしさを感じます。」

第七七～八〇回　X＋二年二月

「母親から贈り物が届いた。兄妹の中で一番最後に私に送ってきました。」

第八一～八四回　X＋二年三月

「C子に『死ね』と言われ、涙ぐんでしまった。」

【夢32】〔兄が死ぬ。悲しくはない。〕

第八五～八八回　X＋二年四月

「以前は何でも母親を中心に考えていた。今は母親へ怒りを感じ、今は心の中で切り捨てました。以前の私は思い通りにならない子どもは許せなかった。今は楽。『楽しいね。C子ちゃん』

と言えるようになった。夫にも『楽しいね』と自然に言えるようになりました。」C子はこの頃から食欲がではじめ、標準的な体重に近づきだす。

第八九〜九二回　X＋二年五月

【夢33】（最後の夢）【広い家へ引っ越した。誰かがヤカンを二つプレゼントしてくれた。C子が花に水をあげるのに相応しいと感じた。これをC子にあげた。美しくお洒落なヤカンだった。収納場所が沢山ある家だった。】

第九三〜九四回　X＋二年六月

「C子は『最近はお菓子を作ろうと思っても作れない』と言っています。」

第九五〜九六回　X＋二年七月

C子はバイトを辞める。Bさんと一緒にサポート高校に見学に行く。

第九七〜九八回　X＋二年九月

「サポート高校への入学が決まった。教頭に『どうして拒食になったのか』と聞かれ、C子は『両親が喧嘩していたから』と答えていました。この言葉は一生忘れてはいけないと感じました。」

第九九〜一〇〇回　X＋一二年一〇月

「夫への怒りはなくなりましたが、現実の日常生活の変化はありません。私と夫は目には目、歯には歯の関係でした。ここへ来るまでは、私は誰にもわかってもらえなかった。」

第一〇一〜一〇二回　X＋一二年一一月

「私の父親は家では働かない。だから、夫が家で何もしないと苛立っていた。」

第一〇三〜一〇四回　X＋一二年一二月

「C子は『高校を辞めたい』と言う。」

第一〇五回　X＋一三年一月

「前は夫に嫌悪感があった。でも今は穏やかに生活しています。私を助けてくれる。」

第一〇六回　X＋一三年二月

「C子はアルバイトに行っています。『高校を辞めていい？　私は大検取るから』と言う。C子の気持ちを受け入れられた。今は犬も可愛く思えて、夫も優しいな、と思えるようになりました。」

第一〇七回　X＋三年三月

「C子がすごく変わってきました。社会性も出てきたと思う。私は人に認められて、褒めてもらいたかった。それは私が母親にそうしてもらいたい部分だった。そろそろ終結にと（セラピストに）言われたので、夫に相談したら、『もしも苦しくなったら、また行ったらいいじゃないか』と言ってくれました。夫は本当に優しくなった」とBさんは涙を浮かべながら語り、終結になった。

終結後の面接　X＋三年五月

Bさんから面接の予約が入った。セラピストは緊急扱いで受けたが、話の内容は緊急性のあるものではなく、その後のC子の様子の報告であった。「C子は毎日学校に通いながら、アルバイトをかけ持ちでやって、帰宅は夜の一〇時になるときもあります。学校にも自分の居場所が出来て友だちも出来たみたいです。C子は今では家族の中で一番食欲もあって元気。ここに来ると苦しかったけど、心の深いところでどこか安心だったのだと思う。」高校二年生になったC子は、学業とアルバイトに精力的に活動していると語った。

終結から三年後に、C子のその後の情報を得た。C子は無事高校を卒業したのち、大学に進学して、実家を離れて自活しているとのこと、拒食症のリバウンドもなく、元気に通学し、友人にも恵まれ、勉学に励んでいるとのことだった。

3 「事例2」の考察

（1） セラピストの傷つきと子どもイメージの展開のプロセス

母親面接の目標は母親が子どもを傷つけたり、追い詰めたりしなくなるように援助していくことであると考えている。それには、母親自身が過去に傷つけられ、現在も影響を与えられ続けている自分の傷に対して開かれていくことが必要になってくる。

しかし、当ケースでは、母親は自分自身の傷つきに向きあえず、現実の困難な状況を前にして、その解決をセラピストに迫り、また自分からさらに困難な状況を作り出していた。初期の面接は、母親は自分の傷つきと向き合う内的体験にはなっていなかった。

こうした状況の中でセラピストはどのように傷を受け、子どもイメージが生じてきたのか、子どもイメージはどのように展開していったのかということを治療プロセスの中から、神話を媒介にしつつ考察していきたい。

第一回、第二回では、Bさんは C子の重篤な状態を語った。C子は両親の間を取り持ち、支え、良い子になることで両親の自己愛的満足にも応えてきたが、「疲れた」という言葉で表現したように限界がやってきたことをBさんに伝えていた。BさんはC子に大人の支えになるための役割を取らせ、C子を傷つけていた。そのことはC子の摂食障害と深く関わっていたであろう。しかし、Bさんは「助けてください。C子は死ぬのでしょうか」とセラピストに訴え続け、あくまでも子どもの状態に困っている被害者の立場に立っていた。

第二回では、セラピストはC子が助からなければ、セラピストに責任があるかのように追い詰められる感じを抱き、その後恐ろしさを感じだした。その時、セラピストには子どもイメージが生まれ、正体がわからない敵から首を絞められているイメージが浮かんできた。敵が誰なのかわからない恐怖と、首を絞められている苦しさがセラピストの身体に伝わってきた。

第五回では、第二回で生まれたイメージが展開し、子どもの首を絞める者の正体が「可哀想な人」を装った大人であることがわかってくる。セラピストが〈早く逃げるように〉と、子どもイメージに声をかけたことは、セラピストがBさんとの面接の中で、初めて子どもイメージと関わった瞬間であろう。

Bさんは子どもを傷つけている当事者でありながら、第三者としての立場を取っており、慰められることを当然としているように感じられた。そうしたBさんの大人の態度にセラピストに生じた子どもイメージは傷つけられたのだと思われる。セラピストは外的な母親を責めず、しかし内的には子どもを傷つける大人への共感を持つことなく、子どもイメージを生き続けた。

Bさんは子どもの病気に苦しめられている被害者の立場に立つことを望み、こうした大人の部分には共感しないというセラピストの態度に対し、セラピストの態度を崩すための働きかけや間接的な攻撃などで反応し、さらにセラピストへの過大な依存や責任を押し付けていたのではないだろうか。

第三回では、夢の報告がなされた。【夢1】のテーマは〈くいちがい〉である。BさんとC子、Bさんと歯科医、C子と歯科医の間のそれぞれの思い込みが空回りし、食い違いが出てしまうのである。この夢からセラピストは歯科医＝口唇的問題の解決＝摂食障害の治療を連想し、いくつもの食い違いを含むゆえに複雑化すると思われる今後の見通しに不安を覚えた。セラピストとして追い詰められながら不安な治療見通しに直面したことで、さらに困難な立場に追い込まれていった。

第五回での夢報告【夢2】の内容では、Bさんのセラピスト像は「大人におやつをくれる人」であった。セラピストの母親面接の目的は、Bさんの中の子どもの傷つきと向き合うことを援助することで、間接的にC子の回復を援助することであると考えていた。

そのためにはセラピストはBさんの大人の部分におやつをあげることはできない。しかし、夢の中ではセラピストは大人と関わり、支持をしている。セラピストがBさんにおやつを与え、それをBさんは子どもにあげている。Bさんにおやつをあげなければ、子どもはおやつをもらえないと夢は語り、Bさんはセラピストからのおやつを求めているのだろうと思われた。これは無意識のBさんの願望でもあり、このときのセラピストはそのことに反論したいと思いながら、実際にBさんを守り、保護したいという感情に動かされていた。

しかし、Bさんにおやつ、つまり心地よいものを与えれば、面接は破綻すると思われた。おやつを求める心性は被害者になり、セラピストに保護を求め、責任を持ってもらう、Bさんの態度と重なるのではないだろうか。おやつをもらうことは、Bさんの操作的心性の表れのひとつであると思われる。しかし、この回よりわずかではあるが、C子に身体面の回復が見られる。これは何故だろうか。

面接を受け始めたBさんはC子への攻撃ができにくくなった。しかし、すぐには自分の心の傷つきに取り組むことは出来なかった。Bさんはどうにもならない一種のエア・ポケットのような状況に陥ったのではないだろうか。Bさんがこのような状態にいる間はC子を傷つけることはできない。このことがC子のいささかの回復を助けたのではないかと思われる。

第六回での夢報告【夢3】ではセラピスト、Bさんともに重い荷物を持っている。この夢は、Bさんをしっかり支えて、守ってあげなければならないというセラピストの思いと重なっており、それまではずっとC子が一緒に荷物を持っていた。C子に代わってセラピストがBさんの荷物を持つようになったのだとすると、C子に負担がかかっていたその分の重みはなくなってきたともいえる。

第七回で、C子が少し食べられるようになったことは、次の展開をもたらし、病院との混乱に満ちた関わりが生じてきた。入院を拒否するC子と、混乱を極めた家族の訴えを聴くセラピストはいよいよ追い詰められ、身体拘束されたC子と、身動きの取れない状況にあるセラピストはこのとき、「傷つけられた子ども」として、イメージ上重なって感じられるようになってきた。子どもイメージは、荷物を持ったまま身体を拘束され、痛みで身動きができない。

現実のセラピストの身体にも痛みが伝わり、その痛みに耐えていた。さらにセラピストは外的世界でも追い詰められていった。Bさんから、夫が母親面接に反対であること、C子が治らなければセラピストに責任があるというニュアンスを伝えられる。

一方、BさんはC子の要求に従い、病院に退院を求めた。これはBさんが無意識に自分の代わりにC子を傷つける役割を病院に負わせたため、自分はC子の側に立つことが出来たからではないだろうか。病院側の不可解な行動の意味は、のちに述べるが、Bさんと治療を拒否された病院が共に傷を抱えられないことからもたらされたのだと思われるが、Bさんの操作が影響していると推測される。

第一〇回では、Bさんは、病院に言われた通り、C子を入院させておくことを強く主張していた父親との面接を求めた。

父親との面接の中で、Bさん、父親、病院の重圧に追い詰められていったセラピストの中の内なる子どもイメージとC子が重なったことが明瞭に自覚できた。傷つけられた子どもイメージは、荒野の中で孤立無援の絶望的な状況に陥っていた。父親に会い、病院の言い分に従えば、外部からの重圧からセラピストは解放されるが、このとき、C子とセラピストの中の傷つけられた子どもが重なったため、セラピストは踏みとどまることになる。

周囲に圧力をかけられているセラピストに生じた子どもイメージと、強制治療に傷つけられるC子イメージは、不条理にも傷つけられた子どもとして一体化していた。セラピストは父親に語りながら、自分自身がC子そのものに成り代わり、傷つけられた傷の痛みを訴えていたのかもしれない。

それまで病院の判断に従って入院を主張していた父親はC子側に立ち、退院を支持した。なぜこのような逆転とも言えるようなことが起こったのだろうか。それは、セラピストが傷つけられた子どもとなっているC子と一体化し、子ども側に立ち、C子として語ったため、父親は傷つけられた子どもであるC子から訴えられているような気持ちになったのであろうと推測している。

第一二回では、C子の退院後、病院は児童相談所に通報し、セラピストの職場にも頻繁に抗議が寄せられ、セラピストは課長から呼び出しを受けた。このときもセラピストがC子の代理人となり、セラピストの言葉は課長を動かし、母親面接を通してC子を支え続けることを課長は支持した。

ここで傷つけ、傷つけられる関係を整理してみたい。

かつてのC子とBさんは、C子はBさんを守り、BさんはC子を傷つけるという関係にあった。また医療との関係は、医療は直接C子を傷つけた。C子は「体力をつけたい。体育もやりたい」

と訴えて、そのために自ら来院した。医療を受け入れていたのである。これに対する医療側の処置は医療からC子の心を遠ざけてしまうことになった。この傷つけは、Bさんから伝えられた言葉や態度によって傷つけられ、傷を抱えられなかった医療サイドが強制治療などを行うことによって起こったのではないだろうか。

病院はC子の感情を無視して、入院させようとしたため、C子は治療拒否という反応を示した。このことは、医師の傷つきをさらに引き起こし、傷に耐えられない医師は、傷を防衛し、アクティングアウトをして治療的強制を行ったのだと考えられる。傷つきを自覚できなかったために、反射のように相手に対して反応したのではないだろうか。

それは、Bさんが（C子を）「傷つける」ことを医療に代替わりさせて、C子側に立つことを可能にした。当時のセラピストには理解できなかったが、医療もセラピストも共にBさんに操作されたうえで傷つけられていたのであろう。

父親面接の後、C子を退院させたが、第一一回では医師にこのままではC子が死ぬかもしれないと言われたという報告を受けたセラピストに、父親面接第一回で生まれた小さな人間の赤ちゃんイメージが再度生じた。第二回で生まれた子どもの姿よりもより小さくなり、この赤ちゃんは、セラピストでもあり、C子でもあると感じられた。

赤ちゃんイメージは、鉄の鎖で十字架に張り付けられ、死の宣告をされた。その姿を見ているセラピストの身体は恐怖で固まり、心から助けてくれる人を求めた。このとき、突如異様な姿をした子どもが土の中から現れた。セラピストは赤ちゃんイメージに《負けないで》と声をかけた。この場面はセラピストが赤ちゃんイメージと関わりを持った瞬間である。

第一二回では、医療側はさまざまな動きを見せ、いくつかの機関が心理療法をやめるように間接的にセラピストに働きかけた。このとき、第一一回で生まれたイメージが再度浮かび上がり、展開した。鉄の鎖で縛られた赤ちゃんは苦しみ、セラピストの身体にも痛みが走った。その痛みが限界にきたとき、カマキリの子どもイメージが鉄の鎖を切断した。

蛇の目をした魔女が現れ、カマキリの子どもを刺すが、カマキリの子どもは死なず、怒りの炎を身体から燃やした。外側（面接室にいる）のセラピストの身体も異様に熱くなり、魔女は焼けて死ぬ。やがて、カマキリの子どもが消えたあとから木の芽が出てくる。

このセラピストのイメージ体験のあと、Bさんは少しずつ自分の心に向き合えるようになっていった。したがって、カマキリの子どもが魔女を殺したイメージの体験が、治療の転回点になったと考えられる。

次にここでBさんの病理とセラピストに生じた「傷つける者」のイメージについて取りあげたい。

第七回では姿を見せない魔女が大人を操作しつつ矢を放っているイメージがセラピストに生じている。セラピストは魔女をBさんのように感じ、そのイメージに対して衝撃を受けるが、「味方をなぜ撃つのか」と抗議したセラピストの無意識はBさんが魔女であり、味方であるセラピストを攻撃していることを捉え、イメージを介して意識に伝えていたのだろう。

この同じ魔女イメージは第一〇回でも現れている。セラピストは現実のBさんが弱々しい様相でいるために、イメージが伝えてきた魔女はBさんなのだ、ということを認めながら、否定してしまうことになる。

第一二回ではセラピストのイメージの中に柔らかなレースのスカーフで顔を覆った女が現れ、口からナイフを出して、元型的な子どもイメージを殺そうとした。この女は柔らかなレースという優雅で繊細なもので素顔を隠してはいるが、ナイフを含み持つ魔女である。殺し屋が本性を隠しながら、美しく現れたといえるだろう。

このイメージは、治療当時のセラピストには意識的に理解しきれていなかったが、Bさんの当時の真の姿であると思われる。Bさんは殺害者といえる程の攻撃性を持ちながら、あくまでそのようには他者には見せずに弱々しい姿を示しつつ、他者を操作し、同情されつつ自分が被害者の立場に立っていた。

このようなありようは虚偽性障害の病理であろう。(2) 本事例では、こうしたBさんの病理を、セラピストの意識に関係なく無意識が捉えていた。無意識は捉えたものをイメージを介して意識に伝えていたが、セラピストの意識は受け入れることができなかった。特にこの疾患は、セラピストが真実を認めることが最も困難なものであると思われる。

また、仮に初期の段階でイメージから伝えられていることを受け入れることができていたとしたならば、早い段階で治療は中断していたかもしれない。意識が認めず、Bさんに操作され巻き込まれたことが、皮肉にも結果的に終結にまで至る可能性を繋げたともいえるだろう。これらのことは当ケースから学んだことのひとつである。

（2）セラピストの体験と日本神話との繋がり

セラピストが体験したイメージの展開を神話との繋がりで考えてみたい。セラピストは医療側に間接的に傷つけられていた。最も傷つきを感じたのは、C子が退院すれば死ぬかもしれないと宣告されたことを聞かされたときであった。退院後にはすべての責任がセラピストにあることになり、追い詰められていった。

身動きができない状況の中で、病院に閉じ込められ拘束されているC子とイメージ上の同一化を経て、縛り付けられている赤ん坊のイメージが生まれてきた。これは「傷つけられた子どもイメージ」であろう。元型的な子どもイメージはカマキリの子どもイメージとして生まれてきた。燃え滓の中から生じた植物の芽のイメージは新しい可能性の象徴であり、新しく生まれた子どもであろう。子どものカマキリは、赤ん坊を助けるために鎌を振り上げて、鉄の鎖を切ったが、これは「蟷螂《とうろう》=カマキリの斧《おの》」のイメージではないだろうか。

「蟷螂の斧」とは微弱な者が強敵に反抗することのメタファーであると言われている。しかし、最も弱い者が強い力を持つのは両極を持つ元型の特質である。小さな芽もまた将来の大樹となる可能性を含んでいる。元型である弱者にして強者、小にして大なる者が大人を切断し、切断ののちを指し示すイメージとして現れていると思われる。

この子どもイメージの出現の契機は、「誰か赤ちゃんを助けて」と願う藁にも縋るような気持ちであると思われる。セラピストは頼る者もなく、孤立無援の状況に立っていた。このような状況をどうすることも出来ない、と感じたとき、何かに援助を求める祈りのような気持ちが湧き出てきた。しかし、援助者の当てはない。誰だかわからない者に向かってセラピストは「助けて」と訴えた。

その時、元型的な子どもイメージは突然土の中から飛び出した。この出来事をオホナムチやヤマサチの神話を参考に見ていきたい。

第Ⅶ章で記しているが、このとき行ったのが「吟」と「愁」という行為であった。繰り返すが、「吟（サマヨフ）」は、どうにも言葉にならず、うめくことである。「愁（ウレフ）」は、「憂（ウレフ）」や、「患（ウレフ）」とは、意味が異なる。「愁」とは、悲しむことではなく、心の苦しみを訴えることである。絶望的な状況を前にして、どうすることもできなくなったとき、海に向かって両者は「愁」という行為をした。つまり、訴えたのである。

その訴えののち、「忽然」と援助者が海上、あるいは、海辺から出現する。オホナムチの前には子ども神、ヤマサチには海童の国への案内者が前ぶれもなく、たちまち姿を見せ、窮地を救うのである。両者が行ったのは、「吟（さまよい）」海に行き、海に直接向かうことと、「愁」のふたつだけである。ただこのことが、救いをもたらした。

セラピストへの面接で治療的効果を持つ子どもイメージが浮上してくる原理も、これらの神話と同様だと考えられる。傷を抱え、限界まで痛みに耐えながら（「吟」）、どうにもならなくなったとき、追い詰められながら、祈りにも似た気持ちで訴えること（「愁」）、そのことが、無意識から「忽然」と子ども神、あるいは、海童の国へと案内してくれる者の登場を導き出してくれるのだと思う。

当ケースではカマキリの子どもイメージも、カマキリの子どものちの姿と思われる若芽も突如、土の中から生じた。こうした子どもイメージが出現する土は、海同様に無意識を表しているのではないだろうか。

(3) スーパーヴィジョンの意義

セラピストはこの後に外的な混乱を収めるため、スーパーヴァイズを受けることにした。治療の流れの中でのスーパーヴィジョンの意義について考えてみたい。

面接初期のセラピストはBさんに巻き込まれていた。Bさんはしきりに医療サイドが家族を傷つけていると主張した。これを聴いていたセラピストは病院に行くようにとは言いがたい圧力を感じていた。医療に繋がらなければ医療サイドから訴えられ、そのことは面接を混乱させるだけでなく、中断する恐れがあった。また、強制的に再入院させることに同意すれば、C子は死んでしまうのではないかという不安も感じていた。

セラピストはこの状況に耐えていたが、極限に達したときに、怒りが湧き上がってきた。C子の味方となるためには、外的な環境整備を行わなければならないのではないか。C子を取り巻く人や機関の思惑や感情ではなく、C子側にセラピストは立つべきであり、そのためには現実的対応策に関する知識が今は必要なのだと思われた。スーパーヴァイザーは治療関係の内側の人ではなく、外側の人である。したがってこうした混乱に巻き込まれていないので、外の現実の世界のことに対して、すぐに有効な知識を提供してくれることができた。

スーパーヴァイザーは、「C子を傷つけないセカンドオピニオンを新しい医療機関から得るのが良い」と具体的に指導した。スーパーヴァイザーの紹介による新しい病院では、C子の回復のためには母親面接の継続が有効であり、身体治療、入院、通院など一切必要ないとの診断が下った。外的世界の混乱の切断が現実化し、混乱は収まった。

Bさんは以後、医療機関を操作し、動かして、C子やセラピストを傷つけることができなくなった。C子の回復のためには何でもやりたい、と言っていたBさんは面接を受けることで自分の心に向き合い、傷を自覚しなければならなくなったのである。

治療全体の流れの中でスーパーヴァイズの意義を見てみたい。セラピストはイメージの中に生じた子どもの傷の痛みに耐え、痛みが限界に達した時点で、内的に大人たちに激しい怒りを向けた。この怒りは大人を切断するイメージを伴って展開し、セラピストは生き生きとそれらのイメージを生きた。切断イメージを生きながら、現実の混乱を収めるためにスーパーヴィジョンを受けた。

当時は気づいていなかったが、セラピストによる内的世界での切断イメージと、スーパーヴァイズを受けたこととは一連のつながりを持っていたと思われる。なぜならば、スーパーヴァイズの内容はC子の心を守りながら、C子が嫌がっている処置や治療を外部から非難されない形で排除した、つまり切断したものだったからである。スーパーヴィジョンによる切断は外的に機能したが、セラピストの切断は内的に機能したと考えられる。

（4）Bさんの中の傷つけられた子どもの自覚と展開

Bさんは第一六回の頃から、C子ではなく自分の心と向き合うようになった。【夢6】はそのようなBさんの方向転換と同時に、BさんとC子の関係がメタファーとしても、現実のものとしても「食」に関わっていることを示していると思われる。方向転換ののち、Bさんと実母との関係が語られだす。C子に傷つけられた被害者になるのではなく、自分の問題に取り組むプロセスが始まったのである。

第一七回には心的体験として母親を回想するようになる。以前にも母親の話が出ていたが、それはセラピストに向かって吐き出される外的な内容ばかりであり、自分の心を通した内的体験にはなっていなかった。

【夢10】は重要な夢であると思われる。Bさんの中の傷ついた子どもが叫びながら走ってきた。この子どもとBさんは出会い、C子も同様に叫んだ。このことはBさんの傷ついた子どもがC子の傷ついた子どもと繋がりを持っていることを示しているだろう。この夢はBさんに傷つきと向き合う作業が始まったことを示しているだろうと思われる。

子どもは心を病み、異様な声で叫びながらBさんに向かって走ってくる。病気であり常軌を逸脱した声をあげる子どもは、外側から見れば不具であり、汚い子であって、これは比喩的にはヒルコと言えるだろう。Bさんはこのヒルコを流してしまわず、「しっかりと出会えた」というのであるから、自分ものとして受け入れたのであろう。

ヒルコ、ヒルメの神話では傷（病気や不具や欠損や不足）を自分が受け入れず、排除してしまえば、より多くの傷を体験しなければならないことが語られている。Bさんはこれまで傷を自分のものとして認めず、C子に投影し自分が被害者になっていた。これはヒルコ流しである。その結果、C子を傷つけ一家は大きな混乱に曝されたのである。

神話では汚いもの不具のものや傷を我がものとして受け入れたとき、最も価値ある子どもが生まれると説いている。傷や不具の部分を我がものとしてしっかり見て、抱え、耐えることが価値のあるものの創出につながるというのである。

臨床の視点からは、外側の現象面から汚れと見えたヒルコの不具は、内側（ヒルコ側）からは、いわれなき傷である。そして、傷を自覚したときに、傷を内側から見られるようになり、いわれなき傷であることも自覚される。この不条理な傷であるという自覚が次のステップを生み出すのであろう。Bさんにこのプロセスが始まる契機となったのは、セラピストが傷つきを十分に生き、外側に逃げずに（行動化せずに）、耐え続けたことだったと思われる。

第二四回では、母親に寂しい思いをさせられていたが、母親は苦労しており、それを仕方ないと自分を納得させていたBさんの認識が揺らぎだす。「実母は愚痴ばかり言うので、私はずっと本心を打ち明けられなかった。C子は髪の毛を染めたけど、それでいいと思いながらも本心では許せない」という言葉からは、母親が自分はお前のために不当な苦労をさせられている、という不満を言うことで、「だからお前も我慢しろ」あるいは、「私を大切にしろ」と言外に子どもに迫り、Bさんの感情や願望や主張を封じ込めていったことが伺える。

さらには、そのようにしてBさんが子どもの自由を封じ込められたことで、目の前の子どもであるC子の自由な主張に嫉妬を感じるようになってしまったのであろう。

実母の不満や愚痴を聞かされてきたというBさんの体験が刺激になり、セラピストには同じような個人的体験がイメージとして浮上した。セラピストが母親から愚痴を聞かされたことは、母親の口から吐き出された物を子どもが腹に収めさせられたこと、つまり、母親の廃棄物を食べさせられたことに繋がった。セラピストが心理的な作業ができなければ、クライエントも作業を進めることができない。セラピストの先行体験として、イメージの中で母親に怒りを向けて、母親切断を行ったのである。

(5) 傷つけられ体験と食をめぐる神話

食にまつわる傷つきと母親殺しの神話が、第Ⅶ章で取り上げている「スサノヲのオホケツヒメ殺し」である。食を巡る病理である摂食障害を理解する上で、この神話は深い意味を提示してくれるものと思われる。食物を調理して提供してくれるオホケツヒメを母親、料理を受け取るスサノヲを子どもと見れば、両者は母子の関係にある。母親が自分の排泄物(毒)を調理して、子どもに食べさせていることをスサノヲは物陰から見たうえでしっかりと認識し、母親を殺してしまう。これは母親の仕業を意識した上での確信的殺人である。この殺人は豊穣をもたらした。母親の死体から五穀が生じたのである。

この神話を毒と栄養との関係から見れば、母親の食べさせる排泄物の料理(毒)を拒否し、このような調理者を切断しなければ栄養は生じない、と神話は語っているようである。

排泄物はそのまま提供されれば、それとわかる。しかし原文に「種々味物取出而」「種々作具而進時」とあるように排泄物は母親の鼻、口、尻から出され、美味しそうなものとして調理して差し出されている。元の食材が排泄物とわからないように巧みに加工されているのである。しかし見てくれはよくても、排泄物は栄養にならない。これを見破るためにスサノヲは「立伺其態」、母親の調理、加工の様子を立ち伺ってみた。その結果、食材の正体を知ったのである。

これをセラピストの体験と重ねて見たとき、母親から愚痴を聴かされた体験がセラピストに浮上したことは、スサノヲの「立伺其態」に対応するだろう。このことがあって、母親の愚痴の排泄物として与えられた食べ物と不満とが、セラピストの中で繋がった。

母親の排泄物とは何か。愚痴、不満という形で現れると思われるが、他にも母親が自分で消化しきれず、無意識のうちに子どもに投げ入れたもの――嫉妬や憎しみなど――の総体であろう。母親の排泄物からなる食事を拒否し、母親殺しをした後にこそ、豊かさを手に入れることができる。心理学的視点からは、当神話はこのように理解することが出来るだろう。これは、食を巡る葛藤である拒食症の治療のヒントになるのではないかとも思われる。

セラピストの母親への怒りは無意識的にはBさんの母親にも、Bさんの中の大人の部分にも向けられたのではないだろうか。

第三一回には同胞を使ってBさんを操作し、自分の世話をするように仕向ける母親に対して、「怒りを感じた」と表現するようになる。同時にBさんは内省的になり、自分を見つめだしてくる。C子から言われた「お母さんは自分が楽になりたいのでしょう」という言葉に対しても、それまでのように被害的ではなく、正面から受け止めて肯定している。こうした内省は自分以外と心を交流させる基礎となるだろう。

【夢12】では、BさんとC子が、ハイハイをしている乳児を道で拾い、この子どもの父親からC子がお年玉をもらう。C子はこのお年玉で旅行に行くかもしれないとBさんは推測した。セラピストはこのとき、C子の自立をイメージした。

お年玉とは民俗的想像力の中では「年魂」である。人の魂はお正月ごとに新しい魂に切り替わる。(「年」の枕詞は「あらたまの＝新魂の」、である。)このイメージを持ってすれば、今までのものとは違う新しい魂を得たのである。あるいは、お年玉を年頭にもらうお金というように、より現実的に解釈すれば、新しくエネルギーを得たのである。年魂にしろ、お金にしろ、価値のあるものを手に入れるためには子どもと出会い、この子どもを保護しなければならない。この夢は展望的内容を持っていると思われた。BさんもC子も内的に子どもと出会うことが無意識に要請されているのであろう。

この乳児はどのような子どもイメージを持っているのであろうか。赤ん坊にとって危険な道を恐ろしげもなくハイハイで進む通常の赤ん坊らしくないこの子どもは、どこか元型的な子どもの面影を持つ。お年玉をくれるその子どもの父親もどこか魂やエネルギーに関わるイメージがあり、人間を超えた存在であるのかもしれない。

第五三回の【夢26】は、ビッグドリームである。かつて閉じられていた世界が開け、爆発の中でエネルギーが噴出する。新しく開かれた世界と現在いる世界に繋がりが生じた。この両方に関わる世界でBさんは遊ぶ。この時期のBさんは夢の中で子どもになっている。

この夢の報告ののち、第五六回にはBさんの傷つきの中核的体験が明らかになる。Bさんは母親から拾い子であると言われており、捨てられまいと母親に必死にしがみついてきた体験を持ってきた。母親から傷つけられたBさんの傷は、ヒルコのいわれのない傷と通ずると思われる。また、よく寝るから泥棒に連れて行かれても寝たままわからないでいるだろうとも言われ、恐怖と不安の体験もしていた。

これらは、子どもであるBさんの「子どもとしての存在の根拠」が脅かされる体験であり、現在に安んじて憩うことができない心の状態を作りだしたのであろう。深部での安心感が形成されていないのである。自分は母親が浜から拾った子どもなのだから再び母親に捨てられても仕方のないことであろうし、捨てられなくとも眠っているうちに見知らぬところに拉致されるかもしれない。眠ることもこのような状況では恐怖であっただろう。

Bさんは母親に捨てられないために必死に良い子で居続けたのであろう。まさに安全保障感のない心的な守りのない子どもだったのである。

安全保障感のなさが病理を作り出すことについては、サリヴァンが主張している（Sullivan, 1953/1990）。母親のこのような姿勢がBさんに「見捨てられ不安」を形成したのだろうと推測される。見捨てられ体験は根源的に恐ろしい体験である。この体験の想起回想はセラピストの守りと共に元型的な子どもの力があって可能になったと思われる。元型的な子どもの持つ回復力が形成されていれば、かつての恐ろしい体験はもはや力を及ぼすことは出来ないだろう。

第六一～六四回でのBさんの今までと違う子どもへの理解にC子は驚く。Bさんの内界の変化は外的世界へも及んでいることのひとつのエピソードではないだろうか。

第八五～八八回では、Bさんが母親に対する認識や感情を逆転させたことや、母親を切り捨てたことが「以前は何でも母親中心に考えていたが、今は怒りを感じ、心の中で切り捨てた」と明確に語られた。自分は思い通りにならない子どもは許せず、夫にも不満があったが、今は逆になったとも語られ、母親に怒りを向け、切断するイメージが意識化されている。

このような過程を経てBさんは内的外的に変化していった。C子や夫の気持ちを受け入れられるようになり、C子も回復していった。C子の拒食という症状は消失し、サポート高校へ通いアルバイトに出られるようになった。そして、第一〇七回では終結を迎えることになった。

Bさんの子どもイメージとの出会いには夢が大きな役割を果たしている。Bさんの人生を支配し続け、C子にも影響を与えていた「見捨てられ不安」は圧倒的なものであり、Bさんはひとりではこのような傷と直接出会うことは出来なかったであろう。心の奥で傷つけられた子どもイメージが生まれ、セラピストの母親切断作業を通して、Bさんは夢の中で元型的な子どもと出会い、このイメージを生きた。

そののち、母親切断の意識化と言語化が行われた。セラピストが行ったのはBさんの話に傷つけられ、痛みを感じ、抱え、痛みに耐える極限に達したときに、元型的子どもイメージと出会い、そのイメージと共に傷つけたものに怒りを向け、切断する作業であった。

心理療法の中でセラピストはクライエントから刺激を受けて、自分の傷を生きるが、その傷とは内化されたものであり、セラピストは内的に傷つく。しかし、当ケースではセラピストはより多く外的に傷つけられた。クライエントは外的世界を操作し、自分が傷に向き合うことから背を向けた。そうせざるを得ないほどクライエントの傷が深かったと言えるだろう。

したがって、当ケースには外的世界の混乱を収めるという要素が加わった。しかしセラピストは、Bさんとの面接をコンサルテーションの次元では扱わず、母親であるBさんの背後にいる子ども、C子の傷つきの回復に焦点を当てていった。

当ケースは、虚偽性障害（代理人によるミュンヒハウゼン症候群）という、治療が困難な病理の疑いのあるBさんが回復した例である。セラピスト、クライエントともに、子どもイメージが生まれ、「傷ついた治療者」イメージが機能していく治療によって、母親が回復することで間接的に現実の子どもが治癒したケースを提示した。

第Ⅲ章　事例3——緘黙症状のある不登校男子（十三歳）との面接

——炎の姿の子どもイメージと、セラピストが行った蛙イメージの切断

凡例——

「　」はクライエント、〈　〉はセラピスト、『　』はその他の発言。《　》はセラピストの思い。セラピストの体験は二字下げ。（　）はその他注記。なお、個人のプライバシーに配慮するために、一部変更を加えてある。

1 「事例3」の概要

＊クライエント――D男、男子、十三歳、中学一年生

＊主訴――不登校、引きこもり、緘黙

＊家族構成――父親（会社員）、母親（無職）、兄、妹

＊生育歴――一歳時に悪性リンパ腫で一年間入院した。腎臓も悪く、夜尿症があり、頭痛持ちであった。両親に身体的接触を求め、小学六年生まで両親と一緒に寝ていた。夜尿症が治らないために、悪性リンパ腫で入院した同病院に、退院後も一、二ヶ月に一度通院し、投薬されるがほとんど服薬しなかった。緊張時や何かに失敗したときなどには感情の表出が困難になり、言語的表現ができなかった。小学校では、鶏の生き埋め事件や、女の子の後を追い回したりするストーカー騒ぎなどを起こしていた。

＊問題の経緯――中学入学後の七月より完全不登校となった。疲労、頭痛、発熱が続いたため病院を受診するが、「心の問題」と言われた。この頃より、家族とも交流を断ち自室に引きこもるようになった。表情は全くなくなり、会話をすることもなくなった。

＊第一印象――中学一年生男子の標準的な体型をしている。一見すると、知的に低いように見えるが、知能が働いていない状態にあるという印象を受ける。無表情、無反応で、人とコミュニ

ケーションをとることも、目を合わせることもできず、視線は一定していない。

＊ＤＳＭに基づく診断分類――特定不能の幼児期、小児期、または青年期の障害、離人症性障害(1)

＊来談経路――母親が担任教諭に相談し、Ｄ男の中学校の教頭から直接筆者に緊急の面接依頼があった。

＊面接構造――公立教育相談所。母子ともに筆者が担当。Ｄ男は週一回、母親は必要に応じて。一回五〇分。無料。全八ヶ月（Ｘ年八月～Ｘ＋一年三月）。計二〇回。

＊スーパーヴァイザー――初回から終結までついている。

2 「事例3」の経過

母親第一回　Ｘ年八月

母親が一人で来室した。使い古されたような白い割烹着姿で現れた母親は、全身から生活苦を漂わせている印象である。左足にはギプスをし、杖をつきながらよろけるように面接室に入ったが、その動き方はまるで機械仕掛けの人形のようにギクシャクとしていた。その上、喘息を患っており、『ヒーヒー』と音を出し、呼吸が苦しそうであった。

Ｄ男を受診させた医療機関の医師からは、『基本的生活習慣を身につけさせるように』と言われているが、朝、頭痛と発熱があり起こしても起きず、部屋に引きこもり、不登校となっている

D男の現状を語り、D男に対する心理療法を希望した。

母親が切羽詰まっていることは伝わってきたが、それは母親自身の外的な大変さであり、内的なものは伝わってはこなかった。情動と切り離されている感じがあり、感受性は乏しく、母親を窓口とした心理療法は難しいと感じられた。そのため、D男の面接を引き受け、母親とは必要に応じて面接を行うことにした。

第1期　セラピストの傷つきと、火の姿をした元型的子どもイメージと行った蛙イメージの切断

第一回　X年八月

D男は面接室の入口まで母親に伴われて来所したが、面接室にはD男ひとりで入室した。初対面のD男は、人間とは思えないような印象だった。それは言葉では言い表せない異様な感覚である。描画、ゲーム、箱庭へと導入したが、無反応であった。言葉も皆無である。拒絶という反応も無かった。D男が意識的にセラピストを無視しているというレベルではないことだけは理解ができた。

セラピストは透明人間にされたような状態になった。情動が感じられないD男は《人間の体温とは違う》と思われた。その様子は漠然とではあるが、彼を（セラピストにとっての）蛙のような存在として感じられた。

一方、セラピストの側は必死に働きかけようとしても、関わらせてくれないD男を前にして、窒息しそうな息苦しさを感じ、身体も心も麻痺し、固まったような状態になっていた。意識的に無視されるよりもD男に傷つけられていたが、傷の痛みも感じられず、思考もできないように麻酔を打たれたような状態になっていった。

このとき、セラピストには蛙の姿をした小さな子どもイメージが生じてきた。この蛙の子どもイメージは、何者かに傷つけられ、動けなくされていると感じた。セラピストはD男に魔法をかけられ、動けないように支配されたような五〇分間であった。

D男は無表情のまま、キョロキョロと首を動かしながら、面接終了まで沈黙を続けた。その様子は、セラピストが日常で蛙に対して抱いている印象と重なった。

母親第二～三回　X年八月～九月

家族とも会話がなかったD男が初回面接に対する感想を母親に語ったことを伝えてくれた。それは、「緊張して話せなかった。絵も描けなかった。でも今度は描けると思う」という思いがけないものであった。セラピストはD男の言葉と面接室での反応のなさとの落差に驚いた。母親は、『D男の心は母親の私にもさっぱりわからない。色々なことを聞きたいけれど、聞いても押し黙るだけだと思う。D男のことはどう説明していいかわからない』と語った。

第三回では、『面接を受ける前は、部屋に閉じこもって誰とも話さなかったけれど、今は部屋から出るようになって少し話します。小さい頃から相手に伝えられない分、言われてもすぐ返事ができなかったですね。カッとなると部屋に閉じこもります』というD男の特徴が話された。

第二回　X年九月

前回同様、D男に人間の体温との違いを感じ、《D男には人間としての温かな血が流れているのだろうか》と思った。

初回面接でセラピストに生じた蛙の子どもイメージが再度セラピストに浮かんできた。その蛙の子どもイメージは、前回同様に何者かに傷つけられている感覚がした。目の前のD男も前回と同じように蛙のように感じるが、面接室の中でD男に魔法をかけられたように動けなくされているセラピスト自身も、その蛙の子どもイメージと同じ状態になっているように感じられた。

セラピストはD男と意識的に関わることができないため、イメージの中の蛙の子どもに、《どうして動けないの?》と声をかけたが、固まったまま返事がなかった。

面接室にいる目の前のD男は、前回同様にキョロキョロと首を回している。セラピストの目には、前回の漠然とした感覚よりも更に強くD男と（セラピストにとっての）蛙が重なって見えた。D男から今回も透明人間のようにされたセラピストは傷つき、傷の痛みを感じた。

このとき、かつて現実の蛙と交流ができなかったセラピスト自身の子どもの頃の個人的体験が思い出された。セラピストは子どもの頃、蛙と情動を交わせずに心が傷ついた体験を持っている。その体験の痛みと同じ感覚だった。

セラピストは突如、〈犬は好き？　猫は好き？〉とD男に一方的に質問した。（この質問はセラピスト自身、意図しないまま生じた。）D男は機械的にではあるが、無表情のまま頷いた。そしてさらに沈黙が続き、セラピストはその場にいたたまれなくなり、呼吸が苦しくなった。

セラピストはこのままの状態を持ちこたえられるのだろうかという不安を感じ、スーパーヴィジョンを受け、このケースに対するアドバイスを求めた。

スーパーヴィジョン　X年九月

スーパーヴァイザーからは、『四回面接を続けても、交流できないという状況が変わらないのなら、止めるのもひとつであろう』との指導を受けた。セラピストは止めることは考えていなかったため、「止める」という言葉に衝撃を受けた。

第三回　X年九月

D男は今回も沈黙を続け、ひたすら首を回し、キョロキョロと周りを見た。体温が違う感覚も、蛙に共通した感覚も、前回同様であった。

セラピストはひどく居心地が悪く呼吸困難に陥りそうになった。この状態から逃げないように意識的に持ちこたえようとしたが、耐えられなくなった。D男といる面接空間は、ひとりでいる孤独感の比ではない。初回面接から透明人間にされているようなセラピストは、D男から見捨てられているようで、さらに深く傷つけられていると感じた。現実にいる目の前のD男と関われないセラピストは、イメージの中の蛙の子どもと関わろうとしたが、蛙の子どもイメージは固まり、対話もできなかった。面接室の中のセラピストの状態と同じように、蛙の子どもイメージも何者かに見捨てられているような孤独と不安を感じていることが伝わり、現実のセラピストの身体に強い痛みが感じられた。D男と面接室にいるセラピストと、イメージの中の蛙の子どもは同じように何かに置き去りにされていると感じているうちに、ずっと忘れていた「母親との待ち合わせ場所にひとりにされた」という、セラピストの個人的な体験が浮かんできた。

幼い頃、よく知らない待ち合わせ場所に母親が約束の時間に現れなかった。数分の出来事だったが、幼い子どもにとって、言葉にならない程の不安と恐怖の体験だった。母親を待つ幼いセラピスト自身が次第に固まっていき、道行く人は知らない人ばかりで、誰も幼い子どもがひとりぼっちで不安なことに気づいていない。母親を待つ間、幼いセラピストは母親に傷つけられていた。遅れてやってきた母親に、怒りと共に泣きながら不安と恐怖を訴えたが、「数分待っただけでしょう」と言い、待っている間の子どもの気持ちを理解してはくれなかった。母親を待つ間の傷つきと、その傷つきを母親がわかってくれなかったことにさらに傷ついた。

蛙の子どもイメージの奥から、子どもの時のセラピストを不安にした冷たい母親イメージが浮き上がってきた。イメージの中の蛙の子どもを傷つけているのは冷たい母親だと感じた。セラピストに蛙の子どもイメージの痛みが伝わり、数分ごとに痛みが増し、セラピストの身体に脂汗が吹き出てきた。

セラピストが極限まで傷の痛みに耐えたとき、身体の奥から熱い怒りが湧き起こり、怒りの炎のイメージが浮かんだ。その炎の中から、小さな塊が現れた。その塊の姿は火の炎だが、セラピストには《子どもだ》と感じた。セラピストの怒りと、火の姿の子どもの怒りは、蛙の子どもイメージの奥にいる冷たい母親に向けられた。

両者（セラピストの自我と火の姿の子ども）の怒りによる破壊の力は、蛙の子どもイメージを刀で力一杯に真っ二つに切断し、草むらに放り捨てた。切り捨てた蛙イメージの身体からは、真っ赤な血が吹き出した。《セラピストの中の固まっている蛙と、その奥の冷たい母親は死んだ》と感じた後に、人間の自由な子どもイメージが生まれた。セラピストの傷が回復したと感じた。

そのイメージでの作業の直後にセラピストは、〈D男の声が聞こえない。メッセージも聞こえない。気持ちもわからない。面接は終了にしよう〉とD男に告げた。セラピストはこの言葉を、イメージの中で蛙を切断した刀をイメージしながら、何かに押し上げられるように躊躇なく発していた。意識的にではなく、無意識に発していたという感覚だった。

その瞬間、急にD男が顔を上げ、驚いた表情をした。初めて人間らしい表情が現れ、D男はセラピストを見た。初めて両者の目が合った。その瞬間に、D男の目が赤くなり、やがて見る見る顔全体が赤くなった。セラピストはこのとき、固まっていたD男の身体に血が流れたように見えた。

セラピストにとっての蛙の子どもイメージと重なっていたD男が死んだと同時に、《人間の子どものD男が生まれた》と感じた。D男は初めて「さようなら」と声を出して挨拶をした。大きく元気な声だった。

第2期　動物との交流を通してのD男の変容過程

第四回　X年九月

D男の方から、「こんにちは」と挨拶をした。セラピストをじっと見ながら、(第一〜三回までとは対極的に)立て続けに話し始めた。「学校に行っている。たまに頭痛がする。」

第三回の後から学校に行っていることをD男が教えてくれた。くるくると首を回す様子は、第一〜三回までと同じだが、セラピストに蛙イメージが生じることはなくなった。しかし、言葉はぶつ切りのままであり、なめらかな会話にならず、表情や動きは機械や人形のように固く、セラピストは《木でできたピノキオのようだ》と感じた。

第五～八回　X年一〇月～一一月

D男はときどき学校に行くようになった。第五回までは、面接室に母親に車で連れて来てもらっていたが、第六回からは、自転車に乗ってひとりで来室するようになった。

話題は自宅の近所や、面接室へ来る途中の犬、猫に関するものが中心であった。面接室に来る途中で大きな犬に吠えられたり、ボス猫と仲良くなったり、知らない猫と睨み合うが、猫をなつかせることが出来るということなどを生き生きとした表情で語った。「猫と僕のことは誰も知らない。内緒」と愛くるしい表情で話すのが印象的だった。近所の鶏との交流や、帰り道で猫と遊んで帰る予定などを、終始笑顔で楽しそうに語った。

セラピストは犬や猫と交流しているというD男の話を聴きながら、第二回の面接時にセラピストから一方的に質問した〈犬は好き？　猫は好き？〉という問いに、無表情のまま頷いたD男を思い出した。

セラピストに、第三回で蛙の子どもイメージから生まれ変わり、（傷を回復した）人間の姿をした子どもイメージが現れた。その子どもイメージが、言葉を用いなくても情動を交わせる動物たちと楽しそうに遊んでいる映像が浮かんだ。

コンサルテーション　担任教諭　X年一〇月

D男の担任教諭は、次のように語った。

『D男は入学したときから、誰が見てもおかしかった。名前を呼んでも視線が合わない。コミュニケーションが取れなくて、会話も成り立たないのです。クラスではトラブル続きでした。たとえばみんなが掃除をしていても、全くやろうとしない。何を話しかけても、顔の前で手を振っても無反応です。人間の感情がなくて、異生物体という印象です。本当に対処のしようもない。二学期に入って、「学校に来たい」と言われて、正直言うと戸惑いました。D男だけが周りの空気と違う。D男の正体がわかりません。IQも六〇～八〇という気がします。小学校では、鶏の生き埋め事件とか、女の子の後を追い回したりするストーカー騒ぎなどを起こして、危ない存在に見られていたようです。そういう行動が今後犯罪にエスカレートすることってないでしょうか。』

セラピストはこうした担任教諭の話を聞きながら、第三回の中でセラピストに浮かんだ母親との個人的な幼児期の体験が再度想起された。無反応であったD男の状態が、いかに心の奥底に不安と孤独と恐怖を抱えていたのか、誰にも理解されなかったD男の傷つきを感じていた。

なお身体的、感覚的働きかけに対しても無反応であるという担任教諭の情報から、D男には緘黙だけではなく、離人症的な傾向もあったのではないかと推測された。

自由画③（24.2cm × 35.1cm）

第3期　描画を通してのD男の内的作業の段階

第九～一四回　X年一一月～X＋一年一月

第九回では、セラピストは風景構成法を提案したが、D男は「川を見たことがないから描けない」と言い、自由画を希望した。一枚の自由画を三回の面接にわたって完成させた。第九回には、面接室に置かれている木製の小鳥を写生した【自由画①】。

第一一回には、木の鳥を太い木の枝に乗せ、巣の中には二羽の雛を描いた。雛は生きていて餌を求めていた。太い枝の先には緑の葉が加えられた【自由画②】。《木の鳥は、この雛のお世話ができるのだろうか》と思いながら、セラピストは息詰る思いでD男の手の先を見つめていた。

第一二回には、力強く色塗りをしたあとに、空から舞い降りるもう一羽の鳥の姿を描き出した【自由画③】。D男は顔を赤らめ、夢中になって描いている。鳥はくちばしに赤い餌をくわえている。《雛に餌を与えに空から鳥が舞い降りてきたのだろう》と思ったが、よく見ると木の鳥に餌を運んでいる。木の鳥に〝生命〟を与えに来たように感じられた。木の鳥はD男であり、生きている雛も、D男のこれから発展していくものの萌芽であるように思えた。

描き終えたD男は、セラピストに満足そうな笑顔を向けた。初回面接の頃とは明らかに別人に見えた。

三回にわたって描いた自由画を挟んで、第一〇回では、D男からの要望で、一度は描かないと言った風景構成法による描画を行った。見たことがないと言っていた川は太く描かれたが、家よりも巨大な石からは、大きな心の問題を抱えているD男を象徴しているように感じられた。

第一三回には風景構成法の第二回目を行った。

家にはドアができ、窓も増えた。動物としては鳥を描いた。鳥は生きており、木の枝に止まっている。今にも話し出しそうな表情をしている。鳥の色は黄緑色であった。いかにも生命の色だと思われた。この期間に、D男は自分の貯金から、子犬を買ったと語られた。「名前は内緒」と、悪戯っぽく笑った。

セラピストはD男から犬の話を聞いたとき、セラピストの子どもの頃の個人的体験が浮かんできた。

子どもの頃、自宅で猫と小鳥を飼っていたが、犬は飼ってくれなかった。「飼って欲しい」とせがむと、母親は決まって「来年ね」と答えたが、「死んだときに辛いから」ということを理由に、ついに飼ってくれなかった。

セラピストはD男の犬の話を聴きながら、子どもの頃の自分が、大きな犬と駆けっこをし、犬に抱きつき、癒されている姿が浮かんできた。

母親第四〜五回　X年一二月〜X＋一年一月

友人と付き合うようになり、一緒に遊んだり、勉強をしたりしているD男の近況が語られた。その後に、母親はしばらく沈黙し、『D男はここで笑うことがありますか？』と質問してきた。笑顔で話す現在のD男の表情を思い浮かべながら、セラピストは〈はい〉と答えた。『そうですか。それが本当のD男なんですよ。ずっとD男の何かが消えたまま、固まってしまった感じが長いこと続いていたんです』と母親は述べた。

また、D男は自分が犬の親になりきっていること、以前は動物が嫌いだったこと、心を病んで面接を受けるようになってから動物と交流するようになったこと、妹に「獣医になれ」と言っていることなど、犬、猫を可愛がるD男の様子が語られた。学校へは行ったり、行かなかったりだが、これまでは遅刻すると、途中から教室へは入れなかったが、今では入って行けるようになり、『D男はすごく変わった』と語った。

このように、D男の状態を『変わった』と語る母親も、以前の機械のような印象ではなく、わずかに情動が感じられるようになった。

セラピストはD男の母親の話を聴きながら、幼い頃、猫が行方不明になった事件を思い出した。

幼いセラピストは泣きながら猫を探し続けたが見つからなかった。セラピストが中学生になった頃になって、母親が「病気になって死んだので山に埋めた」と泣きながら白状した。セラピストは母親が猫の死を隠し、嘘をついていたことに猛烈な怒りを向けて母親を責めたが、母親は逃げずに真剣に謝り続けた。

待ち合わせ場所に遅れてきたときの母親から傷つけられたときとは違い、子どもの気持ちをわかってくれた母親を思い出した。

第4期　終結へ向けたD男の傷つきと切断

第一五回〜二〇回　X＋一年一月〜三月

D男は毎回面接時間を正確に守り、自転車に乗ってひとりで来室した。毎回のように動物の話題が続いた。犬は大きくなり、D男が躾をしている。「最近、猫には会っていない。ミニチュアダックスフンド（D男の飼い犬）は穴を掘っちゃう。いつもくるくる回っているの」と、楽しそうに話した。「学校には、遅刻しないで朝から毎日行って、給食も食べている」と、愛くるしい表情で話した。

第一八回では来所するときに、猫が沢山いて、その中を自転車で通り過ぎたとき、猫が飛びかかって来たが、蹴飛ばしてきたことを語り、第一九回では、学校に犬が捨てられていたことなどを語った。第二〇回では「こんにちは」と元気に挨拶をし、「学校が楽しいから最後までいる。そういえば、最近猫に会わなくなった。うちの犬はすごく元気。こんなに大きくなった」と身振りを交えて表情豊かに話した。

第二一回はD男が発熱のためにキャンセルになり、次の予約を入れていなかったために、いつもD男が予約を入れていた時間に別の予約が入った。

その当日、別のクライエントの面接が始まったときに、D男が来室し、驚いたように「あっ、すみません。今度の僕の面接はいつですか」と言った。次回の予約をすばやく廊下で入れた後、セラピストと目を合わせて、「失礼します。さようなら」と、爽やかに挨拶をして帰って行った。(このときが、セラピストがD男に会った最後になった。)

その後ろ姿は、どこから見ても健康な中学生の男の子の印象であったが、他のクライエントと面接をしていたことがD男を傷つけたのではないかと気になった。次の予約日にD男は現れなかった。

かつてD男との面接の中で、イメージの中に生まれた蛙の子どもを切断し、(セラピストにとって)蛙のような存在のD男を(面接を終わりにしようと)切断したセラピストが、逆にD男から切断されたイメージが浮かんだ。大人である外的なセラピストは、いつものD男の面接枠に他のクライエントとの面接をし、子どものD男を傷つけたと同時に、セラピストの中の人間の姿をした子どもイメージも傷つけたような気がした。

しかし、D男は傷つけられたままではなく、大人のセラピストを切り捨てた。（セラピストにとっての）蛙のようにされていたD男の魔法が解け、人間の子どもになったD男の姿が浮かんできた。その姿は、傷を回復させる力のある子どもになったイメージだった。

その後、セラピストが所属している学校教育課の指導主事が学校に問い合わせをしたところ、D男は毎日登校し、まる一日学校で過ごしているという。集団活動もできるようになり、級友と給食を食べ、掃除もやり、よく話すようになったとのことだった。指導主事とも相談をした結果、もう面接の必要はないと判断し、終結とした。

3 「事例3」の考察

当ケースの治療の核は、蛙イメージの切断にあった。そこに至る第一〜三回の面接が、全経過の中で最も大きな治療的機能を果たしたと思われる。セラピストの意識では、反応をしないD男に対し、このままではD男との間で交流ができず、両者の関係性が結べないと考えていた。しかしD男と向き合っているうちに、セラピストに蛙のイメージが生じ、展開していった。このイメージを生きているうちに意識的努力では動かせないようなプロセスが生じ、蛙イメージを切断し、その直後に何かに押し上げられるように躊躇なく無意識に治療の中止をD男に発した。

この瞬間、D男が変化し、交流を思わせるような反応が出るようになった。

まずこの第三回までの治療部分を取りあげ、「傷ついた治療者」と子どもイメージという視点から、考察してみたい。

(1)「傷ついた治療者」と子どもイメージの展開

第一回で蛙のような様子を示すだけで交流してくれないD男にセラピストは傷つけられた。セラピストは身動きができず、何が起こっているか、思考や感覚で捉えようとしても、それらが封じ込められ、ただその状況に苦しみ続けていた。

この苦しみの中で、あるイメージが生じた。傷つけられ、動けなくされている蛙の子どもイメージである。ここでセラピストは蛙の子どもが「何者か」に傷つけられていると感じたが、セラピスト自身に痛みを感じることはなかった。現実にはセラピストを傷つけているのはD男であるが、セラピストの無意識はD男だけではなく、D男以外の何者かの存在を漠然と感じたのである。セラピストはこれを否定しないまま持ち続けた。

第二回では、同じ蛙の子どものイメージが生じ、その子どもは再び何者かに動けなくされていた。現実にはD男がセラピストを面接室の中で動けなくしているということをセラピストは感じていた。この回、セラピストの中に第一回から生じている蛙の子どものイメージは、セラピストの状態でもあると感じた。

ここで初めてセラピストと蛙の子どものイメージが重なった。D男に対しても、第一回のセッションよりさらに明瞭に蛙のイメージが感じられ、セラピストはD男に傷つけられていた。このとき、セラピストには蛙に関する個人的体験が浮上している。これは蛙に交流を阻まれた過去の傷つきの体験であり、面接室で起こっている出来事と同型のものが呼び出されてきた。このことは、セラピストの傷を深めたと思われる。ここでセラピストは痛みを感じた。

第三回では、D男から交流を阻まれているセラピストに、D男から置き去りにされ、見捨てられている感覚が生じ、傷つきがより深くなっていった。「吟」のプロセスが始まったのであろう。同時に蛙の子どもイメージも見捨てられた不安を感じていることが伝わってきた。この見捨てられの感覚から、過去の同じ見捨てられ体験が浮上した。これは過去の母親との体験であるが、このイメージを介し、セラピストを傷つけた「何者か」の正体がD男だけではなく、母親であると感じた。

この過去の個人的体験の中で見捨てられたセラピストは蛙の子どもイメージと同じ状態になっており、見捨てた母親は、子どもを置き去りにし、傷つける「何者か」であろう。

セラピストはセラピストの中の蛙の子どもイメージが冷たい母親に傷つけられていると感じたときに、強い痛みを感じた。この痛みに極限まで耐え切ったとき、湧き上がったのは怒りである。怒りを媒介に炎が子どもイメージを伴って立ち上った。

火の子どもイメージは、動けないままの蛙の子どもの背後にいる冷たい母親に怒りを向け、蛙の子どもイメージを切断した。セラピストの中の動けないままの蛙イメージと、その奥の冷たい母親は死んだと感じた。この直後、D男に生気が戻り、蛙のような印象ではなく、人間の子どもの印象になった。

ここで蛙イメージを整理してみると、D男は傷つける者としての蛙、現在と過去のセラピストは動けなくされ、傷つけられた蛙の子どもイメージ、母親はセラピストにとっての傷つける者としての蛙のような冷たい存在ということになる。

セラピストは蛙イメージを切断するが、そこへ至るまでには、蛙のようなD男に傷つけられ、過去に蛙と情動を交わせずに心が傷ついた体験や、蛙のような冷たい母親による見捨てられを再体験した。現在から過去までのいくつかの傷つける蛙を自ら蛙の子どものイメージと一体化し、傷つけられる蛙として体験した。

それらによって、セラピストの傷は次第に深まり、極限まで傷の痛みに耐えたとき、怒りと共に子どもイメージが生じた。ここで傷を負ったセラピストと元型的な子どもイメージが出会い、「傷ついた治療者」が機能したと考えられる。

神話との繋がりから見れば、傷を深めていくセラピストはオホナムチ、元型的子どもイメージはスクナヒコナであろう。オホナムチの国造りは、オホナムチ、スクナヒコナが共同して行う事業であり、スクナヒコナの援助なしにオホナムチひとりでは完成できないものであった。セラピーの中でのこの後の作業もセラピストの自我だけでは不可能なのだと考えている。

ここで確認しておきたいのは、子どもイメージと出会う契機である。

神話の中でもオオナムチ、スクナヒコナ、ウミサチ、ヤマサチの記述を見ると、困難な事態に陥り、どうすることもできなくなったとき、傷ついた者は海に辿り着き、心の底から訴えていた。セラピーの中では、他の多くのケースでは痛みの中で祈りにも似た強い気持ちが湧き上がり、セラピストはこれを生きるのである。これが「愁」のプロセスである。しかし当ケースでは、祈りの感情が生じることなしに、痛みに耐えているうちに治療が瞬時に動いてしまった。

「愁」は第Ⅶ章で述べているように、心ほとばしり、心が動くのが原義であり、そのような心の状態から何かに嘆願、愁訴する意味を持つ。ここでは、訴えるという意味を欠いた「愁」、つまり原義とおりの心が動き、ほとばしる思いから、という意味の「愁」があらわれている。そのような「愁」もあるのだということをここで推測しておきたい。

子どもイメージと出会ったセラピストには、心がほとばしる（「愁」）と同時に、炎の子どもイメージが生まれ、セラピストは炎の子どもと同時に蛙の子どもイメージの切断を瞬間的に生きたのであろう。これはほとんど無意識的な出来事であった。イメージの切断も治療中止の申し渡しも、意識的に行われたものではない。

ここで述べておきたいのは、傷つけられたセラピストの自我が切断を行ったのでも、子どもイメージが単独で行ったのでもないことである。両者が出会い、セラピストに生き生きと炎の子どもイメージが感じられたとき、このことが起こった。

炎の中で生まれた子どもイメージは、日本神話の中に記載がある。コノハナサクヤヒメと、地上に降りたヒルメの孫との間の子どもは、火の中に生まれる。これらは元型的な子どものイメージだろう。

また、当ケースの中で火の中の子どもイメージが、蛙の奥にいる冷たい母親を殺すところは、イザナキが火の子ども神、カグツチを産み、火傷をして死ぬという神話を思わせる。日本神話の中の火の子ども神は、母親を焼き殺したのである。

(2) 切断

次に「傷ついた治療者」が行った切断の意味について考えたい。蛙の子どもイメージを切ることでセラピストもD男も自由になった。またこの切断は母親イメージが上がってくることでもたらされた。それは何故だろうか。

母親と蛙との繋がりを考える上では、グリム童話の「蛙の王様」が参考になる。魔女(ネガティブな母親)は、呪いの魔法で王子を蛙にした。魔女と蛙はどこかで繋がりを持っている。蛙の王子は殺されなければ魔法を解くことができなかった。

蛙の元型的性質については、フォン・フランツ(一九七五/一九七九)、ビルクホイザー―オエリ(一九七六/一九八五)、キャンベル(一九六八/一九八四)に説がある。フォン・フランツとビルクホイザー――オエリは蛙に女性や母親を見ているが、特にビルクホイザー――オエリは否定的な母親イメージを見ている。元型的な意味での呑み込む母親、冷血な母親である。

セラピストの体験は現実の、蛙のように冷たい母親に傷つけられたことであるが、この母親の背後には、元型的な母親像、冷たい母親があったのだと思われる。したがって、セラピストは元型的な傷を負ったのだと思われる。

第二回の個人的な蛙体験は、第三回ではより深い層の蛙体験になっているとも言えよう。浮上したのは、個人的な母親体験であったが、それを通してさらに奥にある元型的な母親体験にまで、イメージ作業が進んでいたのだと推測される。傷つける者が元型的なものであると、傷つけられる者の傷の痛みは大きなものになる。当ケースでは、元型的傷をもたらしたのが、蛙として現れた元型的な母親だったのである。

切断は蛙の子どもと母親を切ったのであるが、なぜそのことでセラピストのみならず、D男は自由になったのであろうか。

ここには、D男の生育史から来る問題が絡んでいるように思われる。D男は一歳から一年間、母親と離れて長期入院生活を送った。これが人生の早期からの圧倒的見捨てられ体験となったことが想像される。D男の人生には元型的な冷たい母親が布置されてしまったのではないだろうか。つまり、D男は蛙のような母親により、見捨てられ、放置されたことで根源的な不安に陥り、蛙状態にされてしまっていたと思われる。このことから、いわれなき傷を負ったヒルコと通ずる傷、自分には責任のない傷を、D男は負わされていたのではないかと考えられる。

セラピストが個人的体験を想起したことはD男の体験と繋がっていたのであろう。（しかし、セラピストがそれに気づくのは後のことであった。）セラピストの無意識はD男の状況をセラピストの類似した体験を通して伝えてきた。それは知的には理解できないまま、セラピストには圧倒的な痛みとして感知された。

別の見方をしてD男の側からこれを見れば、D男は自分の陥っている蛙状態を、圧倒的不安の中ではこう生きるより他はない、ということを、無意識のうちにセラピストに同じ体験をさせることで伝えたのではないだろうか。したがって、セラピストはイメージの中で蛙を切断したのであるが、その内実は単一なものではなかった。蛙イメージは、セラピストとD男の双方に関わるものであった。

このような関係性の中で行われた蛙イメージの切断は、セラピストの中の蛙イメージと背後の個人としての母親イメージを切ると同時に、D男の蛙状態と背後の元型的な冷たい母親をも切ったのであろう。

このような現象が生じるためには、セラピストとクライエントの間に同一化ともいえるような無意識の強い結びつきが必要である。セラピストの意識は、D男と関われないと感じ続けていたが、無意識では強固な関係が成立しており、それに基づいて切断が行われたのであろう。両者の心の一部が同一化していたため、セラピストの蛙イメージの切断が、D男の状況を変えたのだと考えられる。

蛙状態をセラピストが切断しなければ、D男は蛙から生まれ変われない。切断を導き出すために、D男はセラピストが耐えられない状態に追い詰めていったのではないだろうか。D男は面接室に「セラピストを傷つける人」としてやって来た。全身全霊でセラピストを傷つけ、セラピストが殺してくれるのを待っていたのだろう。D男の傷つける力が弱ければ、セラピストは傷の痛みは感じず、切断に至るまでの怒りが生じることがなかったと思われる。

D男は関われない存在になることでセラピストを傷つけ、その結果傷つけられた子どもの怒りを引き起こした。蛙殺しはクライエント、セラピストの関係の切断ではない。それゆえに、蛙イメージが死んだのちもセラピスト、クライエントの現実の関係は生き続け、以後のセラピーは終結を迎えるまでに展開したと思われる。

傷つけられた子どもであるD男は、D男と同じ傷つけられる体験をセラピストに体験させるために傷つけた。セラピストは、この傷つけるものと傷つけられたものという状態を切断した。その結果、D男もセラピストも自由になった。ここまでが第一期、第三回までのセッションでの作業内容である。

第二期以降の作業はどのようなものであったのか簡単にまとめてみたい。

第一期を終えたのち、セラピスト、クライエントは意識のレベルでも交流が出来るようになり、以後の展開はスムーズであった。D男は描画を用いながら、育て直しを自分で試みた。セラピストの中には、傷つけられた傷を回復し、生きだしている（D男であり、セラピストでもある）子どもイメージが生まれていた。

D男に対する担任教諭の話から、セラピストは蛙にされたような状態を再体験したが、すでに意識のレベルで捉えられるようになっていた。この点が無意識の相互作用に終始した第一期と異なる点である。

セラピストは、担任教諭の話を聴きながら、第三回までに体験した、蛙イメージのD男に透明人間にされ、見捨てられているような孤独と不安を感じていた。D男に置き去りにされていた体験は、誰もいない状況よりもさらに強い孤独体験だった。D男は学校の中で、セラピストのこうした体験と共通した体験をしていたのではないだろうか。担任教諭の話を聞くことは、D男が蛙のような状態になった心的意味と苦痛の再確認となったと考えられる。

D男が鳥の生き埋め事件を起こしたことも、D男自身が生命を生き埋めにされる状態で生きてきたのだろう、との思いがセラピストに起こり、描画で鳥を好んで描いたこと、風景構成法の動物が鳥であり、描画の鳥が置物から生命あるものに変わったなどの変化も意識化することが出来た。神話には、鳥遊は鎮魂（新しく威力ある魂を得ること）のためのものであること、鳥遊の場所がオホナムチがスクナヒコナに出会った岬であったことが記されている。（第Ⅶ章参照）

さて、予約しても現れなかったD男に、セラピストはD男から切断されたイメージを持った。いつものD男の面接時間に他のクライエントと面接していたセラピストは、D男をいないものとしていたことになる。そのことで、D男を傷つけたのではないだろうか。これに対し、D男は無意識にしろ、予約をないことにしてセラピストに応えたのであろう。

この「いないもの」、「ないこととする」ことに関する応酬は、蛙状態を巡るクライエント、セラピストのやり取りとどこかで繫がっているかもしれない。予約を無断でキャンセルしたことは、傷つけられたままではなく、傷つけた対象に対して、怒りを向け、切り捨てる力を得たことを示しているのではないだろうか。

第Ⅳ章　事例4—知的障害といわれた解離性障害の不登校女子（十四歳）との面接

——マントを被った子どもイメージと、地面から現れた元型的な子どもイメージとの関わり

凡例――

「 」はクライエント、〈 〉はセラピストの発言。《 》はセラピストの思い。セラピストの体験は二字下げ。（ ）はその他注記。〔 〕はクライエント、セラピストの夢内容。なお、個人のプライバシーに配慮するために、一部変更を加えてある。

1 「事例4」の概要

＊クライエント――E子、女子、十四歳、中学三年生

＊主訴――不登校、作話、知的に低い

＊家族構成――父親（会社員）、母親（パート勤務）、兄

＊生育歴――出生時の異常、発達の異常は見られなかった。E子が生まれたときから両親は別居生活をしており、兄は父親の実家で暮らし、E子は母親と二人暮らしをしていた。母親自身が被虐待者で、E子は母親から、放置、暴力による虐待を受けていた。

母親は日中不在で、E子はひとりで留守番をしていた。三歳から、米とぎ、食器洗い、掃除、洗濯などの家事をさせられていた。E子が小学一年生の時期から、父親と兄が同居を始めたが、小学二年生頃から、お風呂場で兄から悪戯をされるようになったため、E子はお風呂に入らなくなり、学校で「臭い」と言われるようになった。

小学四年生のときに集団によるいじめを受け、不登校になったのち、兄から性的虐待を受けるようになった。縄で縛り上げられ、殴られたうえに、無理やり強姦された。

＊問題の経緯――E子は小学四年生から不登校になったため、担任教師、スクールカウンセラーなどが関わりを持っていたが、登校することはなく、約四年間の引きこもりの生活をしていた。

中学二年生の春から、市の適応指導教室に通所するようになり、外部との接触を持つようになったが、心理査定では、ＩＱ六五と低く、本が読めない、文字が書けない、簡単な計算が出来ない、数分として集中することが出来ない、記憶したことは矢つぎ早に忘れる、絵は写し絵しかできない、はさみやカッターも使えないといった知的能力の問題以上の様々な困難があり、その上歩行困難だった。

またE子の話の内容は、非現実的で意味不明な空想話だったため、指導員がE子の対応に難渋していた。

＊第一印象――肥満体型を覆い隠すようにだぶだぶのスェットスーツを着ている。ひとりでは立つことも歩くことも困難な様子。セラピストは、《E子の体重が膝に負担をかけているためだろう》と思いながら、その姿を見ていた。

常に笑いながら明るく話し続けるのが特徴的で、一見すると、人を求めているようにも見えるが、現実が切り離され、E子の空想の中でひとりで話しているという印象を受ける。知的障害というよりも、本来の知的能力を機能させずに知的に低い状態になることで、何かを防衛しているようにも見える。

＊DSMに基づく診断分類――解離性障害（解離性健忘、解離性同一性障害、離人症性障害）、不安障害（外傷後ストレス障害）

＊来談経路――適応指導教室の指導員から指導主事を通して、筆者に個別面接の依頼があった。

＊面接構造——公立教育相談所（X年四月～X＋一年三月）。民間心理面接室（X＋一年四月～X＋三年三月）。母子ともに筆者が担当。E子は週一回、母親はX年八月～X年一二月まで隔週、X＋一年一月～X＋一年三月まで月一回。一回五〇分。X年四月～X＋一年三月まで無料。X＋一年四月～X＋三年三月（終結）まで自費。全三年（X年四月～X＋三年三月）。計、E子一二五回。母親一一回。

＊スーパーヴァイザー——初回から終結までついている。

2　「事例4」の経過

第1期　傷つけられたふたりの子どもイメージとの関わり

第一～一四回　X年四月～七月

面接に現れたE子は、常に笑いながら話をするが、健康な明るさとは異質な印象を受けた。話の内容は、非現実的な空想話のみだった。例を挙げると、「蛙は口から胃を出すんですよ。」「病院で、水疱瘡をひとつひとつピンセットでつまんで取られたんですよ。」「この間、お父さんが車に轢かれたの。Tシャツに車のタイヤの痕がついていた。」「この間地震がきて、家が下敷きになったから、穴を掘って日本の反対側に出た。」「トンボを怒らせたら、指を噛まれて怪我をしたの。すごく痛かった。」「犬と夜一緒に散歩に行って、自販機で飲み物を買ったら、犬がいつのまにかカップ酒（日本酒）を飲んで、べろべろに酔っ払って千鳥足になって帰った。」

といった内容である。

その後、E子はアニメゲームの中の男の子に夢中になるようになり、真剣な表情で「どうしたら（アニメの男の子に）会えるの？」と聞く一方で、人間の男の子に興味がなく、「人間の男の子は汚い」と語った。

ところが、文字を書けないE子が、なぜか好きな声優の名前は漢字で書けた。セラピストは《E子は現実世界を切実に生きることができず、自分が傷ついていることを自覚することができないのだろう》と感じた。

セラピストはE子が語る空想世界と繋がることができるようにE子の話を聴く努力をした。セラピストは、口から胃を出す蛙や指を噛むトンボが現れたり、穴を掘って日本の反対側に出るイメージを浮かべたが、それはE子の世界と融合させた意思の努力によるイメージだった。

しかし、セッションを重ね、E子の空想話を聴いているうちに、セラピストに人間の姿の小さな子どものイメージが浮かんできた。その子どもは、周囲の大人から、「お前はおかしな子ども」と罵られ、叩かれ、蹴られている。（第一〇回）

E子は、「人間って、記憶がなくても胸がズキンとしたりするものなんでしょう？　記憶がなくても、心で憶えているのかな」と笑いながら語った。このように語るE子に対して、セラピストはE子の心の傷の背景について触れようとは思わなかった。

第一三回では、セラピストに第一〇回で生まれた子どもイメージが再度浮かんできた。その子どもは、誰からも守られず、孤立し、ひとりでうつむいている。セラピストはこのとき、中学校時代の個人的な体験を思い出した。

故郷から離れて転校した先の中学校で、よそ者扱いをされ、授業中に「目立つな」と書かれた紙飛行機が飛んできた場面が浮かんだ。その場面を思いだした途端に、セラピストの全身から血の気が引いていった。「孤立」という状態は、地球人が大勢いる中で、自分ひとりが異星人であるような感覚だった。

セラピストに生まれた子どもイメージの傷の痛みが、「ズキン」と音を立てたかのように、セラピストに伝わりだしてきた。身体的な暴力よりも、心理的な暴力の方がより残酷に感じられた。セラピストはその子どもを《助けたい》と思った。しかし、どう助けてよいのかわからない。

その子どもを助けることは絶望的なことであると感じたとき、セラピストに異様な子どもイメージが生まれてきた。薄汚れた麻のマントを被った性別のわからない子どもイメージだった。その子どもは、頭からすっぽりと全身がマントで覆われている。素顔は見えないが、見てはいけないという気がした。

E子は病気になった犬を心配していた。「(病気を治す)魔法があればいいね」と涙を浮かべながら語ったが、魔法はなく犬は間もなく死んだ。これが日常の残酷な現実の体験をセラピストのもとで語った最初のエピソードとなった。

第1期の最後には、「死にたいって思う」「傷ついた私」など、E子は初めて自分自身の気持ちを語るが、笑いながら話すことに変わりはなかった。

第一四回では、第一三回でセラピストに生まれた子どもイメージが再度生まれてきた。その子どもは、マントを被ることで命を繋げているようだった。マントを剥がそうとすると傷が剥き出しになり、痛みが襲ってくる恐怖を感じる。セラピストはマントを被らなければ生きられない子どもイメージとE子が重なって感じられた。セラピストはマントを被った子どもイメージと関わろうと思ったが、どう関わってよいのかわからなかった。

面接室でのE子からは、無条件にセラピストに心を開いているような感じを受け、強い依存心を向けられているのを感じた。

第2期 マントを脱ぎ捨てた子どもイメージとの関わり

第一五～五〇回 X年七月～X＋一年三月

E子の空想話は続いたが、アニメの世界の話に限定されだした。アニメの主人公に真剣に恋をするようになり、顔を赤らめて恋愛感情を抱いているアニメの男の子について語った。E子は毎回同じスェットスーツを着ていた。それは、着替えの洋服を買ってもらえないからだったが、同時にE子は、自分の存在そのものが母親に迷惑をかけていると自己価値の低さを語った。

また、「男の子に性的な視線を向けられない服装が落ち着く」とも語った。「お母さんは小さいときは優しかったけど、虐められて家にいるようになってから怖くなった。お母さんに逆らえない。怖い。口ごたえもできない」と話すが、小さいときは優しいお母さんだった、という発言は空想であり、この頃の記憶がないことがのちに明らかになる。

「学校に行きたくなかったけど、家にいたら邪魔だと言われて、車で連れて行かされた。泣きたくて、死にたくなった。」「家でお兄ちゃんにひどいことを言われていた。お兄ちゃんを殺したいと思っていた。お母さんも殺したかった。だって親なら学校で虐められたら、優しくしてくれてもいいじゃない。邪魔にしなくてもいいじゃない。」

E子の笑いと、話の内容はますます不釣合いになっていたが、E子は徐々に現実的な話をするようになった。すると、「人が恐い」と繰り返し訴えるようになった。また、「声優さんになりたい」という夢を語りだすのと同時に、理解してくれなかった学校関係者や母親への不満を語り始めた。

第一七回では、第一三回でセラピストに生まれたマントを被った子どもイメージの顔が見え始めてきた。顔は怪我を負っていて、血で染まっているため、素顔がわからなかった。わかってはいけないような恐ろしさを感じた。

第一九回で、E子は次のように語った。

「心が傷ついていることを、脳はわかっていないと思うの。たとえば、体を傷つけられたら、脳が痛みを感じるでしょう。でも、心を傷つけられたら、心が痛みを感じている気がするの。解剖とかしても、心って出てこないでしょう。でも、ある気がするの。脳がわかっていないから、心の傷の方がショックなんだと思うの。脳が感じる痛みは体だけ、心が傷ついても脳が気づかない。」

この時期、市のカウンセラーから養護学校への入学を勧められ、見学に行ったE子は興奮気味に次のように語った。「パンフレットに〝ひとりで着替えができます〟って書いてあったの。脳に障害のある子どもが入る学校だった。私は障害のある子じゃないでしょう。」

知的に低く、おかしな話をしていると思われていたE子から、「脳がわかっていない」「心が傷ついても脳が気づかない」という言葉を向けられ、「傷つきを自覚することができない」ということを、E子が教えてくれているかのように感じられた。

この時期に、E子から母親面接の依頼を受けた。E子は、「うちのお母さんね、おかしいと思うの。先生、お母さんに会ってくれないですか」と深刻な表情で語った。笑いながら語っていたE子の印象とは明らかに異なり、セラピストは断ることが許されないような圧迫感を感じた。セラピストは悩んだ挙句にE子の希望を受け、E子に操作される形で、隔週で母親面接を開始した。初回母親面接直後のE子は、「お母さんが変わった」と、嬉しそうに話した。「お母さんに初めて『可愛い』って言われたの。お母さんね、少し優しくなった」と語った。

ところが、母親面接を三回終えたあとの第二九回では、「私はいつもお母さんの悩みを聴いていたのに、お母さんは、私が学校でいじめられているときに『なんでお母さんがそんな話を聞かなきゃならないの。ムカツクんだけど』と言って聴いてくれなかった。私はいつも邪魔にされていた」と、母親の身勝手さが語られた。

第三二回では、セラピストに第一三回で生まれたマントを被った人間の姿の子どもイメージが再び現れた。その子どもイメージは、世界の中で孤立している上に、大人をおぶっている。縛られたまま自由を奪われ、大人を振り払うこともできずに大人の重みに耐えているイメージが浮かんだ。セラピストはイメージの中のその子どもに〈(大人を) 振り払うことを諦めるな〉と声をかけた。

第三四回のE子面接では、次のように興奮しながら話した。「お母さんね、先生に話を聴いてもらって、『気持ちをわかってもらって楽になった』って言っているの。すごく腹が立った。許せない。」E子が声をあげて泣きだした。「私はお母さんを助けたり、励ましたりしているのに、お母さんは私を守ってくれなかったし、励ましてもくれなかった。学校で虐められている話さえ聴いてくれなかったのに、なんで私はお母さんを慰めなきゃならないんだって泣きたくなる。ずるいよ。お母さんは先生にまで支えられているなんて言ってるんだから。」母親への嫉妬とともとれるE子の反応だった。

そのように語るE子が、セラピストの目には見知らぬ女性のように映った。セラピストはE子に責められているような感覚になった。《E子のセラピストでありながら、E子を傷つけてきた母親を援助することは、E子を傷つけていることになるのではないか。》セラピストは強い不安を感じ始めた。

これを契機に、E子は母親から受けた虐待について語るようになり、E子の手が震えるようになった。風呂場の中で母親から何度も湯船に顔を押し付けられ、「殺す」といわれた体験が繰り返し想起され、面接の中で毎回のように涙を流しながら語るようになった。E子は序々に切実な感情が出てきたと同時に、傷つけられたことを自覚するようになり、傷の痛みを感じていることがセラピストに伝わってきた。

第三七回では、セラピストに第一三回で生まれたマントをかぶった子どもイメージが再び現れた。その子どもは意を決したように、自らマントを脱ぎ捨て、全身傷だらけの姿を現した。性別がわからない見知らぬ子どもだが、知的な印象を受ける。その子どもは、傷を隠していたマントがなくなったために、傷の痛みでうずくまっている。セラピストの全身に激しい痛みが襲ってきた。

第三八回でE子は次のように語った。「先生、話を聞いてくれてありがとう。一人じゃ怖くて、とても思い出せなかったと思う。本当にありがとう。私はよく生きていたなと自分で思う。」セラピストはこうしたE子の感謝の言葉とは裏腹に、母親面接をしていることを無意識的に責められているような感覚になってきた。セラピストは、E子を虐待し、傷つけてきた加害者である母親の共犯者になり、E子を裏切っているような気持ちだった。

これ以上母親面接を続けることはできないと思い、母親に打診したが、中止にすることができず、隔週に行っていた面接を月一回に変更することで同意を得た。

第三九回では、「頑張ろうとすると、心に支えが必要じゃない。支えがなきゃ頑張れないじゃない。私は支えがないのによく頑張ってきたと思う。お母さんには逆らえなかった」と語られた。初回面接から一〇ヶ月経った時点で、兄から受けた性的虐待の記憶が想起され、フラッシュバックが起きるようになった。適応指導教室の活動中にも、全身の震えや過呼吸発作を起こすようになった。

この時期に、担当の指導主事から緊急の面接依頼があった。E子が、「病院に行くより、先生（セラピスト）に会わせて欲しい」と訴えたというので、臨時の面接を行った。E子は、「記憶が蘇ってきて怖い。先生と話しているとなぜかいろんな記憶が蘇ってくる。兄が許せない」と泣きながら語った。

第四五回では、第三七回でマントを脱ぎ捨てた子どもイメージが再び現れた。その子どもの全身から血が流れ、痛みに悶絶している姿が見えた。傷口のひとつひとつから、心臓が脈打つような「ドクドク」という音が聞こえてくるようだった。子どもの激痛がセラピストの身体に伝わってきた。セラピストはその子どもイメージに、〈(痛みに)耐えろ、耐えろ〉と声をかけた。

E子の不安の背景のひとつには、今後の治療がどうなるのかわからないということが伺えた。E子は、「四月からのことを考えたら不安で眠れない。お母さんは私を優先してくれないと思う」と語った。これは、E子の義務教育は三月末で終わり、現在の面接は市との契約によるため、四月以降もセラピストとの面接を継続するためには、自費で受けるしかないという事情があった。

第四八回で、E子は母親面接の最後となった日にアポイントもなく、セラピストの元を訪れた。E子は別のクライエントの面接と面接の間の一〇分間に面接室のドアをノックした。ドアを開けると、E子が今にも泣き出しそうな切実な表情で立っていた。E子は「今日、お母さんが来ると思うんですけど、お母さんの面接を止めてください」と訴えた。予約日でもない日にE子が訪れたことは、後にも先にもこのときだけだった。余程の決心をしてきたことが伝わってきた。母親面接を止めることは決めていたが、E子の行動に押される形でさらに強い決心となった。

E子が心配していた通り、母親は「E子の治療を止めて、自分が継続したい」と主張してきたが、セラピストはE子の面接を優先することが大切であることを話し、母親を説得した。母親は恨みのこもった目でセラピストを見たが、しぶしぶ承諾し、E子の面接のみ継続することになった。

E子にはその後もPTSDによるフラッシュバックが繰り返された。手の震えや、過呼吸などの身体症状と不眠に苦しみながら、失っていた記憶が次々に蘇ってきた。

ここで、計一一回行った母親面接について少し触れておくと、初期にはE子が自分を最も苛立たせる存在であり、自分が被害者でE子が加害者だと訴えていたが、実母からの暴力による虐待、義理の父、義理の兄二人から受けた性的虐待が次々に語られた。実の父親と兄がいるE子に対する嫉妬羨望の感情が渦巻いていることが明るみになった。

母親はセラピストに恋愛性転移とも思える感情を向けてくるようになり、「（セラピストを）想うとドキドキする」など、セラピストに対しての陽性感情をE子に隠すことなく告白するなど、E子を傷つけていた。

第3期　地面から生まれた炎の中の赤ちゃんとの関わり

第五一～七九回　X＋一年四月～一〇月　※五〇分、自費

一年の面接を経て、PTSDの症状が消失し始めるのと並行し、これまでの一五年間の記憶がなかったことを初めて自覚するようになった。この時点でも、一日の記憶がほとんどなく、その間の行動を覚えていることができなかった。

この時期にE子は突然、多重人格が気になると言いだした。「多重人格って何なのかな。もう

一人の人格ができるって本当にあるの？　すごく気になる」と真剣な表情で話した。「私ね、ときどき記憶がないの。その間何をしているのかな。すごく自分が恐い」と、E子は犬への虐待や、記憶が途切れることについてなど話し始めた。

第五九回の面接から、次々に具体的な記憶が甦ってきた。

学校の水槽に糊を入れてザリガニを殺した小学校二年生のときの記憶、学校のグッピーの水槽を倒した小学校三年生のときの記憶、小学校四年生のときに、学校の先生の机の上に、修正ペンで「バカ、デブ」と書いた記憶、学校でクラスメートの体操着などを隠していた記憶、学校の先生がE子を全く理解せず、傷つけられたこと、兄に縄で縛られ、無理やり強姦された体験、風呂場で湯船に顔をつけられ、母親に殺されかけた体験、風呂場での自殺未遂、E子はこれらの出来事の記憶が全くなかったと語る。

風呂場の記憶は、母親から受けた虐待の中で最も恐怖だったためか、毎回のように繰り返し語られた。

第六七回では、第三七回でセラピストに生じたマントを脱ぎ捨てた子どもイメージが再度現れた。その子どもは、縄で縛られていた。傷のある女と男が現れ、傷だらけのその子どもの身体に追い討ちをかけるように、執拗に棒で殴り、ナイフで刺し、リンチをしている映像が見えだした。

マントを脱ぎ捨てた子どもイメージは、全身の傷口から起こる波打つ痛みに耐えている。セラピストの身体にも傷の痛みが襲ってきた。どこまでも痛みは続いたが、痛みから逃げまいと必死に耐えた。マントを脱ぎ捨てた子どもイメージは、痛みにうずくまり、悲鳴をあげだした。その子どもは、「もう限界に来ている」と訴えているようだった。

今その子どもを助けなければ、セラピスト自身が持たないと思った。《どうしたら、この子どもの全身の傷口をふさぎ、助けることができるのだろう》セラピストはただひたすら、その子どもイメージに、〈諦めては駄目だ。諦めては駄目だ〉と繰り返し言い続けた。

セラピストの身体と精神の痛みが極限に達したとき、セラピストの身体の奥底から炎が湧き起こってきた感覚になり、セラピストの身体が急激に熱くなった。イメージの中では地面から熱い炎が湧き上がり、その中から恐ろしい顔をした鋼鉄の身体の赤ちゃんが現れた。その赤ちゃんは燃えながら恐ろしく怒っている。セラピストの身体も燃えているように熱かった。セラピストはこの赤ちゃんが、子どもを傷つけた対象を殺そうとしているのがわかった。赤ちゃんは不気味な笑いを浮かべて、傷つけた対象に対して強い怒りを向け、怒りの炎で（傷つけた対象を）焼き殺した。

殺害の後、赤ちゃんはいつの間にかいなくなっていた。マントを脱ぎ捨てた子どもイメージの全身の傷口が塞がりはじめ、傷が回復していったと感じた。その子どもには傷跡はあるが、自分の力で歩き始めたイメージが生まれた。

E子は、字が読めない、書けない、計算できなかったのは、記憶ができなかったためだと思うようになった。「学校の事件は全部私だったの。私はTVで観た多重人格者？　罪悪感もない。『学校の事件は、ほとんど私が犯人だったんだね』って、自分に聞いているの。やったような記憶が最近沢山でてきた」と言う。

E子のポケットの中や鞄の中から、文具、ビデオテープ、本など万引きした品物が沢山出てきた。それらを面接中にセラピストに見せたことがあった。E子の部屋の本棚にもたくさんあるという。E子は、「いつ、どこで、どうやってこういう物を盗んでいるのかわからない。もうずいぶん昔からやっていると思う。でも、歩くのもやっとの私が何で一度もつかまったことがないんだろう」と、怯えた様子で語った。とくに、E子が一番不思議だと語っていたことは、レンタルショップのビデオが鞄に入っていたり、部屋にあることだと言う。E子は狐につままれているような表情で、「店の機械を通るとブザーが鳴るはずでしょう？なぜ私は一度もつかまっていないの？」とセラピストに質問してきた。正直、セラピストが逆に教えてもらいたい気持ちだった。おそらく、E子の交代人格に恐ろしく有能で逃げ足の早い存在がいるのだろう、と漠然と思っていたが、言葉にしてE子に伝えることはしなかった。

この時期に、毎回三〇分前から待っているE子が、初めて遅れてきたことがあったが、面接の曜日がわからなくなったということだった。自分の身体をマッチであぶっていたり、何も感じていないのに泣いていたりすることがあることなどが語られた。

こうして、E子は様々な記憶を想起していった。

「小学校のときから、みんなにいじめられていたから、長い髪の毛で顔を隠していたの。みんなから、『貞子だ、貞子だ（「貞子」は、ホラー映画『リング』に登場する長い髪の怨霊）』って言われていた。」「私は可愛そうな子どもだと同情されてきたの。同情する大人はすぐわかる。先生（セラピスト）はどうして同情しないのかな。先生は私の話に一度も泣いたことがない。先生が泣かないから、すごく安心して話せた」と語った。

E子は記憶ができるようになり、通信高校に入学して勉強を始めた。そして、記憶ができなかった頃の学校での出来事を語った。「小学生のとき、たし算ができなかった。平仮名も書けなかった。いくら教えられてもわからなかったから、担任の先生が癇癪を起こして、机をひっくり返したことがある。でも私は何も感じていなかったような気がする。」

第七三回では、次のようなことが語られた。

「前まではお母さんに対して怯えていたけど、今はお母さんに対して怒りがすごい。顔を見るだけでムカツク。」「学校の先生たちは、何でも相談に乗るからと言って、『うん。お前の気持ちはよくわかる』と始まる。私の気持ちをわからないのに、どうしてわかるって嘘をいうのかな。『おまえの気持ちはわかんないけど』って言ってくれた方がずっといい。先生（セラピスト）は今まで、私の気持ちがわかるって言ったことがなかった。どうして他の人みたいに『気持ちがわかる』って言わないのか不思議だった。でも、先生がわかってくれていることを私はわかっていた。」

「中学のとき、学校のカウンセラーからいじめについて、『どういうことされたの?』って聞かれた。仕方ないから話したら、『そう……、私も小学生の頃ね……』と話し始めた。もうウンザリだった。私は人の話を聞く余裕なんてない。ずーっとお母さんの悩みを聞かされてきたのに、その人の話まで聞きたくない。『カウンセラーのところに行って話を聞いてもらいなさい』と、そのカウンセラーに言いたかった。そういえば、先生は一度も『どういうことされたの?』って聞いたことがなかった。いじめのことを私が話しても先生から質問もされなかった。そういえば、先生の子どもの頃の話も聞いたことがないし、プライベートなことも何も知らない。でも、私は本当のことが話せる。不思議な関係だなぁって思う。」

こうして、E子の語りはより現実的となり、自分自身の中の傷を自覚する作業は進展していった。

第4期　E子の傷の自覚と傷の回復

第八〇〜一二五回　X+一年一一月〜X+三年三月

学習面では、たし算とかけ算ができるようになった。万引きや動物虐待といった問題行動もなくなった一方で、幼い子どもに虐待をしていたことも思いだすようになった。解離症状が良くなるのと並行して、母親や兄への更に強い怒りが出てきた。

一方で、母親に対する感情はより分化したものとなり、母親への理解も示された。E子は、

「虐待をする人は虐待されたっていうけど、本当だと思う」と大人びた表情で語った。それとともに「もう死にたいと思わなくなった」と、感情の生々しさも減じてきた。

解離症状が良くなる直前（X＋一年一〇月）に見た夢について、E子が初めて語った。

【夢1（第九〇回）】〔血が出る夢を初めて見た。双子の姉妹で歩いていたら、蔦で足が傷ついて血が出た。その傷をお姉ちゃんが「大丈夫？」と言って触ったら、その足の怪我がお姉ちゃんに移っちゃった。不思議だと思った。どこまでも姉妹で草むらを歩いている。〕

【夢2（第九八回）】〔大きい風呂場の掃除をしていたら、声が聞こえてきた。水の中から手が出てきて引っ張られた。声は、「抵抗しちゃ駄目」「水をいっぱい飲め」と言っていたけど、手を振り払って外に出た。妹が「お兄ちゃ～ん」と叫びながら走って来た。「来ちゃ駄目だ」って叫ぶ。そうしたら、風がピューッと吹いて吹き飛ばされた。妹は風呂場に引き込まれて、ドアが閉まった。妹を助けに行ったら、風呂場の中で死んで浮いていた。死んだ妹を抱きかかえたら、幽霊の笑い声（女の声）だけが響いて眼が覚めた。〕

E子はそれまで動物に殺される夢ばかり見ていたが、人間が出てくる夢は初めてだと語った。妹が死んでいたのがショックだったのと、最後の幽霊の笑い声が耳に残っていて恐いと話した。生まれてはじめて目が覚めてから泣いたという。

【夢3（第一〇一回）】〔前に話した怖い夢の続編の夢。非常階段みたいな足場の危ないところに私が立っていた。私は男だった。結構遠くに髪の長い女の人が立っていた。「あっ、女の人（幽霊）だ」と思った。あのお風呂場で私を殺しかけた人だと思った。その女の人と眼が合った。その瞬間に水に入れられたような同じ感覚になって何も考えられなくなった。眠くなる感じで意識がなくなった。階段の手すりから飛び降りようとしたら、「何をやっているんだ」と男の人の止める声が聞こえた。気づいたら、自分がその男の人に助けられていた。助けられる自分を見ている感じ。自分がその髪の長い幽霊の女の人になっていた。救出されたときは、元通りの男になっていた気がして、助けてくれた人と会話した。「なんであんなことをしたんだ」「あそこに女の人がいて、あの女の人は妹を殺した。だから、私は何で妹を殺したのかその人を問い詰めたかった。捕まえたかったけど、眼が合ったら、意識がなくなっちゃって気がついたらあなたに救出されていました」と話した。男になって、幽霊の女になって、また男に戻った。〉

【夢４（第一〇二回）】〔初めて助けられた夢を見た。空き巣みたいな男が入ってきて、殺そうとする。私は男で彼女を守ろうとしている。ぱっと外に出たんだけど、その途端に女になっている。近所の家のチャイムを鳴らして「殺される！　助けて」と言ったら、夫婦が出て来てくれて助けてくれた。奥さんが「大丈夫だった？」と言ってくれた。その空き巣みたいな男が捕まった。今まで「助けて」と言っても、誰も助けてくれなかった。助かって良かった。〕

この時期、Ｅ子は「とにかくお母さんから離れたい」と訴え、バイトを探し始めた。それはセラピストには〝健康への逃避〟ともとられなくもないものではあったが、自転車に上手に乗れるようになったと報告するＥ子ならば当然だろうという思いもあった。

そして、面接の中では、さらに忘れられていた（解離していたときの）記憶が想起されていった。部屋で火を使った自傷行為の記憶、小学四年生の喫煙の記憶、盗み、車上荒らし、留守宅への不法侵入と次々と思いだした。解離していたときに盗んだ本やビデオは男の子が好む冒険物であったことも語られた。

E子はかつて、レンタルビデオ店には防犯機械があるのに、足が不自由だった自分が一度もつかまったことがないことを不思議がっていたが、こうした盗みなどの犯行には、二人の仲間（解離人格）がいたことが明るみになってきた。知識が豊富な人格と、俊足で身軽な人格が実行犯として動き、E子が指揮していたという。車や他人宅には、解離人格が車や家の鍵穴にあうように針金で作った鍵を使って開けていたことも教えてくれた。

セラピストはこれらの報告を聴きながら、《車の鍵など、普通の人間の能力ではそう簡単に針金で作ることはできないだろう》と思いながら、知的に低く、はさみやカッターも使えなかったかつてのE子の中に、とてつもなく知的に高い人格と、手先の器用な人格がいたことに驚きを覚えた。

E子は更にそれらの別人格との関係について語った。「知らない間にその二人はいなくなった。そういえばその子たち、私以外といたことがなかったな。いつも三人でつるんでいて、二人の仲間とはよくおしゃべりもしていたの。どんなときも一緒だった。だから、兄によく、『お前はひとりで誰と話しているんだ。気持ち悪い』と言われていた。」兄から言われたという話からもわかるとおり、すでにこの時点で、自分が解離状態にあったことをE子自身が自覚できるまでになっている。

セラピストは、E子からはじめて万引きなどの犯行について聞かされたときには、「交代人格」によるものだと思っていたが、解離（別）人格と交代せずに仲間として協力していたことをこの時点で知った。

この時期の現実の中での大きな変化としては、E子の両親が離婚した出来事がある。また、E子は母親がセラピストの面接を受けていたときの気持ちを「すごく嫉妬した。だから、お母さんが私に嫉妬する気持ちがわかる」と語った。E子は、母親の嫉妬心を理解するうえで、母親面接で嫉妬を抱いた経験は決して無駄ではなかったと、自分に言い聞かせるように繰り返し話した。

E子は「お母さんに、『自分でお金を払ってカウンセリングを受ける』と言ったら、ショボンとなるの。私を縛っておきたいから、嫌なんだよ」と語った。母親がお金によってE子自身とセラピストとの面接を支配しようとしていることを訴えた。そして、母親との依存関係を絶ち切りさえすれば、全て解決するとも語った。この面接の数日後に、セラピストはE子との夢を見た。

【セラピストが見た夢】〔E子とふたりで銭湯に行った。ふたりとも手と足の指にお揃いの鈴をつけている。E子がくれたものだった。銭湯に入るためにその鈴を取ろうとしたが、セラピストはせっかくくれたE子に悪いと思った。するとE子が笑顔で、「家にいっぱいあるからいいの」と言った。湯船の中には大勢のコーラス隊がいて、皆で合唱している。洗い場は二人分の席しか空いていなかったので、E子と二人でその空いている椅子に並んで腰掛けた。すぐにコーラス隊の誰かが私たちに気がつき、マイクを持って来た。E子がなごやかにそれを受け取り、セラピストにマイクを渡してくれたが、セラピストはマイクを床に置いた。その後にE子とセラピストは洗髪をした。洗面器の中の水は汚れで黒くなった。洗髪後に「さっぱりして気持ちがいい」とE子が言った。〕

この夢の直後に、E子の面接は終結することになった。E子は母親の嫉妬を感じながら、面接費用を出してもらっていても、この先これ以上良くはならないと思うと語った。またE子は、母親面接を自分が希望したことを覚えていないと語った。当時、何故お母さんが面接を受けに来ているのか不思議だったという。

そして終結を決断してから見たE子の夢の報告があった。

【夢5（第一二五回）】〔私は誰かから逃げていた。裸足で走って行くと、すごく急な長い登り坂があった。「こんな急な坂は登れない」と思って一旦戻ったけど、「戻って何になるんだ。この坂を登れば、その人がいるから」と思い直した。その人は誰かもわからないけど、その人のことを思いながら走った。引き返したところで目が覚めた。〕

E子は連想の中で、「私が走ってきた道は薄暗いけど、坂道のところだけが光が当たって明るくなっていた。これからの私の道かもしれないと思った」と語った。E子は、「自立して自分が得た収入で、また面接を受けにきたい」と目に涙を浮かべながら最後に語った。

解離症状が消失し、日常生活への適応も良くなった時点で、E子との面接は、開始から丸三年（X＋三年三月）で終結をした。

終結から四年五ヶ月後に、E子から面接再開の依頼がメールで届いた。E子のメールには、面接依頼の文面の他に、「現在は母親から離れて自立し、社会に出て仕事をしている」という現状が丁寧に書かれてあった。

終結でE子が述べた言葉通り、自分が得た収入で面接を受けに来たE子は、薄化粧をして明るい色あいのワンピース姿で現れた。面接初期当時のE子を思い出すと、別人のように感じるほど、すっかり綺麗な大人の女性になっていた。

E子は「面接を受けに来る、ということを支えに今まで頑張ってきた」と語った。終結の日に渡したセラピストの名刺を大切に持っていたという。E子の解離症状は再発しておらず、能力もあがっている。職場での人間関係も順調な様子だった。面接再開の主訴は、男性恐怖症が少し残っているということだったが、比較的短い期間で回復し、再度終結をした。

3 「事例4」の考察

（1）傷ついた子どもイメージの展開

第一期のE子は、初回面接から笑いながら空想話だけを語った。E子の話は日常のレベルで考えれば荒唐無稽であったが、E子が生きている世界であり、セラピストには単なる作話ではないと感じられた。E子はこのような世界で生きているのだと思われた。

セラピストはこうしたE子の世界と繋がろうとしたが、意識的な努力ではE子の状態を理解することができないと感じ、思考を働かせずにE子の話を聴いているうちに、第一〇回でひとつのイメージが浮かんできた。

それは小さな子どもが大人の暴力に曝されているイメージだった。この子どもは「傷つけられた子ども」イメージである。やがて、第一三回ではこの子どもイメージだけではなく、もう一人の異様な子どもイメージがセラピストに生まれてきた。

当ケースの特徴のひとつは、傷つけられた子どもイメージが持続的（一二五セッションの中で第一〇回から第六七回まで）に、生々しく出現したことである。この子どもイメージは治療の展開と深く関わっている。筆者が行っている心理療法の中では、傷つけられた子どもイメージはどのような姿で現れても、それぞれの深い傷つきの様相を示していると思われるが、当ケースでは異様な姿のマントを被った子どもイメージが生まれている。

次に、傷ついた子どもイメージの展開について見ていきたい。

第一〇回で生まれた子どもイメージが、第一三回で再び現れた。この回ではセラピストに過去の記憶が浮上し、そのときの体験がE子の現在と繋がり始めたと思われる。セラピストが痛みを感じていると、全身を薄汚れたマントで覆われ、顔がわからない異様な子どもイメージが生じてきた。セラピストはマントの下に何が隠されているのか、見てはいけない何かが潜んでいるように感じていた。

第一四回では、マントをかぶらなければ生きられない子どもイメージとE子が重なって感じられた。さらにはマントをはがそうとすると傷がむき出しになるため、マントは命を繋いでいるものであることが感じられてくる。この回に至り、E子をマントを被った子どもイメージとして捉えることができたのだと思う。

第二期が始まった頃、E子は空想による話をすることがなくなり、現実的で深刻な話を語るようになるが、その内容とは不釣合いな笑いを浮かべて話していた。第一七回では、マントの子どもイメージの顔が見え始めた。顔は怪我をしており、血染めであった。この回でもセラピストは素顔をわかってはいけない、そうすることは恐ろしいことだと感じていた。

ここまでのマントで傷を隠していた子どもイメージは、E子の空想話や笑いながらの話に対応するのではないだろうか。マントの下の素顔をわかるのは恐ろしいことだとセラピストが感じたのは、マントの下には何か深い傷があり、その傷を見ること、傷を生きることの困難さを感じたからであろう。

クライエントが負っている傷と同じ深さの傷をセラピストが生きなければ、クライエントは傷の存在を自覚して、傷を生き、さらに傷がいわれなきものであることを自覚することはできない。

セラピストが生きなければならないのは、どれ程の傷なのか、見当がつかなかったため、不安は恐れとなっていった。

しかし、セラピストが恐れを感じていたのは、そのためだけではなかった。もしもE子の隠されている部分を高みから覗き見することで理解しようとしたならば、即座に治療関係は破綻してしまうと感じられたからである。セラピストがマントの中を覗くことをしないでいると、マントの子どもイメージは自然に血染めの顔を見せ始めた。

第一九回の面接の中でE子は具体的な話を知的に話し始めた。このことはセラピストのイメージの中でマントの中の顔をわずかに見せたことに対応していると思われる。E子は知的障害であり、ＩＱが低いとされていたが、それまで隠していた知的な側面を見せ始めたのである。

しかし、セラピストのイメージの中では、知的な面を見せたということだけでは終わらず、マントを脱ぎ捨てて現れた顔は血まみれで、何かわからない恐ろしい傷と痛みがあるのだろうとセラピストは感じ続けていた。

マントの子どもイメージは、『古事記』の中の稲羽のシロウサギを思わせる。この神話は、第Ⅷ章で述べる大国主（オホナムチ）神話の第一段に含まれている。

ケタの崎に（オホクニヌシとその異母兄弟たち八十神が）ついたとき、（皮のない）あか裸（裸兎）のウサギが倒れていた。八十神たちがウサギに「お前、ここの海水を浴び、風に当たりながら高い山の頂上にふせているといいぞ」とおっしゃった。そこでウサギは教えてもらったとおりにしてふせていた。（浴びた海水の）塩が乾くにしたがって、身体の（毛皮を失って傷だらけの）皮膚はことごとく風に吹かれてひび割れ、裂けてしまった。そこで（傷の）痛さに苦しみながら泣きつつ倒れていると、最後に（やってきた）オホナムチの神がウサギを見て「お前はなぜ泣きながら倒れているの」とおっしゃった。オホナムチは「すぐに水辺へ行って真水で身を洗い（塩を落として）、水辺のガマの花を取り、敷き詰めてその上に転がると（花粉が赤むくれの身について、花粉にくるまれ）お前の身は傷が回復してもとの皮膚のようになるよ」とおっしゃった。教えられたとおりにしたところ、もとの身のように回復した。（『古事記』）(1)

シロウサギは『古事記』の用字法（漢字の用い方）を見ると、「白兎」ではなく、「素兎」と書かれている。これについて本居宣長は『古事記伝』の中で、以下のように記している。

此兎の白なりしことは上文に言ずして此にしもにわかに素兎と云うは、いささか心得ぬ書ざまなり、故思に、素はもしくは裸の義には非じか(2)……

シロウサギは裸のウサギの意味ではないか、と述べている。この宣長説をとれば、稲羽のシロウサギは名称の上でも皮を剝がされ、全身に傷を負った毛皮のない裸のウサギということになる。

したがって、引用原文一行目の「裸兎」と「素兎」が一致するのである。

ワニたちに毛皮をむしり取られ、苦しみ泣くことしか出来ないウサギに、全身に塩分をまぶし、海の荒風をまともに受けるさえぎるものがない山頂に身をさらす事を、八十神たちが指示するのは、さらなる傷つけである。

これに対し、オオナムチが教えたことは、塩を洗い流した上で傷ついた身を覆う物（ガマの花粉）を身にまとえ、ということだった。傷のある身をさらす事は、当ケースに置き換えて見ると、時が来ないうちに傷に直面することや、見られることと同じではないだろうか。セラピストのイメージの中に生まれた子どもが被っているマントはガマの花に当たるだろう。

神話の素兎は裸の身にガマの花をまとっているうちに、やがて回復してくる。本事例のマントの子どもイメージは傷が深く、本来の傷は癒えないが、マント（ガマの花）をまとって、これ以上の傷つきを防いでいたのだろう。かつて神話の中のウサギは裸である傷（弱味）を人目に曝してしまったため、八十神たちの興味本位であったり、悪意のある行為を呼び、さらに傷を深めていった。マントの子どもイメージはマントがなければ痛く、危険でもあるため、マントで守っているのだと思われる。

第三七回では、マントの子どもイメージは、マントを脱ぎ、全身傷だらけの姿を現した。マントがないため、傷の痛みにうずくまるが、セラピストも激しい痛みを感じた。現実の面接の中でのE子は、兄から受けた性的虐待を思い出し、記憶がよみがえってきて怖い、兄が許せない、と泣きながら語っている。

その後には、次々に記憶がよみがえり、E子は不眠や種々の身体症状に苦しむ。マントは傷を隠すためのものであろうと先に述べたが、苦しみも痛みも、マントを被り、傷を包み隠した上で知的障害者として笑って生きれば、生きることはできるだろう。E子はそれまでそのように自らを防衛して生きて来た。

しかし、E子が本来の能力を発揮して生きていくためには、傷を覆い隠すマントを取り払い、傷を自覚し、痛みを感じなければならない。その上でいわれなき傷を負わされていること（ヒルコにされていること）を認識しなければならない。

セラピストの子どもイメージがマントを脱いだ後、面接室のE子は傷を見ることに伴う痛みに直面した。今まで触れなかった外の空気に直接触れ、目に触れた全身の傷の痛みは見る方、見られる方双方にとって耐え難いものである。

第四五回では、再びマントの子どもが現れ、激しい痛みに悶絶していた。セラピスト（の自我）はこの子どもイメージに対し、「耐えろ、耐えろ」と声をかけている。E子はその痛みを生き、セラピストも確かに痛みを感じていた。

では何故、E子は傷をセラピストに見せたのだろうか。

それについてE子は第六七回のセッションで述べている。「私は可愛そうな子どもだと同情されてきたの。同情する大人はすぐわかる。先生はどうして同情しないのかな。」セラピストには同情が生じなかった。何故ならば、自分自身が傷の痛みを感じていたため、自分の傷として痛みに対処（耐えること）しなければならなかったからである。

E子は自分が傷つかないまま高みから同情を寄せ、涙する大人を信用していなかった。つまりE子は同情してくれる見物人（傷に興味を寄せ、見たがる人）ではなく、共同作業をする者を必要としていたと思われる。E子はセラピストに傷を投げ入れ、それを捉えたセラピストに傷を生きることを求めていたといえるだろう。

しかも、面接初期には現実の傷を見せず、見ることを禁じた上で、傷の痛みを感じることを要求したのではないだろうか。セラピストは笑いながら語るE子の話には言語レベルで関わることができず、セラピストの無意識が自我に伝えてくるイメージと関わり続けた。そのことが治療を展開させたと考えられる。

第3期では、第六七回で元型的子どもイメージが登場する。まず、セラピストのイメージの始まりは、第三七回でマントを脱ぎ捨てた子どもイメージが再度現れ、大人から暴行を受け、この痛みに耐える場面からであった。（これは素兎が裸の身をさらし、八十神に傷つけられ、身体中のひび割れが裂けてめくれ上がり、そこに塩分が染み込む状態で風にさらされている場面を思わせる。）

この場面を、当ケースにおける元型的子どもイメージが出現するためのプロセスと元型的な子どもの機能を明らかにする、という視点から見ていきたい。

セラピストにも傷の痛みが襲ってきたが、セラピストは逃げまいと耐えた。傷つけられた子どもイメージは、耐える限界がきた、とセラピストに訴えているようだった。セラピストはこの子どもイメージを助けなければセラピスト自身が助からないと感じた。しかし、助ける手段は見つからず、セラピストは子どもイメージに「諦めるな」、つまり、「耐えろ」と声をかけたのである。この声かけは既に第四五回で行っている。

ここでのセラピストの立場は、子どもイメージを見ながら、痛みを感じている、という一方的なものではなく、子どもイメージがセラピストに訴えかけ、セラピストは子どもイメージに語りかけ励まし、セラピスト自身も苦しみ、子どもイメージとセラピストは相互に働きかけ、関わりあいながらプロセスが展開している。この一連の作業は、セラピストがイメージの中に完全に入り込み、その中で行動するということではない。セラピストは傷の痛みを感じ、あくまで意識（外側）から声かけをしているのである。

（2）元型的子どもイメージとの出会い

元型的子どもイメージと出会うには、「呻（うめくこと）」、「愁（心から訴えること）」という漢字に現れているようなプロセスがあることを繰り返し述べてきた。ここでの「呻」と「愁」は、セラピストが外からイメージ体験をしながら、「呻」、「愁」を生きるというのではなく、少々複雑な様相を呈している。

まず、子どもイメージが痛みにうずくまり、うめく他ない状態になり（「呻」）、もう限界だと訴え（「愁」）ている。子どもの「吟」、「愁」の後、これを見ているセラピストに同じプロセスが起きるのである。「諦めては駄目だ」は、子どもイメージに向けたものでありながら、セラピスト自身に向けられたものでもある。

セラピストは痛みの中で、諦めずに子どもイメージを助けたかったが、痛みに耐え、その限界を感じたとき、セラピストは「吟」、「愁」のプロセスに入った。当ケースでは、時間的には短いものであったが、「吟」、「愁」は存在する、と考えられる。

セラピストに「吟」、「愁」が起こった後、激しい怒りを感じていると、地面から鋼鉄の赤ちゃんイメージが生じた。この子どもイメージは無機質の身体を持ち、日常の人間の子どもとは異なるイメージを持っている。

また本書の摂食障害の子どもの母親面接（「事例2」）と同様に土から誕生している。この誕生は、地中という、無意識からの出現を意味しているのではないだろうか。

この子どもイメージは元型的な子どもだと思われる。このとき、元型的な子どもイメージと傷を生きたセラピストが出会い、「傷ついた治療者」イメージが生まれ、その後の作業をしたのだと考えられる。元型的な子どもイメージは、傷つけた対象に対して強い怒りを向け、焼き殺した。殺害の後、赤ちゃんはいつの間にかいなくなり、マントを脱ぎ捨てた子どもイメージの傷が回復していったと感じた。

E子と重ね合わせて見ると、この頃から記憶が甦り、通信制の高校へ入学し、勉強することができるようになっている。以後、E子のプロセスが中心となっていった。

(3) 傷の自覚と母親面接

E子は現実を少しずつ生きられるようになっていったが、そのようになるまでには、感情を取り戻し、「傷」を解離させないで、自分のものとして自覚することが必要であった。そのために最も有効に機能したのはE子の設定した母親面接であった。ここで傷の自覚と母親面接の関係について考えてみたい。

治療開始から四ヶ月目に、E子は母親の面接を依頼してきた。それまでにないE子の真剣な様子に、セラピストは断りきれない気持ちになり、E子の希望を受け入れた。セラピストは母親がE子の心を理解し、E子をこれ以上傷つけないようになるためには母親面接も意味があるかもしれないと考えた。しかし、この依頼には、そのようなセラピストの単純な理解を超えるE子の無意識的な意図があったと考えられる。

同一セラピストによる母親面接を新たに設定したことで、セラピストに対する陽性転移のぶつかりあいが生じた。E子は母親に嫉妬を向けたが、その嫉妬を契機に、母親に対する陰性感情が生々しく湧き上がってくるようになり、激しい感情体験をすることができた。こうした感情体験と、E子の中の傷つけられた子どもの記憶が結びついたのだと思われる。

感情が伴う、傷つけられた体験の想起は、苦しみを呼び覚まし、苦しみはやがて傷つきの痛みの体験となり、傷つきの痛みは深くなっていった。E子が依頼した母親面接は、E子にとって生々しい感情と共に、傷つきを自覚するための媒介となっていったのである。

母親面接は隔週であった（のちに、月一回に変更）。第三回の母親面接ののち、第二九回のE子面接で、E子は、ずっと母親の悩みを聴いてきたのに、母親はE子の悩みを全く聴いてくれない、と母親への不満を述べた。第三四回では、母親がセラピストに話を聴いてもらって楽になったと言っていることは許せない、と泣きながら訴えた。E子に現実の体験と感情が結びついて面接の中で表現されるようになったことがこれらのセッションに見られる。

母親はE子を傷つけている存在であった。しかし、母親は面接の中でセラピストに心を開いていたため、セラピストはこの両者の間に立たされ、E子を裏切っている感覚に苦しんだ。

第四回の母親面接では、実母からの暴力による虐待、義父、義兄から受けた性的虐待について、自らの外傷体験が語られた。母親は、子どもの自分を傷つけた大人と同一化していることに気が付いていないのであろう。自分の傷つきに開かれることができずに切り離されて、自分が子どもを傷つける大人になっている、との自覚がなかった。

セラピストは、母親に傷つけられた子どもであるE子と、かつて大人に傷つけられた母親との間で、引き裂かれる痛みを感じ、苦しい状態に追い詰められた。

しかしこの時期、E子は母親への怒りが強くなり、母親から傷つけられた体験を多く語るようになった。感情を伴った（母親から受けた）虐待体験の想起である。

このの ち、母親がセラピストに陽性転移を起こし、そのことを母親はE子に告白した。セラピストはこの状況が新たにE子を傷つける方向へ進んでいると感じ、母親面接を止めなければならないと思いながら、一方ではかつて傷つけられた子どもである母親の傷の痛みが感じられ、このような母親を見捨てることへの罪悪感が働き、セラピストは引き裂かれる痛みを感じていた。

この時期のE子は兄から性的虐待を受けた記憶についても語り、フラッシュバックが起こるようになった。E子の母親からの虐待体験を聴きつつ、セラピストはE子から責められているように感じ、これ以上母親面接を続けられないと思っていた時期に、E子は母親面接を中止するように訴えてきた。セラピストはE子と母親との間で引き裂かれるような痛みを体験し、傷つき、母親は心を開いたセラピストに面接を切られ、傷つけられた。

E子は間接的にセラピストを傷つけ、母親を傷つけたことになる。しかし、E子自身も母親をセラピストに会わせたことで、新たに傷を負い、傷の痛みを感じ出し、母親面接が引き金になり、この傷を媒介にして、母親への不満、虐待体験など、心の奥底に押し込めていたものを少しずつ出せるようになってきた。

傷の痛みを体験するために、これらのことをE子が無意識に設定したとするならば、目的が遂げられた時点で母親面接は必要ないことになったとも考えられる。したがってE子は必要がなくなった母親面接を無意識的に取り除いたのではないだろうか。それ（無意識的な作業）を証明するかのように、E子はのちに母親面接の依頼をしたことも、中止を申し出たことも憶えていない、と語っている。

母親面接を止めたのちに、E子に変化が現れる。E子は一五年間の記憶がなく、面接開始後も記憶がほとんどなかったことが語られ、「解離」が自覚されだした。

ここから次々に具体的記憶が蘇り、学校で他の子の持ち物を隠したことや、小動物を殺したことなど、自らが傷つけた体験と共に、母親に殺されかけたことなど、傷つけられた体験が語られた。無意識に沈んでいた「傷つけること」、「傷つけられること」が意識に浮上してきたといえる。学校の先生がE子を全く理解してくれず、傷つけられたこと、兄から無理やり強姦された体験、風呂場で湯船に顔をつけられ、母親に殺されかけた体験、風呂場での自殺未遂、E子はこれらの記憶が全くなかったと語り、特に風呂場での母親から受けた虐待の体験は、毎回のように繰り返し語られた。

E子の話は窃盗や万引きをしていた記憶にまで及んだ。これらのことは、別人格の助けを借りて行ったことであり、解離（多重）人格を持っていたことも判明した。これらの記憶の甦りが、母親面接がなくなった後に押し寄せるように起ったことも、母親面接がE子の記憶を取り戻すための意味を持っていたことを示しているように思われる。

（4）E子のプロセス

第4期はE子のプロセスが中心となる。いわれなき傷を受けていたとの自覚がE子に生じ、その結果、母親や兄への怒りが強く体験されるようになった。解離症状の消失が見られ、このときには、過去に見られた夢の報告があった。

【夢1】は双子の夢だが、傷を感じることができず、無意識のもうひとりの自分に移してしまう内容であるから、この夢は解離を示すものであろう。傷を移した相手はセラピストであるかもしれない。【夢2】は、解離症状が良くなる直前の夢である。風呂場の殺人の夢であり、妹が幽霊女に殺される。風呂場はE子の虐待の現場となった場所でもある。ここでE子の分身は殺されてしまう。恐ろしい印象の深い夢だったと言う。【夢3】は、【夢2】の続きである。幽霊女を見たことで階段の踊り場から落ち、E子は死にそうになるが、助けられる。【夢4】では、自分から助けを求めて助けられる。

【セラピストが見た夢】は、セラピストの無意識が捉えた治療状況が示された夢ではないだろうか。夢の場は風呂場（共同浴場）である。

風呂場はE子にとって、最も恐ろしい虐待体験を持つ場所であるが、この夢では、セラピストとE子とコーラス隊のいる安全な場となっている。ここでセラピストもE子もそれぞれ髪の毛を洗うという浄化を行う。やがて、E子がコーラス隊からマイクを受け取り、セラピストに渡すがセラピストはマイクを床に置く。マイクは何らかの表現を伝えるためのものであるが、もはや言語化し、表現する必要はなくなり、面接終了が現れているのではないだろうか。

【夢5】は何かが怖いから誰かから逃げる夢だが、長い急な上り坂があり、一度はあきらめて戻るが、坂の向こうには待つ人がいると思い、引き返す夢である。

この一連の夢には、ふたつのテーマが現れていると思われる。ひとつは、【夢1】で傷を双子の一方に移し、傷の痛みを感じないところから始まり、【夢2】では傷の痛みを感じ、【夢3】【夢4】で傷から救助されるという、傷に伴う感情の自覚を巡るものである。ふたつ目のテーマは、【夢2】では、母親を思わせる幽霊女から殺され、【夢3】【夢4】で助けてくれる人が現れ、【夢5】で自分で逃げ出すという、傷つける対象との関わりである。あるいは、対象からの力をどう防ぐかということでもある。

E子は逃走もできず、自分の傷ついた心を守るために解離していたが、【夢5】で逃走できるようになったことで、解離症状が消失したとも考えられる。E子の解離状態を、セラピストはマントをかぶった子どもイメージとして捉えていたのだろう。セラピストに生じた傷つけられた子どもイメージは、マントをかぶらなくても生きていけるようになり、一方E子は解離症状によって心を守らなくても生きていけるようになった。

【夢5】の報告の日、E子は面接の終結を申し出た。義務教育終了以後、費用は自費になっていた。この料金を巡って、E子と母親は葛藤関係にあった。

母親面接を止めても、支払いのお金を通じて母親はセラピストと繋がりを持とうとし、E子に対しては恩を売り、E子自身とセラピストとの面接を支配しようとしていることをE子は訴えた。内在化されたネガティブな母親を切断し、現実の母親から自立するためには、母親の費用で行われている面接を切断することが必要だったのだろう。セラピストの中の子どもイメージがマントを脱ぎ捨てるには、怒りによる切断が必要だった。

E子も面接の中で母親へ怒りを向け、心理的な母親殺しができたからこそ、解離症状消失に繋がったのではないだろうか。そしてE子は自分の意思で、母親が支配している現実の面接を切断するという形で、母親切断も行った。

(5) 御伽草子の傷つけられた子ども

当ケースの傷つけられた子どもイメージについては、傷とマントの関係を稲羽のシロウサギの神話をモデルに考えてきた。ケースを振り返って見ると、もうひとつ別に取り上げてみたい物語がある。

日本の室町期には、子どもや女性向けの物語が多く見られる。御伽草子である。

この御伽草子のひとつに「姥皮」がある(横山ほか、一九七四)。継母からの虐待を受けた美しい娘は神仏から姥皮を授けられた。姥皮を頭からすっぽりかぶると、醜い姿の老女となってしまう。娘はこれをかぶることで周囲の悪意や欲望から身を守りながら生きていく。あるとき、月に魅せられて姥皮を脱いでしまい、素顔をさらすが、身分の高い男性に美しさを見いだされ、栄えるという内容である。

類似した内容を持つ御伽草子に「鉢かづき」がある。

鉢かづきは元は美しい娘であったが、死の間際の実母から鉢を頭に被せられ、顔の見えない状態になる。鉢のために娘は化け物と言われ、継母に虐待される。ついに野中に置き去りにされ、絶望のあまり入水するが、鉢が浮いてしまい死ねない。流離を続け生きるために水仕事という厳しい肉体労働につくなど、苦難の道を歩むが、のちには顔は見えないものの、手足の美しさを見出されて貴公子と結ばれる。貴公子の両親は息子の嫁に高い身分の美しい娘を望んでいた。その両親と対面するという最大の危機に頭の鉢が落ち、中から宝も出てきて、美しさと元の身分が明らかになる。娘は高い評価を受け、貴公子の妻として栄える、というものである。

これらの御伽草子が述べているのは、外傷的世界から主人公を守るために、姥の皮、または大きな鉢が機能しているのだが、一方では主人公を醜く変え、差別の対象にしてしまうということであろう。さらに姥皮や鉢は安全なときや場所が見出された際には必要なくなり、取れていくものであって、主人公の本来の美しさは損なわれないということでもあろう。

本事例にセラピストのイメージとして現れたマントを被った子どもは、こうしたかぶり物を被った物語の子どもたちとの繫がりの中で考えたとき、より深い理解が得られるのではないだろうか。

この古い物語に描かれている子どもと、当ケースの子どもイメージの類似性を考えると、歴史的イメージを伴って、傷つけられた子どもイメージが生まれたといえるかもしれない

そして不思議なことに、鉢かづきが度重なる水の難に出会っても生き延びて人生の道をひらい

ていったように、E子も水の難（風呂場での虐待）から生き残り、E子の最後の夢では、明日に向かって裸足で走って行ったのである。

第Ⅴ章　事例5—弟と解離世界を共有した解離性障害の不登校女子（十五歳）との面接

——クライエントの副人格との関わりと、元型的な子どもイメージとの関わり

凡例――

「　」はクライエント、〈　〉はセラピストの発言。《　》はセラピストの思い。
セラピストの体験は二字下げ。（　）はその他注記。〔　〕はクライエントの夢内容。なお、個人のプライバシーに配慮するために、一部変更を加えてある。

1 「事例5」の概要

＊クライエント――F子、女子、十五歳、中学三年生

＊主訴――不登校、引きこもり

＊家族構成――父親（自営業）、母親（パート勤務）、弟（十二歳、中学一年生、不登校、以下G男）

＊生育歴――幼少期のF子は明るく元気で活動的だった。小学校に入学する時期から、弟G男の日常生活の面倒を見るようになった。この時期よりG男と共有した空想世界での遊びが開始され、次第に解離世界で生き始める。F子が中学二年生時に両親が離婚し、母親とG男との三人暮らしになった。

＊問題の経緯――F子は中学一年生時から不登校になり、女性カウンセラーから面接を受けていた。ほぼ同時期にG男も不登校になった。

その後、F子の担当の前任者から引き継いだ二人の女性カウンセラー（市学校教育課所属）が、同時期に毎週曜日を変えて交互にF子と面接を行い、G男には市の男性指導主事がプレーセラピーを行っていたが、母親はF子の担当カウンセラーがF子と個人的な付き合い（面接日以外にお互いの自宅で会っていた）をしていたことに疑問を持つようになり、またF子の様子が次第に異様になっていったことに不安を抱きだした。

＊F子の第一印象――まだ暑さが残る日だったが、全身黒色一色の冬服（くるぶしに届く長さのスカート）を着ており、魔女かカラスのように見えた。（この後もF子は解離症状が消失するまで、一年中冬服を着ていた。）無表情だがどこか怒っているように感じられた。顔や体全体が浮腫んでいるように見え、顔や全身の線がぼやけている印象を受けた。

＊DSMに基づく診断分類――解離性障害（解離性健忘、解離性同一性障害、離人症性障害）

＊来談経路――母親から直接、セラピストが姉弟ふたりの面接依頼を受けた。

＊面接構造――自宅訪問（F子の部屋・G男の部屋）（X年九月～X＋一年二月）。民間心理面接室（X＋一年三月～X＋七年六月）。週一回、F子五〇分、G男三〇分、自費。全六年一〇ヶ月（X年九月～X＋七年六月）。計、F子三〇三回。G男一四四回。

＊スーパーヴァイザー――X年九月（初回）～X＋四年三月までついている。X＋四年四月～X＋七年六月（終結）までついていない。

2 「事例5」の経過

第1期 セラピストに生まれたロボットの子どもイメージ

第一～二二回 X年九月～X＋一年二月

不登校及び引きこもりのF子とG男に対して自宅訪問を行った。初回面接で訪れたF子の部屋の窓にはカーテンがなく、女の子の部屋を感じさせる物は一切置かれていなかった。無駄な物がなく、飾り付けもない。唯一、戦う兵士のフィギィアが飾られていた。

第一回ではF子は自らが創作した「エジプトの古代ギリシャ神話」を背景にした英雄伝説について話し始めた。

「アテネ、ネロ、キシュ、待汽《たいき》、ぐんま、秦真界《しんまかい》、ハープ、ウイリアム、白馬楯《はくばじゅん》、高見季朱《たかみきしゅ》、魅憂麗《みゆうれい》、ティルズ・オブ・フロンティア、陽・魔・妖、マジックリングを持っている。キングダムの人たちは、みんなが持っている。修行した人はもっと強い技を使える。」

F子は物語の登場人物について、紙に登場人物の名前を書きながら説明をしてくれるが、誰に話をしているのかわからない印象を受けた。強張った表情で、呪文のように矢継ぎ早に話をしながら、F子自身が描いた物語の人物の絵を見せてくれた。F子は物語の中の主人公について、「光と影、二つの人格を持つ。善と悪、悪の方がいい」と無表情のまま語った。

F子の部屋の窓は閉められているのにも関わらず、セラピストは室内が台風に似た強い風が吹いているような感覚に襲われた。F子と向かい合って座っているセラピストの身体だけがどこかに飛んでいきそうになった。実際の気温は高いはずだが、寒気がして全身が寒さで震えだしてきた。

セラピストにはF子が別の世界の人のように感じられた。セラピストが異邦人なのか、F子が異邦人なのか、まるでわからなくなり、思考が働かなくなった。面接の最後には、この世界（F子がいる空間）は、F子が主人公なのだと感じた。

第二回でも初回面接と同じようにF子は強張った表情で一方的に話し続けた。

「妖魔の人に血を吸われないと、妖魔になれない。妖術を使えるのは妖魔だけ。妖魔になったら年をとらない。一生永遠に生きられる。魔術、陽術と反対の陰術。魔術をおぼえることで命術。自分の命を削って相手を助ける。たとえば一ポイント使って、相手の命を助ける。仲間が大変なとき、すごい強いモンスターを倒したものだけがマジックリングを与えられる。魔法を全ておぼえるのはむずかしい。相手を倒すことによって、相手の魔術を得られる。時君、中国の守り神、伝説のフェニックス、朱雀（赤）四神のうちの一つ。次回はグエイルザバトルから話す。」

セラピストの身体の寒気は初回同様に続き、寒さに耐えながらその場にいた。思考では室内に風が吹く訳がないとわかっていたが、風は相変わらず吹き荒れ、セラピストだけを狙い撃ちにしているように感じる。F子の怒りが台風となってセラピストを攻撃しているのではないかと思った。なぜF子が怒っているのか、理由がわからないまま吹き飛ばされないように身体に力を込めた。F子は風使いの魔女のような気がしてきた。

F子の話は真剣に聴けば聴くほど、頭がクラクラとし、思考ではまるでついていけない。理解しようとすればするほど、F子から跳ね返されるイメージが浮かぶ。F子は確かに目の前にいるが、セラピストとの間に厚いガラスがさえぎっているようだった。F子はガラスの向こうの世界にいるのだと感じる。セラピストはガラスの向こうの世界と、その世界の住人であるF子から拒絶されているような状態になり、現実検討能力が失われていった。ガラスの向こうの世界が真実の世界であり、セラピストがいるこちら側の世界は虚飾の世界なのではないかと感じた。

F子は全てを知る賢者であり、そして強い勇者だった。反対にセラピストは何も知らない無能者であり、時間とともに、最も力のない存在になっていくようだった。セッションを重ねるたびにセラピストはF子に傷つけられているような気がしてきた。

第三回ではガラスの向こうの世界から拒絶され、ひとり取り残されたような状態になったセラピストに、これまで会ったこともないロボットの姿をした子どもイメージが生まれてきた。人間らしい柔らかさがまるでない機械人形のような小さな子どもが両腕、両足を踏ん張りながらひとりで立っている。その姿からは性別すらわからない。なぜこの子どもはロボットの姿をしているのか、何の目的でイメージの中に生まれたのか、セラピスト自身その答えがわからない。ロボットの子どもには耳がなく、声をかけても届かないと感じ、声かけをすることもためらった。

セラピストはこの子どもイメージとどう関わってよいのかわからない。セラピストは動物の方がロボットの子どもより、はるかに交流ができると思った。ロボットの子どもの開きっぱなしの両目が赤く怖い。鼻も口もない。表情もなく、感情はないと思ったが、唯一、踏ん張っている両腕、両足だけ、どことなくロボットの子どもの感情を表していると感じた。

F子はその後の面接でも、神話、古代中世の物語の断片、魔法やゲームの話を続けた。F子の話し方は強迫的とも思える印象だった。

セッションを重ねる度に、セラピストの思考はますます壊されていった。第一二回では面接の中でのセラピストはF子に殺されているのも同然の状態になっていた。セラピストに残されている生きる方法は、第三回で生まれたロボットの子どもイメージと関わることしかないと思ったが、どのようにしたら関わることができるのかまるでわからなかった。耳がないロボットの子どもに声は届かない。セラピストは《この子どもと関わりたい》と願った。

そのとき、透明な手のイメージが浮かんできた。その手が恐る恐るロボットの子どもに近づくと、その子どもの首が動き、赤い目で手を睨みつけた。その目は恐ろしく、身体に触ると殺すと言っているようだったが、踏ん張っている両腕、両足は触ってもよいと伝えているような感じがした。手のイメージは勇気を出してロボットの子どもイメージの体に触れた。その手はまるでセラピストの手であるかのように、その子どもの体は、鉄のように硬く冷たいと感じた。ロボットの子どもは、赤い目で手を睨み付けたままだが、その手を攻撃しようとはしない。触れることを許しているのだと感じた。

手がロボットの子どもイメージの身体から離れると、その子どもが動き出した。猛烈な勢いで走り出し、厚いガラスに体当たりして跳ね返されている。ロボットの子どもはガラスを突き破ろうとしているのだと思った。がむしゃらにガラスに当たり続けていた。その度ごとにロボットの子どもの鉄の体に傷がついていったが、ロボットの子どもは痛みを感じている様子はなかった。反面、セラピストに痛みが感じだしてきた。このとき、F子の部屋の中の風は弱くなり、寒さも感じなくなってきた。

一方G男の部屋には、ぬいぐるみや人形が沢山あり、G男は人魚の人形であるマリーン（仮名）を片手に持ちながら、腹話術で話をした。マリーンの外見は、使い古されており、とても小さかった。G男は、ひどく断片化した英語まじりのゲームの話や、音楽の話をしているようだが、セラピストには内容がよく理解できない。

だが、G男はF子とは違い、セラピストを跳ね返すという印象はなく、むしろセラピストと繋がりたいと思っているように感じられた。セラピストも人形を持つようにとG男から指示され、お互いに人形を通して面接を行った。

G男はF子とは反対に、ノースリーブと短パン、素足という真夏の服装だった。G男は小柄で華奢な体型をしており、髪の毛は肩よりも長く、女の子のように見える。（この服装は三年間真冬でも変わらなかった。）

第一三回では、お互いが共有するこの世界にいるG男とセラピストは人形なのだと感じた。

G男は毎回決まってマリーンを手にしていたが、セラピストが持つ人形は毎回変えられた。

G男であるマリーンは話し続けるが、セラピストの人形は話すことができず、緘黙だった。

セラピストは必死に人形マリーンの動きに自分が持っている人形の動きを合わせた。こうした状況がしばらく続き、F子とG男のふたりはそれぞれ面接時間のほとんどを使い、一方的に話し続けた。F子は（ガラスイメージによって）セラピストを拒絶していたが、G男は人形を通してセラピストと交流しながら、面接を心待ちにしている様子だった。

第二三〜三四回　X＋一年三月〜五月　※自宅訪問から面接室での面接に切り換える

以下、X＋三年一〇月までF子とG男ふたりの面接が続く間、F子の相談内容については『F子』、G男の相談内容については『G男』と最初に表記する。セラピストの発言は〈　〉で表記した。セラピストの体験は二字下げで表記した。その中の「　」は特に注がない限りそれぞれの発言とする。

第三五〜四四回　X＋一年六月〜八月

『F子』第三五回からは、F子の空想の中の最重要人物であるミィオ（仮名・のちにF子の中の中心的な副人格であることが明らかになる）が、F子の話の中に登場するようになってきた。初期のミィオはG男と共同で作られたもので、姉弟間にファンタジーが共有されていることが判明してきた。空想世界は二人によってそれぞれアニメ描画としても表現された。しかしミィオの情報は断片的であった。

第三七回では、F子はミィオひとりが描かれた絵を持参してきた。ミィオは背中に悪魔の翼があり、猫の両耳を持ち、十字架が刺さった黒いソファに座り、左手で髪をかきあげ、正面を見つめ、冷たく笑っている。側には蛇が絡んだ剣が刺さっている【描画①】。

描画①（21cm×29.7cm）

セラピストはミィオに睨まれ、見下されているような感じを受け、寒気を感じながら描画を見つめた。

第三八回では、F子とセラピストの間にあるガラスイメージは依然として厚いままであり、第三回で生まれたロボットの子どもイメージは、なおもガラスに当たっていた。この時期には、面接中に台風を感じることはなくなり、F子が少しずつ秘密を語るようになった。F子とG男がそれぞれ語っていた話の世界は、単なる作り上げた空想ではなく、複雑な解離世界だった。その世界をふたりが共有していることを知り、セラピストは知ってしまったことに戸惑いを覚え、恐怖を感じた。そのふたりと関わっているセラピストは、ふたりの世界ではどのような存在になっているのか、この先どうなっていくのか見当もつかなかった。セラピストは表面は平静を装っていたが、セラピストの感じている恐怖も、この先の不安も、すべてF子に見透かされているような気がした。凪を操ることができるF子は、セラピストの心の中も知ることができる魔女に見えた。

第四五～七九回　X＋一年九月～X＋二年五月

『G男』第四五回では、「三年前、F子ちゃんがサラマンダーの物語を書いてくれた。以来次々に物語が生まれ、今完成した。絵も自分も生まれ変わった感じがする。」「人魚マリーンは幼稚園のときからいる。空想の国ティルズ・フロンティアの国の人で二千歳の女王」と語った。この時期、G男は人形を使って話をすることはなくなった。

マリーンを通して語っていたG男の話は、二千歳の女王の言葉だったのだと初めて知った。当時、人形を持たされたセラピストは、マリーンと交流することに必死で、大切に言葉を聴いていなかったことを思い出した。もっとありがたく聴くべきだったと、心の中でマリーンに謝罪した。

『F子』第七六回では、ミィオに対するF子の情報がまとまりを見せてくる。「ミィオは中間が滅多にない。」「ミィオは冷たい。」「彼は幼稚園の頃からいた。（現実に）出てきたのは、X年四月（初回面接の五ヶ月前）。」

第七八回では、解離世界のミィオのイメージが少しずつ浮かんできた。《ミィオはF子の中の存在であるのだから、セラピストはF子とミィオのどちらとも面接していることになるのだろうか。そうだとすると、ミィオはこの面接のことも、セラピストのことも知っているのだろう。ミィオはセラピストをどう思っているのだろう。》すでに以前からセラピストの思考は壊れている感覚だったが、思考に頼ってもどうにもならないことを体験していながら、また思考が動き出してくるようだった。

第八〇～九二回　X＋二年六月～八月

描画②（36.4cm×25.7cm）

『F子』第八〇回では「ミィオは魔界の人、F子ちゃんは天界の人。F子ちゃんと出会ってミィオは変わった。」「この絵、F子ちゃんが描いた」と描画を持参した。

その絵には、闇の中にいるF子とミィオが描かれていた。ふたりの間（中央）には光が射しており、光の帯によりF子とミィオの闇が繋がれている【描画②】。

F子は話に出てくる自分のことを「F子ちゃん」と呼んでいた。

セラピストは《自分の存在はF子とミィオにとってどのような意味を持つのだろう》と考えた。考えてしまう自分に気づき、我に返ったように考えることを振り払った。ガラスイメージは変わることなく、向こう側とこちら側の間にそびえ立っている（第八〇回）。

第九三～一二三回　X＋一二年九月～X＋一三年四月

『F子』「ミィオはF子ちゃんを守るためにいる。空想の中でのF子ちゃんは皆に愛されて大事にされているの。ミィオは医学と法律の専門家。助けてくれる人（第九三回）。」

第九九回では第三回で生まれたロボットの子どもイメージが浮かんできた。その子どもはガラスに当たり続け、鉄のような体の傷口から血が噴き出ている。その場面を見ているセラピストは身体に激しい痛みを感じていた。

ガラスの向こうでは、強いミィオに守られているF子が、血だらけのロボットの子どもイメージを見ながら幸せそうに微笑んでいる。セラピストはF子の世界で無力な自分自身に対して空しさを感じ、ミィオに代わってセラピストがF子を守れる日が来るのか自信が持てなかった。

第一二四～一三八回　X＋一三年五月～八月　※面接室移転

『F子』第一二五回では、「中学生の頃、保健室にいたようだが、自分はいなかった。外から自分を見ている感覚だった。記憶に靄がかかるのではなく、記憶を『切った』という感じ」と語った。この時期、F子はこうした離人体験を言語化するようになってきた。

「風は気持ちをわかってくれる。お母さんはF子ちゃんのことを何も知らない。辛いときは風に頼る。死のうかと思うけど、G男をひとり残して消えることはできない。ずっとカラスや虫と会話しているの。ここの面接室が赤く見える。家でも時々そうなる。なぜだろう（第一二五回）。」

実際の面接室の壁は白く、赤色の物はほとんどないが、この時期のF子は毎回のように、「面接室が赤い」と訴えた。

第一三二回では、セラピストに、血だらけになっている真っ赤な身体のロボットの子どもイメージが再度浮かんできた。赤い血がイメージされる度に、セラピストの身体が痛みだし、痛みが増していく。

『G男』この時期には、ミィオやマリーンをめぐる友人関係を話すようになった。F子に「恋愛ものを書いて」と言われ、恋愛ものの漫画を描き始めた。その後、毎回漫画を持参し、セラピストにストーリーの説明をした。G男の漫画の登場人物は、どれも明るく活動的なキャラクターであり、恋愛ものというより、女の子たちの友情を描いた青春ドラマのように感じた。毎回多くの女の子が登場しており、セラピストはG男が名付けたキャラクターの名前を覚えることに苦慮した。

F子の中のミィオと、G男の中のマリーンが友人であるということは、F子が男で、G男が女として付き合っていることになる。

第一三五回では、ミィオとマリーンが中心となって、多くの仲間と交流している様子がセラピストにイメージされてきた。《いったいセラピストの存在は、F子とG男にとって、どのように位置づけられているのだろう。》

第一三九〜一四二回　X＋三年九月

『F子』「初め一〇人、今は三〇〇人来た。ミィオが空想の世界へ来て変わった。統括はG男。元々人形の中にいた。この世界にいたくなかったとき、ミィオが出てきた。人が突然増えだして、自由に入れ替われるようになった。この世界に出されるときは強制らしい。話し合いもある。三〇〇人がお互いに知っている。前はただ遊んでいたけど、ミィオが出てから自在にそれぞれの感情が働き出した。F子ちゃんも含めてお互いに付き合っている（第一三九回）。」

「母親がいてもミィオは出る。F子ちゃんはいない。この世界に出ていたくない。ミィオはF子ちゃんを装って出る。G男が話している人物はすべている。G男が作った人物とF子ちゃんが作った人物はお互いに付き合っている。G男の方は女で、F子ちゃんのほうは男で、付き合ったり、別れたり、寄りを戻したり、恋愛がもつれて三角関係になることもある。

F子ちゃんの中に助けてくれる人がいる。だから、部屋でひとりになって寂しくても生きられた。そのことはG男が一番知っている。辛いとき、もともといたけど動き出した。もう大きくなってこの辺に出ている。G男はそっちと話す。G男と私はお互いに別人同士で付き合っている。G男はカウンセリングでF子ちゃんが変わることを恐れている。もうひとりのF子ちゃんが消え、ただ一人取り残されるのが怖いんだと思う。F子ちゃんはG男を一人残せないので、G男が先に変わるようにお願いします。F子ちゃんが変わってG男が一人になるとG男は死ぬかもしれない。母親はG男が死ぬのを止めてくれない（第一四一回）。」（そのようなG男に反転するような変化が、F子面接第一四五回の後に起きる。自らの面接を切り、F子が良くなるために協力することを母親に要望することになる。）

セラピストは「G男はカウンセリングでF子ちゃんが変わることを恐れている」というF子の話に驚いた。G男はセラピストとの面接を好意的に捉えている印象を受けていたが、G男にとって、セラピストはF子とG男の「ふたりの世界」から、F子を奪う存在なのだろうか。姉と弟が解離世界を共有していることが明らかになった以上、セラピストが二人と関わることは混乱を招き、危険だと感じた（第一四一回）。

「部屋が赤い。赤は好きだけど、もともとは黒が好き。F子ちゃんに感情はない。イライラするときは別人格。」「風は音で話す。台風のときは一番感情がある。怒っている（第一四二回）。」

初期段階の面接で、セラピストが感じていた台風のような風を思いだした。《F子を風使いのように感じていたが、風と交流していたのだろうか。》「台風のときは一番感情がある。怒っている」というF子の話に異和感を感じることはなかった。《あの風はやはりF子の怒りだったのだろう（第一四二回）》。

第2期　散ったガラスと傷を回復した子どもイメージ

第一四三～一四五回　X＋三年一〇月

『G男』第一四三回では、「空想の中で妹が溺れる猫を助けようとして死ぬ。猫は助けられてから人間になる」と話した。

G男は季節に合った服装で訪れるようになってきたが、素足であることは変わらず、面接室のスリッパは毎回黒く汚れた。足の裏に泥をつけてきているのかと思うほどだった。G男が一度使用したスリッパは使えなくなり、毎回スリッパを購入していたが、今回は前回G男が使用したスリッパをそのまま用意した。G男は気づいているかもしれない。これまでとは違い、よそよそしさを感じる。セラピストはG男の面接をやめることを次の回で伝えようと決心していた。

G男の猫の話から、以前F子が持参したミィオの描画を思い出した。ミィオには猫の耳がついている。《人間になる前のミィオは猫だったのだろうか。》半分猫で半分人間のミィオイメージが浮かんできた。第三回で生まれたロボットの子どもイメージは、諦めずに壁に当たり続けている。《もしかすると、G男の面接を続けていることと、壁を破れないことは繋がっているのではないか》という思いが沸き起こってきた（第一四三回）。

『F子』第一四四回では、F子は描画を持参した【描画③】。「違う世界でミィオは剣を手に入れたの。剣は恐ろしい力を持っていて話すことができる。『汝闇なり。我光なり。』」絵は満月が照らす深い夜の森をバックに、廃墟の塔の上で抜き身の剣を持ち、F子を抱くミィオとF子の歓喜に満ちた姿だった。

「みんなが空想世界からF子ちゃんが消えちゃうのが嫌だって言っている。この世界では今と昔に分かれる。今の人がミィオ。昔の人がF子ちゃん。今と昔を繋げていたのが彼。橋で中間の人」と話した。

描画③（36.4cm×25.7cm）

セラピストはこの描画に圧倒されながら見つめるうちに、深い森を照らす満月に引き込まれそうになった。この世界は明らかに別の世界だと感じた。誰にも邪魔されない、誰も入れないふたりだけの世界。《恐ろしいほどの力を持つ剣を持ったミィオは、外的な世界から何者が襲って来ようともF子を守ってくれるのだろう。》ミィオに抱かれているF子は、究極の安心感と幸せを感じていることが伝わってくる。

《こちら（現実）の世界には、F子を守ってくれるミィオのような最強の存在はいないだろう。》しかしセラピストには、深い闇と比例するように、切り離された深い孤独の世界だと感じた。なぜF子が、ミィオとF子のふたりだけの世界をセラピストに見せたのかわからなかった。

セラピストのイメージに第三回で生まれたロボットの子どもは、今も血だらけのまま、身体から出る血は乾くことがない。ロボットの子どもイメージはF子とは違い、ミィオのような存在に守られることもない。保護者もいないロボットの子どもイメージには知恵もなく、ただがむしゃらにガラスに突進している。同じ行動をし続けるロボットの子どもを助けることはできず、セラピストにできることは、身体に感じる痛みに耐えることだけだった。痛みは限界に近づいてきたが、耐え続けた（第一四四回）。

この描画を持参した後（第一四四回と第一四五回の間）に、F子の別人格のひとりからセラピストの予約用アドレスへ四回のメールが届いた。「F子はもう限界だ。F子の人生上の決断を俺は変えられない。しかし決断が〝死〟ってときは何とかする。」

セラピストは、ミィオが送ってきたメールだと思った。《ミィオはF子の側にいて、自殺を食い止めていることを伝えてきたのだろう。》ミィオが直接セラピストにコンタクトを取ってきたのは初めてのことだった。それほど、緊急の事態なのだということが伝わり、セラピストの全身が震えてきた。

メールが送られてきたあとの面接（第一四五回）にミィオが突然訪れた。面接室のドアを開けたときから、明らかにF子とは違っていた。ドアを乱暴に閉め、靴を脱ぎ捨て、スリッパを乱暴に履き、音を立てながら歩いてきた。挨拶もなく、セラピストを睨みつけるように話し始めた。声も低く、男そのものだった。

ミィオが面接に来るという連絡もなかったため、セラピストにはミィオを迎え入れる心の準備ができておらず、不意打ちのような状態だった。F子が面接を休んだのは初めてのことだった。セラピストにとっては、話と描画の中だけの存在だったミィオとの初めての面接を行わなければならなかった。

ミィオ「F子は自殺の可能性がある。俺は生きていてほしい。F子はずっと人のために犠牲になって生きてきた。俺とは逆。でも俺と一緒に生きようという合意が出来た。」

セラピスト〈F子を一番理解しているのはミィオ。〉

ミィオ「俺の守りにも限界がある。F子にカウンセリングを受けさせたい。」

セラピスト〈悩みを聴くというだけでは解決しない。F子の心理療法は難しい。でもF子が主体。彼女はこの日常世界で生きたいのか。〉

ミィオ「F子はティルズ・フロンティアにいたくないので俺を作った。昔の奴はF子が率いる。

俺は今のを率いる。俺はティルズ・フロンティアを繋げられると思う。だけど、F子が正気に戻ったとき、自分（ミィオ）はいない。現実にも空想世界にも。心理療法でF子が良くなるまでティルズ・フロンティアを繋げろというなら出来る。F子は空想世界がなくなっても生きられるかどうかは不明。だがF子はこの（日常）世界で生きたいと思っている。俺にはわかる。三〇〇人はF子から生まれた。F子がいなくなると、みんなはどうなるんだ。みんなを殺していくのか。死を見届けるのか。」

ミィオのたたみかけてくるような迫力に、セラピストは押し潰されそうになってきた。ミィオは医者で弁護士という職業だとF子が話していたことを思い出した。

セラピストにF子の（別人格の）三〇〇人のイメージが浮かんできた。皆が口々に「殺さないで」と叫んでいる。セラピストはその人々に〈殺さない〉と叫び返すが、三〇〇人の悲痛な声にかき消されていく。セラピストは、〈皆、F子の中の大切な存在。皆が死んだら、F子は能力を発揮できない〉と、（心の中で）ありったけの声を張り上げた。

その直後に、ロボットの子どもイメージが全力で厚いガラスに体当たりした。ロボットの子どもの身体はバラバラになり、砕け散った。セラピストの身体中に激痛が走り、痛みが極限に達したとき、（ロボットの子どもの身体が）砕け散ったあとから炎が吹き上がったイメージが生まれた。同時にセラピストの身体の奥からも炎が吹き上げ、吹き飛ばされそうな感覚になった。

その炎（イメージ）の中から、怒りの権化のような子どもイメージが生まれてきた。その子どもイメージは怒り狂ったように髪を逆立て、長い間F子とセラピストを隔てていた厚いガラスを粉々に砕いた。ガラスを砕いた子どもは、全身が凶器かと思うほど強い身体を持ったイメージだった。（第一四五回）。

ミィオとの面接が終了したあと、セラピストの心臓の鼓動が速くなり、腰が砕けた。気がつくと無意識に手首を触っていた。触れた指先に脈を感じ、自分が生きていることを確認した。鏡に映ったセラピストの顔は、年老いた化け物に見えた。

ミィオが訪れたこの日、G男は始めて面接を休んだ。（毎回、F子の面接のあとにG男の面接を行っていた。）G男の面接を止めることを告げようと思っていた日だった。G男はF子と共に母親の運転する車で来ていた。G男は車から降りず、「今日は面接を休む」と言ったと母親が報告に来た。母親は「たぶん、G男はもう来ないと思う」と述べた。その言葉の通り、G男は二度と現れることはなかった。

G男は「F子と空想を共有していること、F子が変わりたいと思っていること、F子が良くなるように協力して欲しい」と母親に訴えたという情報が、ミィオの面接後に母親からセラピストに伝えられた。

セラピストは「G男はF子が変わることを恐れている」と言ったF子の言葉を思い出した。セラピストはG男が積極的にセラピストとの面接を受け、セラピストと繋がろうとしていたことを、面接を好意的に捉えているのだと解釈していた。

しかし、それはF子とセラピストとの関係に必死に割り込み、F子が変わらないようにするためだったのだろうか。セラピストの面接室のスリッパを汚していたのは、G男なりの面接への妨害の表れだったのかもしれない。セラピストの中でセラピストをあざ笑っているG男のイメージが浮かんできた。

セラピストはG男との面接が順調だとさえ感じていた浅はかな自分に失望を覚え、全身の力が抜け落ちていった。

　第一四五回後の母親からの情報を受けた後に、セラピストにバラバラに砕け散ったガラスイメージが再度生まれてきた。F子とセラピストを隔てていたあの厚いガラスイメージは、ただの破片となり、見る影もなくなっている。《あのガラスイメージは、やはりF子がG男との関係を守るためのものだったのだろうか。》

以降、F子との単独の面接となる。以下、面接におけるF子とミィオの発言は「　」、セラピストの発言は〈　〉で表記した。セラピストの体験は二字下げで表記した。F子の夢の内容は〔　〕で表記した。

第一四六～一五〇回　X＋一三年一一月

第一四六回では、F子は自殺企図の危機を脱し、落ち着いた様子で面接に訪れた。

「小学一年生の頃から私はいなかった。空想世界にいる三〇〇人は、初めはゲームや漫画の中の人だったけど、今はそれら（ゲームや漫画）の影響はない。」「母親からの身体への虐待があったとG男から聞いていたけど、記憶にない。」

セラピストはこれまで無能感に苛まされ、イメージの中に生まれたロボットの子どもと関わりを持ちながら、かろうじて生きてきた。その（解離）世界で無能なセラピストが、ガラスを隔てられ、傷ついていた間、ミィオがF子を守り、支えていた。その医者で弁護士である最強のミィオが、「俺の力ではF子を助けられない」と言い、泣いている姿がイメージされた。「みんな（三〇〇人）はどうなるんだ」とセラピストに詰め寄ったミィオを思い出した（第一四六回）。

描画④（36.4cm×25.7cm）

第一四八回では、「空想世界に出ないのはミィオが『出るな』と言うから。彼が『F子が信頼しているティルズ・フロンティアの人たちへの信頼をなくせ』と言う。ミィオがいなくなって、彼の領域の新しい世界へ出るしかなくなった。ティルズの人たちは守ってくれなかった。何かが変わったんだよね。家族を切り離した感じがする。」

F子との間にそびえ立っていた厚いガラスがなくなった今、セラピストはF子と同じ世界にいると感じ始めた（第一四八回）。

第一四九回に、F子はミィオとG男と思われる男性とF子の三人が描かれている描画④を持参した【描画④】。

ふたりの男性の間にはヒビが入り、ガラスの破片のようなものが降っている。その前方中央にF子がいる。

この描画から、F子とセラピストを隔てていたガラスイメージが砕けた体験が重なって感じられる。F子とミィオとG男の世界と、日常の世界を隔てていたガラスが砕けたイメージが浮かんだ（第一四九回）。

第一五一〜一五四回　X＋三年一二月

第一五一回では、「日常と空想世界の中間にいる。今はもう空想世界に出ていないけど、噂で空想世界の出来事を知っているの。現実に生きようとすると雪は降らない。いつもは降る」と語った。

セラピストはF子の怒りに代わって、風が吹き荒れたイメージを思い出した。雪も風もF子に代わって感情体験をしているイメージが浮かぶ（第一五一回）。

「昔はミィオが表に出ていたから、F子ちゃんは出なかった。だから、死にたいと感じなかったけど、今は現実に向き合おうとすると死にたくなる（第一五二回）。」「絵に執着していた。これは逃避。絵に逃げないように絵から引き離したのはミィオ（第一五三回）。」

解離の世界にいるF子は、「死にたい」とは思わずにいられた。F子が苦しむようになったのは、セラピストと出会ってしまったからだと責められている気持ちになってきた。《絵から引き離したのがミィオだとすると、解離世界から引き離しているのはセラピストだろうか。》

「F子ちゃんが死のうとするとき、必ずミィオが出てくるの。親に巻き込まれないで生きるためには空想世界が必要だった（第一五四回）。」

ミィオが突然面接に訪れ、「俺は（F子に）生きていてほしい」と、セラピストに必死に訴えていた場面を思い出した。セラピストは面接室以外の日常の中で、F子の自殺企図を止めることはできない。セラピストができないことをミィオが担ってくれていると感じる。

このとき、セラピストとミィオが、F子が生きていくための共同作業をしているイメージが浮かんできた。それは二人（セラピストとミィオ）の住む世界は違っても、まるで同士になったような姿のイメージだった（第一五四回）。

第一五五〜一五七回　X＋四年一月

F子の自殺企図が続く中、ミィオが再度面接に訪れた。

「F子は辛かったことを外から見る傾向がある。それが俺かも。俺は日常で生きたいとは思わない。俺は消えてもいい（第一五五回）。」

二度目に会ったミィオは、初めて会ったときのミィオとは印象が違い、別人のように見えた。セラピストに挑んでくる様子はなく、仲間として会っているような温かさを感じる。《F子が回復する日まで、ミィオにとって苦痛な日常世界の中でF子を守っているのだろう。》

ミィオとセラピストが手を取り合っているイメージが浮かぶ。

第一五八〜一六〇回　X＋四年二月

第一五八回では、「ミィオは日常で生きている。ミィオが来たら、そっち側には入らない。鬱になるとミィオが話しかけてくる。あまりも現実にいると忘れているけれど、ミィオは確かにいる」と語った。

初期面接において、F子が語った「自分の命を削って相手を助ける」という言葉を思い出した。セラピストの中で命を削ってF子の命を守っているミィオイメージが浮かんできた。日常でF子を守っているミィオは、どこまで持ちこたえることができるのだろう。ガラスに当たり続けていたロボットの子どもイメージを思い出した。ロボットの子どもイメージと、ミィオイメージが重なって感じられる（第一五八回）。

こうした状況の中、母親の都合による予約日の変更があった。F子は家族と話さなくなり、面接でも沈黙が続いた。この沈黙は内省ではなく、抗議の沈黙だと感じた。F子は自分を犠牲にしてきたというミィオの話を思い出した。

大人の都合で振り回される子どもイメージが浮かんだ。子どもは傷つけられ、傷つけた大人に怒りを向けている（第一六〇回）。

F子の怒りは母親に対してだけではなく、予約変更をF子に確認もしないまま受けてしまったセラピストにも向けられたものだと感じた。

第一六一〜一六三回　X＋四年三月

F子は沈黙を続けていたが、やがて静かに話し始めた（第一六三回）。

「現実で生きるためには、空想って消さなきゃならない？」とセラピストに質問してきた。F子から質問されることは珍しいことだった。セラピストはわずかに戸惑ったが、〈空想を無理に消す必要はないと思う〉と答えた。F子は「意識が強くなったら空想は見えなくなる。でも無意識だけが強くても日常では生きていけない」と語った。セラピストは《本当にそのとおりだろう》と思いながら、今の状態を言語化するF子の能力の高さを感じさせられた。

現実と空想の世界の狭間で引き裂かれている子どもイメージが浮かんできた（第一六三回）。

第3期　描画から夢へ（解離世界の対象化）――F子に生まれた子どもイメージ

第一六四～一六七回　X＋四年四月

F子は第一六三回に続いて、第一六四回でもセラピストに質問をしてきた。「大人への怒りを切り捨ててきた。私の意識が心の傷を認めないのはなぜ？」セラピストは〈傷つきを認めることはとても大変なことだからだと思う。〉と答えながら、《F子が知りたいことはもっと具体的なことだろう》と思っていた。

この時期から、F子はセラピストに直接語りかけることが多くなり、両親から受けた傷つきに関わる内容を話すようになった。

「空想に入ったのは、現実に生きられなかったから。私は小さいときから子どもの面倒を見る子どもと言われていた。両親にも気を使って生きてきた。私は母親から殴ったり、蹴ったりされていたらしい。両親は夜になると喧嘩していた。G男と別の部屋で物音を聞いていた。私はずっと感情と記憶を消して生きてきたから、いつか感情が上がってきたとしても受け入れられるのだろうか。」

セラピストは〈切り捨ててきた感情を受け入れようと努力しても、受け入れられるほど簡単ではないと思う。でもいつか受け入れられる日が来る可能性があると思う〉と答えた。

ガラスに遮られない関係になった両者のイメージが浮かぶようになった。しかし、F子イメージは全身を固いベールで覆い、セラピストは警戒されているような感覚は変わらない（第一六七回）。

第一六八〜一七一回　X＋四年五月

【夢23（第一六八回）】〔学校。遠いけど行っている。三階建てで校舎と校舎を結ぶところは二階。行こうとしたが、繋ぐ道が塞がっていて通れない。〕

【夢24（第一六九回）】〔携帯電話に黒と赤の真ん中にドクロがいる映像。ボタンを押すと画面が変わり、その問題から解放された。黒と赤のつなぎ目を抜けきった。その時、G男が殺された。〕

セラピストは、F子の夢の報告を聴きながら、F子とセラピストとの間に隔てられていた厚いガラスと、砕け散ったガラスイメージを思い出した。

F子の夢の「校舎と校舎を繋ぐ道が塞がっていて通れない」」、「黒と赤の真ん中にドクロがいる」ことと、セラピストのかつての厚いガラスイメージが重なった。そして、「つなぎ目を抜けきったとき、G男が殺された（F子の夢）」ことと、セラピストのガラスイメージが砕け散ったとき、G男（面接）が切れたことが重なった。セラピストの中で、ガラスが砕け散ったイメージと、G男が死んだイメージが繋がった（第一六九回）。

第一七一回では、F子は「『死にたいけど、母親とG男が心配』とミィオに言うと、『G男はF

子が思っているほど弱くない。自分で歩き出すときがある』とミィオに言われた」と話した。セラピストは《ミィオはある意味、F子よりもG男の本質を知っているのかもしれない》と思った。
セラピストとF子の中で死んだG男が、F子と離れてひとりで歩き出すイメージが浮かんできた（第一七一回）。

第一七二～一七四回　X＋四年六月

【夢34（第一七二回）】〔敵と私は仲良くしている。八方美人はどっちにも溶け込むけれど、真ん中は入れない。〕

【夢35（第一七三回）】〔陵橋となっている橋。苦手だけど一歩一歩登る。怖い。橋から橋に飛び越える。雲梯のようなもの。〕

「ムカついても（外に出さずに）こころの中で言うとミィオは受け止めてくれる。怒り自体をミィオは持っている（第一七四回）。」

第一七五～一七八回　X＋四年七月

第一七四回では、苛立たしい表情を浮かべながら話し始めた。「日常生活の不自由さを変えたい。日常で生きやすくなりたい。G男は言い訳しなかったのに、この頃私に言い返す。母親にもイライラする。」

F子は少しずつ怒りの感情を生き出していることが感じられる。

第一七九～一八〇回　X＋四年八月

第一七九回では、怒りの表情を浮かべて語った。「G男にムカつく。私が変わったからだと思うけど、耐えられなくなった。前は全然感じなかったのに。」

第一八〇回では、セラピストを睨みつけながら話し始めた。

「一人のセラピストとして私は安心して話せない。ミィオはもう無理なのではないかと言っている。面接も四年経ち、遠回りのよう。ミィオがいることが問題で、私がミィオより先生を信頼すれば面接もうまくいくんでしょう。」

セラピストは、《ついにきた》と思った。F子がいつかこうしたテーマ（F子とミィオとセラピストの関係）を突きつけてくることはわかっていた。そして、〈F子にとって、ミィオが一番信頼できると思うけれど、わたしはミィオとは違う領域の存在だから、どちらという訳ではないと思う〉と、優等生の答弁のようなコメントを述べた。

F子は今にも泣き出しそうな表情を浮かべて、「私は人に優しくされたい。それをここに持って来られないのなら、誰に求めればいいの？」と、苦しそうに言った。

セラピストは心の中で《私はミィオの代わりにはなれない。日常の関係にはなれない》とつぶやき、〈日常での優しさを求めるなら、本来は家族だけれど〉と、突き放すように答えた。

F子はセラピストの目をじっと見ながら、「ミィオには求めない方がよいのでしょう?」と質問してきた。セラピストは《ミィオには求めてはいけない、ミィオよりもセラピストを優先しなさいと、F子は私に言わせたいのだろうか……》と思いながら、またも優等生のような答弁を繰り返した。〈求めてはいけないということはないと思う。ミィオは大切な存在なのでしょう。私はF子をめぐってミィオと対立しない。F子にとって、存在の意味が違うと思う。〉セラピストは話しながら、F子の求めている答えになっていないことを自覚していた。「一人のセラピストとして私は安心して話せない」というF子の言葉がセラピストに突き刺さった。このとき、母親の都合による面接日の変更を受けたあとのF子の怒りの抗議を思い出した。F子はまだ固いベールに覆われ、セラピストを警戒していると感じる。

第一八一～一八四回 X+四年九月

第一八一回で、F子は「不思議だけど、以前から入眠時にセミがバタバタ暴れるの。そうしたら木の実がしきりに落ちてくる」と語った。

【夢57（第一八三回）**】**〔家にいる四歳程の病気の女の子をG男と学校に行かせた。薬を女の子は自分で飲んだ。その子にお粥を作ってあげようとしたけど、「ピザがいい」と言う。〕

第一八五～一九一回 X+四年一〇月～一一月

F子は両親に関する過去の記憶を取り戻し、現実的な話をするようになった。「母親は離婚前後にすごく荒れたの。父親も母親も私にお互いの愚痴を言ってきた。私は二人とも好きじゃないけど、一生懸命に慰めた。二人の喧嘩は私が小学校低学年の頃から始まったの（第一九一回）。」

第一九二～一九四回　X＋四年一二月

「以前、ティルズはなくてはならない世界だった。でも、今はなくてもいい。現実に何かしていると空想世界に入らなくなったの。でも疲れると自動的に入っちゃうけど。鬱だと眠くて入る。入ると鬱を感じないの。昔は鬱になる理由があったから（第一九四回）。」

第一九五～一九七回　X＋五年一月

「今は空想に入るのをコントロールすることが可能になってきた。（第一九六回）」「現実と気象に繋がりがある（第一九七回）。」

第一九八～二〇〇回　X＋五年二月

「現実に生きるとミィオがいなくなるから嫌だった。今はそれはない。でも外に出ると疲れて空想に入る。こういうことが理解できるようになった（第一九八回）。」「母親とG男が変わった。ムカつく。両親は自分たちのことばかり考えている（第一九九回）。」

F子は空想世界と現実世界を行ったり、来たりできるようになっていると感じる。F子が自由に感情を生き始めたイメージが生まれてきた（第一九九回）。

※面接室移転

面接室移転について話すと、F子は面接をやめることを匂わせた（第二〇〇回）。F子が意地悪な表情で「捨てる」と言っているイメージが浮かんできた。セラピストは傷つき、F子に怒りを感じた（第二〇〇回）。

第二〇一〜二〇三回　X＋五年三月

第二〇一回では、F子が興奮気味に話をした。「（面接を）止めるか迷っていたら、夢に小さな女の子が出てきたの。」

【夢81（第二〇一回）】〔すごく可愛い。見たこともないほどのすばらしい女の子だった。自由で元気。私を慕ってくれる。興味を示してくれる。〕

セラピストは《F子の中に魅力的で小さな女の子が生まれてきたのだろうか》と思った。その小さな女の子が、F子とセラピストの面接を繋いでいるイメージが浮かんだ（第二〇一回）。

「私が小さいときから、母親は自分の妹が好きだったの。（現実には母親に妹は存在しない。）祖母に会うと必ず話をしていた。でも、私がその話をするとお母さんはすごく怒る。普通に考えると不思議な感じ。お母さんは『そんな話はしていない』とひどく否定する。お母さんから、『多重人格は殺人に繋がることがある。あんたも危なかった』と言われたことがあって、その言葉は今も引きずっている。」

第二〇四～二〇七回　X＋五年四月

「怒りはないけど、空想の中ではある（第二〇七回）。」

第二〇八～二一一回　X＋五年五月

「夢に小さい男の子がしきりに出てくる。すごく元気な子ども。今までよく出ていた男の子は傷ついている子どもだから、二人は違う子どもだと思う（第二〇九回）。」

第二一二～二一五回　X＋五年六月

「カラスが好き。風もカラスも心の中の小さい女の子の通訳（第二一四回）。」

セラピストは初期面接で、カラスに見えたF子を思い出した。《カラスと風が、F子の傷つきをセラピストに伝えていたのかもしれない》と思った（第二一四回）。

第二一六～二一九回　X＋五年七月

「たまに空想で遊ぶけど、最近は物語を作っているっていう感じになってきた。昔は空想に自分が入っているって全然知らなかった。今は現実に生きながら空想を考えている（第二一六回）。」

「意識すれば、空想に入らないで済むようになった（第二一九回）。」

セラピストは、ガラスの向こうにいたF子が、ガラスのない世界で生きている、と感じた。

第二二〇〜二二二回　X＋五年八月

「昔は風と話せたけど、この頃は出来なくなった。でも必要ないって気がする（第二二二回）。」

セラピストは、風がF子に代わって感情を生きていたことを思い出した。目の前のF子は、自分自身が感情を生きられるようになってきたことを感じる（第二二二回）。

第二二三〜二二六回　X＋五年九月

「なぜか雨が降る前には必ず目が覚めるの。すごい恐怖（第二二三回）。」

「昔は風とのコミュニケーションが必要だった。辛いときは話をした。私の心のよりどころだったの。でも今はもう無理（第二二五回）。」

第二二七〜二三〇回　X＋五年一〇月

「木は風を使って話す。雨も話す（第二三〇回）。」

F子の話を聴きながら、木々と話したセラピストの個人的な体験を思い出した。

人にどう説明していいかわからない気持ちのときに、ただ誰かに聴いてもらいたくて、葉が生い茂った木々に気持ちを話したことがある。話し終えると、木々の葉は待っていたかのように一斉にザワザワと音を立てた。セラピストの肌には風を感じないのに、何故木々の葉が音を立てているのか不思議だったが、木々たちは言葉の代わりに葉の音で話し返してくれているのだと感じた。聴いて欲しかった気持ちが満たされた木との体験だった。

木々の葉が、風を使って音を立て、話しているイメージがセラピストに浮かんだ（第二三〇回）。

第二三一～二三七回　X＋五年一一月～一二月

第二三一回では、F子は顔を赤くしながら、「母親を殺したい、と感じる」と話した。

【夢109（第二三二回）】〔十字路の交差点。青で渡ると明るい女の子に会う。その子と出会いたかった。会って一心同体になる。すごく可愛い。元気な子ども。〕

【夢110（第二三七回）】〔男の子が儀式に使われるらしい。三両連結の電車に乗る。その人を助けるために電車に乗る。（一転して）階段の下に蓋があり、固い粘土に地蔵のような女の子の人形が顔だけ出して埋まっている。ここは礼拝所。みんな怖がっている。人形は埋まっているので身動きが出来ない。G男が掘り出し、私が洗って着替えをさせると、可愛いフランス人形になった。」

F子は「すごく衝撃的な夢だった」と興奮しながら語った。

第二三三八〜二二四七回　X＋六年一月〜三月

F子は第二二三七回で見た印象的な夢について話した。「(夢の) 人形は何にも縛られていないから動けるけど、まだ生き物じゃない。でも確かに人形は (可愛いフランス人形に) 変わった (第二三八回)。」

【夢127 (第二四〇回)**】**〔女が死体を仏像の中に隠す。前方から包丁を持った赤い着物を着た幼い女の子がやってきて、女を殺す。その子どもは、こちらに向かってくる感じで、すごく怖い。最終的には仏像を壊すのが目的。〕

F子は「泥の中の女の子は、私の心の中の女の子だと確信したの。気づいたら怖くなくなった。包丁は怒り。女の子はすごく怒っている」と語った。

セラピストは《F子に生まれた女の子のお人形が、赤い着物を着て、包丁を持ち、怒り、女を殺しているのだろう》と思った。

第二四八〜二五一回　X＋六年四月

第二四八回でF子は、**【夢127】**の連想を語った。「包丁は切るもの。とにかく戦いが成功し、身体に血が流れた感じがする（第二四九回）。」「曇りは晴れと雨の中間だから、セラピー日和。中間がいい（第二五〇回）。」「赤色が好き。これは怒りの色だから。赤色を切り離して、赤色のものは全部クローゼットに押し込めていたの。これを実際に出した。女の子に赤の着物。包丁を持っていた。これはみんな意味があると思う（第二五一回）。」

セラピストは、F子の中で怒りの感情が働き出し、身体に血液が流れ、F子自身が生き始めたと感じる（第二五一回）。

第二五二～二五五回　X＋六年五月

【夢137（第二五四回）】〔竹林に着物姿の女の子がいて、風車を持っている。「風車をなくさないで」と言う。部屋の二階に泥棒がいて降りてきた。〕

第二五六～二五九回　X＋六年六月

【夢145（第二五八回）】〔ビデオ店内で前から来る女の子が笑いかけてくる。〕

この夢に対して、F子は「人形が変わったときの女の子。交差点ですれ違った女の子。ビデオ店の女の子は同一人物。もとは土の中に埋まっていた人形だったと思う」と、連想した。

セラピストの中に、人間の姿に生まれ変わった子どもが、元気に遊んでいるイメージが浮かんできた（第二五八回）。

第二五九回でF子は、「昔、猫を殺したかった。その想像をしたら気持ち良く解放された。面接を受けてから、ミィオは猫だと気がついたんだよね。猫は自分なんだ」と話した。

セラピストはF子がかつて描いたミィオを思い出した。ミィオは猫の耳を持っていた。《やはりミィオは猫だったのだ（第二五九回）。》

第二六〇〜二七四回　X＋六年七月〜一〇月

「空想の世界にいる限り、猫を殺さなくても生きられた。絵は猫ばかりだった。首を吊って猫を苦しめないと私は解放されない。本当に死にたかった。猫を殺さないためには、ティルズの世界が必要だった（第二六〇回）。」

「猫の本を読んで泣いた。涙が出るようになったのは最近になってからだと思う（第二六一回）。」

《涙が出るようになったのは、F子の代わりに風やミィオに情動を感じさせなくても、F子自身の情動が動くようになったからだろう。》

「G男と私は性格が正反対。G男は大人の中に入って、大人の話を聞くのが好き。でも私は大嫌い。G男と私は現実のお互いの性格で付き合ったことがない。これからは、心の中のG男と離れることが残されていると思う（第二七〇回）。」

《解離世界の中で遊んでいた姉弟が、それぞれの世界で生きようとしている（第二七〇回）。》

「天気は今の私の状態と合っている（第二七一回）。」「最近、全然絵を描いていない。部屋にテーブルがないの。三〜四年前までは、描きたくないのに絵を描いていた。昔描いた絵は全部捨てた（第二七三回）。」

「昔、身体の痛みを全然感じなかった。わからなかった。今は反対に身体中が痛い（第二七四回）。」

第二七五〜二八一回　X＋六年一一月〜一二月

この時期のF子はバスを乗り継ぎ、ひとりで面接に訪れるようになった。F子はレースのフリルのついたブラウスとロングスカートをはき、全身白色でコーディネートした服装をしていた。その姿は、フランス人形のような印象を受ける。

第二七七回では、「今の私は、境界線みたいな狭間にいると思う。自分が何を着たいのかわからないの。初めてここにひとりで来たときは嬉しかった。この間、バスが発車しそうになり、走って行こうか迷ったけど、諦めて次のバスに乗ったら、『ちょっと待ってください』と叫んで、走って来て、バスを止めた男の人がいたの。本当に羨ましかった。ああいうことができるようになれたらどんなにいいだろう」とF子は話し、魅力的な笑顔を見せた。

F子は輝いて見える。けれども、セラピストは《人形の美しさだ》と思った（第二七七回）。

「G男が風邪を引いたの。今まで風邪をひいたことがないから、G男は不思議がって、悩んでいるけど、私にはわかる気がする。G男が正常になってきているんだと思う。普通に生きていれば、風邪もひいたことがないなんておかしい。私が変われば、向こうも良くなるんだと思った。

風邪はG男の通り道だと思う。今までG男と言い合いをしたことがなかったけど、今は直接言い合うようになった（第二七八回）。」

「鼻の奥が痛いから、今日帰りにでも病院に行こうと思う（第二七九回）。」

F子とG男は、現実の世界で身体の痛みを感じ出してきている。

【夢165（第二八〇回）】〔車に外国人の女の子とお母さんが乗っている。二歳くらいの小さい子ども。ぬいぐるみがいる家に遊びに行く。私は呼ばれていないけど、お土産を持ってその家に行った。ぬいぐるみや人形がいっぱいいた。ぬいぐるみは生きていて会話している。この家と全く同じ家がすぐ横にある。その家にもぬいぐるみがいて、G男がいる。G男も私もそれぞれの家の家族ではない。G男が持ってきたお土産の人形と全く同じ人形が二〜三個いて、私の背より高いガラスケースが私の方にもG男の方にも並んでいた。絵が二個飾ってあった。突然ロックの音楽が流れて、G男が人形を持って狂ったように暴れ出した。人形を振りまわして、その家族（ぬいぐるみ）を叩いている。その後、ガラスケースがなくなった。絵は私の方に置かれてある。〕

（連想）「夢が変わってきた。小さい子どもが出てくるようになった。G男は暴れるために来たと思う。夢の中の私は冷静に見ていたけど、目が覚めたとき、G男があまりにも怒り狂って暴れていたからビックリした。ガラスだけがなくなった。あのガラスケースは何処に行ったのだろう。」

日本神話のアマテラスとスサノオが、F子とG男に重なるイメージが浮かんだ。F子の夢の中のガラスケースが、F子とG男ふたりの世界と、セラピストの間を隔てていた厚いガラスイメージと重なった。ガラスは両方とも消えた（第二八〇回）。

「前回の面接が終わった日の夜、G男が久々に絵を描いた。一年くらい絵を描いていなかった。私は小さい頃、少女漫画が好きだったのに、読めなくなった。でも面接を受けるようになって、少しずつまた少女漫画が読めるようになってきた。『楽しいな』って思えるようになってきた。自分の感情がハッキリわかるようになってきた。

昨日G男がティルズ・フロンティアについて、『懐かしい』と言った。お互いに憶えていることは別だった。私が憶えていることは、向こうは全然知らない。私も向こうのことを全然わかっていない。今になってそのことを知ってびっくりしている。お母さんがいないときを見計らってふたりでそのことについて話しあっている（第二八一回）。」

F子とG男は現実の世界で関わりあうようになってきた。

「来年もよろしくお願いします。ありがとうございました。」と、F子は深々と頭を下げ、笑顔で挨拶をした。これまで、スリッパは脱ぎっぱなしだったが、次の人のために、スリッパの向きを変え、揃えて出ていくようになった。

第二八二〜二九二回　X＋七年一月〜三月

この時期のF子は、軽く毛先をカールさせたロングヘアー、白いロングコート、白いストッキング、フリルのついた茶系のロングのフレアースカート、白いワイシャツ、スカートとお揃いの茶色のショルダーバックという姿だった。顔の輪郭がシャープで細い。知的できりりとした印象。初回時とは外見も別人になった。

第二八二回では、「子どもの頃、本当にイライラすると歯を噛みしめていた。六歳頃、飼っている鳥を靴下の中に入れて天井に投げつけて殺したことがある。もう一羽はお椀の中に水を入れて、その中に沈めて殺したの」と、F子はうつむき加減で語り、目を赤くして、沈黙した。

初期の頃のF子は輪郭がぼやけて見えたが、この時期にはスッキリした面長の顔立ちになった。くり色のストレートのロングヘアで綺麗な髪をしている。セラピストは苦悩の表情を浮かべたF子をフランス人形のように感じ、《なんて美しいのだろう》と思った。

【夢172（第二八三回）】〔プレートを押すとドアが開いた。以前に夢で見た土に半分埋まっていた女の子がいた。フランス人形みたいに金髪で可愛い小さい女の子。「F子」と名乗った。私はこの子に前から会っている。何の前ぶれもなくカラスの画像が映って、その女の子がいなくなった。恐い映像だった。〕

（連想）「その女の子は人形と人間の中間だと思った。」

【夢174（第二八四回）】〔G男とお母さんがいた。私と男の子が反対側の方向に自由に歩いていると、G男とお母さんがいなくなった。後ろから声をかけられた。振り返ると、あの小さい女の子がいて、寝転がっていた。「何をしているの？　お家に帰らなくていいの？」と聞くと、その子は両親がいないらしい。「何て名前なの？」と聞くと、「ななみちゃん（仮名）」と答えた。私はその子と手を繋いで、指をからめて一緒に歩いて行った。」

（連想）「この女の子の髪の毛は肩よりも長い。埋まっていた女の子と、赤い着物を着て包丁を持っていた女の子と全く一緒。人形を泥土から引き抜いて、バラバラにして洗った金髪の女の子と、プレートを押して出てきた金髪の女の子も一緒。今回のななみちゃんも一緒だと思う。ななみちゃんは五歳くらいの普通の女の子。金髪の子は人形みたいな全体的に小さい三歳くらいの女の子。ななみちゃんは孤児で大人しい子で、金髪の子は元気で明るくて感情がある。同じ子なのに正反対の性格。」

「今は家族とほとんど会話をしない。イライラしていたとき、突然G男が『美味しいから食べてみて』と言って、お菓子をいっぱい持って部屋に入ってきた。お菓子を食べてイライラが収まった（第二八五回）。」「ここに来るためには、日常の社会を通って来る。ひとりで来ているから、まだ不安がある（第二八六回）。」

第二八七回では、F子はしばらく沈黙（約四〇分間）した後で、重い口を開いた。

「私には猫を殺したい、人を殺したい前兆があったの。小学校の高学年のとき、友だちと交換日記をしていた。一番後ろのページに、その子と男の子の相合傘の絵を描いて、その横に『死ね』と書いた。罪悪感もなくそのまま渡して、学校で大騒ぎになった。何であんなことをしたのか今でもわからない。私は結構危なかったと思う。このことは記憶している。ただ、そのときの感情

だけが思い出せない。見つかったときの恐怖はあった。（沈黙）

このことは一生誰にも言うつもりがなかった。記憶があるのはこの頃まで。このあとからの記憶はほとんどない。自分が生きていたのかどうかもわからない。でも、今は不思議なくらい毎日記憶があるの。一年くらい前から、記憶がなくなるということはなくなった。」

【夢190（第二八八回）】〔子どもたちにパンをあげた。その中の一番可愛い女の子を私はお姫さま抱っこした。〕

（連想）「だいぶ印象が変わったけど、その女の子は『ななみちゃん』に間違いない。前は和風の服だったのに、普通な感じの服になってきた。」

第二八九回では、「記憶って物体がないでしょう？　椅子と机は物体があるでしょう？　記憶に物体があればいい。椅子と机に物体がなければいい。それを交えるのは、『血』。血の中に肉でもいい、そうして交ざる。そっち（解離）側からこっち（現実）に抜け出したときは、モヤモヤして何とも言えない感情だった。ただ悲しいんじゃなくて、涙が伝わるような、そんな感じだった。ひどく疲れたというか、クタクタになった」と話した。

第二九〇回では、「以前文字を読めなかったから、去年の一二月から今年の三月までにかけて、ものすごく小説を読んだ。そのつけがきて、目が痛くてしょうがない」と訴えた。

「この間、何もないのにコンロの火がつけっぱなしだったから、お母さんに『コンロ何しているの？』と聞いたら、『何が？』と言って睨まれた。何であんな言いかたされなきゃいけないの？　いつもそう。何であんな当然のような言いかたをするの。」

F子は顔を赤くして口を尖らせて話した。F子のこのような表情は初めてだった。F子は子どもの怒りを生きられるようになったのだと感じた。セラピストが〈ずっと大人の身勝手さ、矛盾に怒りを感じなかったんだね。怒りを感じるようになったんだね〉と言うと、F子はうなずき、下を向いたままボロボロと涙をこぼして声を出して泣き出した。鼻を赤くして、子どものように嗚咽しながら泣きながら話し始めた。

「お父さんが私を怒っているとき、お母さんは見ていて何も言わなかった。『可哀想』って顔で見て何もしない。それなのに、いつも二人は口喧嘩していた。私とG男がリビングにいたとき、寝室で突然にバタバタ音がして、お母さんは口で勝つから、いつかお父さんが切れると思って見に行ったら、お父さんは布団でうつ伏せになって、両手両足をバタバタさせていた。まるで駄々っ子のようだった。お母さんは黙って見ていた。」F子は大きな声をあげて泣き出した。

理不尽なことで怒る父親から守ってくれない母親と、幼児が駄々をこねて泣いているような父親の姿に傷ついたことを語るF子から、解離症状は感じられない。その後もF子は、大人の身勝手さについて泣きながら次々と語った。

【夢198（第二九一回）】〔私の家の近くの道路に土が置いてあった。植物用の一〇キロの袋が沢山置いてあって道が通れない。男の子たちが来た。私はその男の子たちに、警察を呼ぼうと話したら、「もう呼んでいる」と言った。五～六歳の男の子が、警察官に説教している。警察官がひざまずいて説教を聞いていた。私も何か手伝おうと思い、「重い」といいながら、土を横の空き地に運んで行った。」

大人に傷つけられた子どもが、国家権力を持つ大人に対して説教をしている場面がセラピストに浮かび、《力のある子ども》だと思った。

第二九一回では、「生前お祖母ちゃんが、自分が死んだら宝石を全部私にくれると言っていたのに、お祖母ちゃんは死ぬ前に『みんなで分けてくれ』と言ったとお母さんが言うの」と、F子は拗ねたような表情で語った。F子が健康な高校生に見えた（実際は二一歳）。子どもに社交辞令を使い、約束を守らない大人へのF子の怒りが伝わってくる。F子から生身の人間を感じるようになった。

第二九二回では、「お母さんに怒られた記憶を思い出してきた。家族ぐるみで付き合っていた家のおばさんにお茶碗を買ってもらったら、それだけでものすごく怒られた。それから、先日、たまたま携帯電話の電源を入れたら、メールが来て、興味本位で適当に押したら、いきなり『お金を払ってください』と出た。そのメールが来たときの着信音が嫌な感じだった。それが残っていて、携帯電話が恐い。」

F子の中の弁護士のミィオはすでに日常にいないのだと感じた。《空想世界に生きていたF子にとって、日常世界で現実の詐欺に遭う経験は想像を超えた恐怖だろう。》

第二九三〜三〇三回　X＋七年四月〜六月

この時期のF子は綺麗にコーディネートされた洋服姿で面接に訪れている。

「私はオカルト系が好きだった。小学一年生の頃から、『魔法を使いたい』と思っていた。特に夏になると、フードで顔が隠れるような黒色の服を着たかった。オカルトのことを考えると、手足が痺れるような感覚になったの。その（躁）状態になると、鬱がなくなった（第二九三回）。」

セラピストは、黒い服を着た魔女に見えた面接初期のF子を思い出した。

「前回の面接の帰りに、女の人が目の前を歩いていた。その女の人のショルダーバックに、きつねとさるのキーホルダーがついていて、きつねは全く同じのを二つつけていたの。何で二つなのかすごく気になって、聞こうかと思ったくらい。最近そういうのが気になる。犬のスピッツが二匹いて、ネズミも二匹いたのが気になる（第二九四回）。」

第二九五回では、「先週、お母さんが『ぬいぐるみを捨てていいか』と言ってきた。そのぬいぐるみは、G男と遊んでいたあのぬいぐるみたち。ゴミとして捨てるのは抵抗がある。神社で供養してくれないと。ただ、燃やすことについて、G男はどうなのかなと思って、『お母さん、ぬいぐるみをゴミとして捨てようとしていたんだよ』とG男に言ったら、別にいいという感じだった。『でも、何と何は持っておかないとな』って。『マリーンはいらないの？』と聞いた。余計なことを言ったと思い、胸がザワザワした。私も一匹だけ持っていたかった。他は元の場所において、蓋をしようと思う」と語った。

【夢207（第二九五回）】〔面接に来た夢。先生（セラピスト）が私の話を聴いていて、「ここが聴き取れなかったんだけど」と絵を見せてくれた。結構上手くて、聴き取れなかったことを絵で表現している。「お母さんがぬいぐるみを捨てていいか」と聞いたら、先生（セラピスト）がぬいぐるみを持ってきて、ぬいぐるみが嫌がるようなしぐさをしていた。「大事な友人でしょう？」と先生（セラピスト）に言われた。私はお母さんが勝手に捨てたら駄目という風に解釈して、「自分で供養するつもりだから」とお母さんに言った。〕

「実際にお母さんに『やっぱり捨てないで』って言ったら、『何で？』と怒った。お母さんはぬいぐるみが邪魔になったから、捨てようとしていただけ。」

「最近すごく先生（セラピスト）が夢に出てくる。今回五回くらい出てきた。毎回面接の夢を見るけど、こんなに出てきたのは始めて。夢の中にG男が出てこなくなった。ミィオも出てこない。」

「最近G男が夢に出てこない理由を現実で知った。G男の携帯電話の料金が高いとお母さんが言うので、G男に断って携帯を見た。どうせ、メールの相手はお母さんくらいしかいないと思っていたら、知らない名前がずらっとあった。五〇〇通くらいやっていた。もうこれからは、G男の領域に入らない方がいいと思った（第二九五回）。」

【夢210（第二九六回）】〔車に女の子が乗っていた。女の子は車の運転をしていた。〕

【夢211（第二九六回）】〔女の子の部屋にいる。私はベッドに座ってその子と会話をしている。その子に私は林檎のお菓子を二個あげた。その子は引っ越しをしたのが嫌だったという。私も引っ越したことがあったから、その話をした。その子は物事がまだわからない小さな女の子。」
【夢212（第二九六回）】〔私は自分の部屋で女の子と一緒に寝ている。五歳くらいの女の子。その子の目が腫れている。寝ているその子の目を擦るように優しく触った。その子は、私のことを抱きしめている。目が覚めたときにお布団を引っ張っていた。〕
（連想）「私が今現実で目が痛いのは、視界が見えるために痛いのかもしれない。ここを通らなきゃならないのかな。その子【夢212】も目が腫れているから痛いのだと思う。夢に出てくる女の子の姿形は一緒じゃない。一人目【夢211】の子はすごく幼い。車を運転していた女の子【夢210】は、お人形だった女の子だと思う。今回は人間だった。明るい女の子。ななみちゃんは、髪の毛が真っ黒。他の子は、茶色だったり、金髪だったりする。女の子たちは大きくなっている。」
「昔、金縛りにあった。幽霊だと思った。身体がだるいと何回もなった。だから、身体がだるいと恐かった（第二九七回）。」
【夢215（第二九八回）】〔左のお布団の中から女の子が出てきて、私は首を絞められた。でも前に包丁を持ってきたときも殺されなかったから、この子が私を殺すことはないと思った。抵抗しないで目を見ていたら、ななみちゃんの髪の毛が突然伸びて、首を絞める力が弱まった。ななみちゃんのほっぺに触れたら、涙を流して「ありがとう」と言った。〕
第二九九回では、「お母さんが皮膚にできものができて治らない。死んじゃったらどうしようと不安になった。ここに来れなくなるし、この家には住めなくなる。考えていたら、縦揺れの地震が起きた。『しっかりしろ』と言われているような気がした」と、F子は自分を奮い立たせるように話した。

第三〇〇回では、「だいぶ前に見た、横断歩道で一緒になった明るい子と、元々人形だった小さな子と、今回ななみちゃんが変わった子は、みんな一緒だと思う。最初の金髪の子は何も話さない。でも太陽のように明るい。次の子は、小さいけど、本当に自由っていうか、我慢を知らない子だと思う。自分の言いたいことを言いたいんだと思う。その子たちがひとつになれば完全になりそう」と、語った。

F子の生みの母親が死に、F子がF子の中の（土から生まれた）超越的な女の子と繋がりだしたと感じる。

F子は「破壊して調和する。夢で教えてくれることがあると思う。夢を大事にしたい」と語った。この後に母親が病気治療のため入院した。F子はその間、家事一切をこなした。F子は初期面接時のカラスのような様相とは対極の魅力的な女性になった。服装もフランス人形のような印象から、カジュアルな印象に変わってきた。

F子は夢の中で元型的子どもと関わり、痛みを伴うプロセスを乗り越え、解離症状を克服した。途中で面接を中断した弟も解離症状を克服し、姉弟は解離を共有することはなくなった。知的に高いと思われるF子は、社会で仕事をする社会的適応能力や、学力も十分にあると思われる。第三〇三回の終結日にF子は、「大学に進んで勉強をしたい」と語った。

ミィオは現実に姿を現わすことはなくなったが、F子の心の中には確かに今も生きているだろう。

その後のF子は、解離症状が再発することはなく、自殺企図もなくなった。実社会に出るようになり、終結から二年後に新たな課題を抱えて再度面接に訪れた。現実に交際している異性との関係についての相談だった。

3 「事例5」の考察

当ケースのクライエント（以下F子）の主訴は、引きこもりであったが、のちに解離性障害による引きこもりであること、解離の内容は解離性同一性障害の他に健忘や離人があり、弟（以下G男）とその空想世界を共有していることが判明した。

セラピストは、F子、G男の姉弟と面接を行ったが、G男は途中で終了した。心理療法は七年にわたる長いものであったが、F子が三〇〇あると述べていた別人格は統合され、解離の症状は消失し、社会的能力も発揮できるようになった。

本書の主旨から見た当ケースの特徴は三つある。①傷つけられた子どもイメージが特異であること、②副人格が少年あるいは青年として出現し、クライエントによって、描画として面接室に持ち込まれ、また実際に面接室に現れ、治療に関わってきたこと、③クライエントに元型的な子どもイメージが多く現れていることである。

特にクライエントに現れる三の元型的子どもイメージは他のケースと比べても数が多いだけはなく、多彩な姿があり、かつ相互関連しながら、何度も夢に出現した。クライエントは元型的子どもイメージと関わりながら、それを言語化している。そこからは、クライエントが元型的子どもイメージを体験する様相がどのようなものであったのか、明確に確認できると思われる。

本書に収めたすべてのケースの中で、クライエントの体験としての元型的な子どもイメージが最もわかりやすい形で現れているのが当ケースである。したがって、当節では①、②、③を扱っていくが、主に③に焦点をあて、本書の目的のひとつであるクライエントに現れた元型的子どもイメージの展開の様相を中心に述べてみたい。①、②についてはセラピストとの関わりから検討したい。

なお当節は、一貫したケース概要の要約を正確に辿りつつ論をすすめる方法をとらないことにした。なぜならば、七年に渡る治療の概要は長過ぎるため、冗漫になる恐れがあるからである。したがって、適宜概要のポイントを示しつつ、テーマを論じていきたい。(しかし、その際にはF子、G男、副人格との関係や発言が錯綜しているため、同じ個所を複数回取り上げることになることを前もってお断りしておきたい。)

(1) 傷つけられた子どもイメージ

傷つけられた子どもイメージは、セラピストのどのような状況の中で生まれ、どのようにセラピストはイメージと関わったのかについて考えていきたい。

F子と現実の心の交流ができない中で、セラピストは第一～二回で、F子との間をガラス壁に遮られている感覚になった。セラピストはF子と交流ができない拒絶された状態を「ガラス壁」というイメージで受けとめたが、これはF子の「心の障壁」と思われることが後日判明する。セラピストはF子の世界に踏み込まないように関わり続けた。

第三回では、セラピストにロボットの子どもイメージが生じた。子どもイメージはガラス壁に体当たりし、傷を負い、セラピストはこれに対して痛みを感じていた。セラピストは、単なる対象としてイメージを見ていただけではなく、より深い関わりを持ったため、ロボットの子どもイメージの痛みが伝わってきたのだろう。

第九九回では、ロボットの子どもイメージに血が出る。セラピストは激しい痛みを感じた。このときにガラスの向こう側でF子が（第三五回から登場した）副人格に守られて笑っているイメージが生まれてきた。ここにはF子の心の二重性・二面性が見られるように思われる。このイメージからは、ガラスが決して割れないというF子の自信と喜びが感じられる。F子にとって、壁があれば、副人格と向こう側で楽しく生きられる。

しかし一方では、ロボットの子どもイメージがガラスを砕くべく体当たりを続けている。この二つの映像イメージは、セラピストの無意識がF子の心の状況を捉えたものであろう。ガラスを割りたいという心理と、決して割ってはならず、また割れない、という二つの心理がF子の心の状態だったのではないだろうか。

これはF子の心が一方では治療を求めながらも、他方では、反治療的な動きを含んでいることでもあるだろう。第一三二回では、ロボットに血のイメージが生じ、このイメージの度にセラピストの身体の痛みが増してくる。第一四四回では、ロボットは体当たりをする。血は乾かず、セラピストの痛みは極限状態になるが、これに耐えていった。

このセッションの後、副人格からのメールがセラピストに送られてきた。副人格が治療にからんできたのである。メールの内容は、F子はもう限界だ、しかしF子が死ぬというときには何とかする、というものであった。セラピストは緊急事態であることを察し、全身が震えた。

その直後の面接日に副人格が面接室に現れた。F子に自殺の可能性があること、副人格はF子に生きていて欲しいこと、ともに生きようという合意ができたことが告げられた。セラピストはF子を一番理解しているのは副人格であることを話す。副人格は自分の守りにも限界があるので、F子にカウンセリングを受けさせたい、と申し出た。

さらに副人格は、F子は、日常で生きたいと思っていること、別人格は三〇〇人存在するが、F子が空想世界からいなくなると殺されるのか、と問い詰め、迫ってきた。副人格の迫力にセラピストは潰されそうになるが、このとき、セラピストにF子の別人格三〇〇人の「殺さないで」と叫んでいるイメージが浮かび、セラピストも「殺さない」とありったけの声で叫んだ。

セラピストは別人格という空想世界の人格を認め、すべての別人格はF子の中の大切にされるべき存在だと確信していた。「殺さない」の叫びは真実であった。別人格を短絡的に殺してしまっては、F子が能力を発揮して生きていくことができないと思っていたからである。

この直後に、ロボットの子どもイメージがガラスに当たって砕ける。セラピストに激痛が走り、痛みの極限状態のとき、炎の中から、憤怒の形相の子どもイメージが生じる。元型的子どもイメージだと思われるが、この子どもがガラスを微塵に砕いた。

以上の元型的な子どもイメージが出現するまでを短く辿って見ると、第一四四回で、ロボットの子どもイメージが体当たりする姿を見るセラピストに痛みが限界近くまで感じられた後、副人格からメールが届き、セラピストは緊急の事態だと察した。第一四五回では、副人格が面接室に出現し、セラピストは押し潰されそうになる。

副人格とのやりとりの中から、ロボットの子どもイメージがバラバラになり、セラピストの激痛の極点で、炎の子どもイメージが生まれ、ガラス壁を砕く、という流れになっている。傷つけられた子どもイメージに関わっていくうちにセラピストの痛みが拡大していき、極限の痛みの中で元型的な子どもイメージが生じ、「傷ついた治療者」イメージが生まれてきた。

「傷ついた治療者」イメージによる治療の原理は、当ケースでも当てはまると考えられる。元型的子どもイメージ出現の契機となる「愁」は、ここでは副人格の持つ圧迫感から生まれたのではないだろうか。

ロボットの子どもイメージは、傷つけられた子どもである。他のケースでは、傷つけられた子どもは、大人に傷つけられる現実に近い子どもとしてイメージされていることが多いが、ここでは機械のようなイメージになっている。(1) この子どもイメージは、傷を受けるのではなく、自分から体当たりをして傷ついている。(この意味では、傷ついた子どもである。) 傷つける者は、外側のもの(他者、大人)ではなく、内なる障壁である。この点は、他のケースとは異なったイメージである。

さらに、元型的な子ども(炎の子ども)イメージも、ロボットの子どもイメージを助けるのではなく、ロボットを傷つける存在になっていたガラス壁を砕いた。これも異なったイメージと言えよう。(2)

また、副人格が治療にからみ、セラピストにメールを送ってきたり、面接室に出現し、F子の切迫した状況を語ったことで、セラピストは押し潰されそうな状態になり苦しんだが、このことは、ロボットの子どもイメージの体当たりをさらに激しくし、傷を深め、ガラスを砕くことに繋がった。セラピストの傷が子どもイメージの傷に連動していくことも押さえておきたい。

これまでのケースでは、傷つけられた子どもの傷がセラピストに痛みとして受け取られていたが、当ケースではセラピストの痛みが子どもの痛みを深くし、さらにそれによってセラピストは痛みを倍増させ、より複雑な様相になっている。

（2）副人格ミィオ

1）ミィオとセラピストとの関係

第三五回では、F子の中の中心的副人格ミィオが話の中に出るようになる。第三七回では、F子は描画を持参した【描画①】。

ミィオはコウモリの翼を持ち、猫耳を持ち、牙を見せながら、不敵に冷たく笑っていた。黒いソファーに座っているが、そのソファーには十字架が斜めに刺さっている。ソファーの下には白布の掛った棺状の箱のようなものがあり、そこに蛇のからまった傷のあるボロボロの棒（杖）も斜めに刺さっている。左側には血のたたえられたワイングラスが置かれている。この血はセラピストの中で、第二回で語られたF子の空想の話と繋がっていく。

第二回では、F子は「妖魔の人に血を吸われないと、妖魔になれない。（中略）妖魔になったら年をとらない。（中略）自分の命を削って相手を助ける。」と話した。

妖魔は吸血鬼（バンパイア）であろう。しかし、ここでのバンパイアは、バンパイア仲間の中で共同体を作って生きている。血を吸われれば、共同体の仲間になることができ、バンパイア仲間から命がけで守られ、歳を永遠に取らないまま、この世ならぬ時間を生きられるのである。

描画の中のミィオはバンパイアのイメージで描かれていると思われる。しかし、バンパイアであれば、恐れるはずの十字架を恐がっていない。したがって、バンパイアイメージに収まりきれていないといえる。右に刺さった傷のある古い棒状の杖は、アスクレピオスの蛇杖カドケウスではないだろうか。ここには、バンパイアでありながら、アスクレピオスと繋がりを持つ者のイメージが提示されている。

ミィオは「妖魔」（吸血鬼）でありながら、「命を削って人を助ける」（アスクレピオス）であり、二重のイメージを持ち合わせている。もしも、ミィオを排除したなら、アスクレピオス治療神を失ってしまうことが考えられた。しかし、こうした二重性とどのように関わっていけるのかわからなかったセラピストは、意識的、意図的な動きではなく、無意識から生まれるイメージと関わっていくしかないと思っていた。

第二回では、セラピストにF子との間に障壁のガラスイメージが生じていた。第三八回でも、ガラスイメージを感じ続けていた。第七六回では、ミィオの情報がまとまってきた。「（空想では）彼は幼稚園の頃からいた。（現実に）出たのは、X年四月（初回面接の五ヶ月前）。」第七八回では、セラピストにミィオのイメージが浮かんでくるようになる。

第八〇回では、F子から再度描画が持ち込まれた。闇の中のミィオと自分を描いたものである【描画②】。この二人の間に斜めに光の帯が左上から右下へのび、帯を隔てて二人の闇が繋がっているとも、闇が分断されているとも理解することができる。光の帯を「意識化」と受け取れば、この光の中（意識化の中）にだけ薔薇の花弁が美しく散り注いでいる。二人の関係（連携が分断か不明であるが）の意識化が祝福されているのである。

第九三回では「ミィオはF子ちゃんを守るためにいる。空想の中でのF子ちゃんは皆に愛されて大事にされているの。」Ｆ子は三〇〇人の別人格がいること、現実世界にいたくなかったとき、ミィオが出たこと、ミィオが出て以来、自在にそれぞれ（三〇〇人の）感情が動き出したことを語った。

この発言はＦ子の解離のメカニズムを示すと同時に、代理者ミィオがＦ子の代わりに現実世界へ出ている以上、Ｆ子は嫌なことのない空想の世界で生きるだけで、日常世界へ出て生きなくてよい状態になっていることを教えてくれる。比喩的に言えば、これはガラスの内側でバンパイア（妖魔）と住まうイメージであろう。

第一四四回では、また描画が示された【描画③】。深い森を照らす満月の大きさ、廃虚の塔の荒涼とした石積み、その上で抜き身の剣を持ち、ミィオはＦ子を守るように抱いていた。ミィオもＦ子も歓喜に満ちた姿を月光にさらしている。Ｆ子は、「剣は恐ろしい力を持っていて話すことができる。『汝闇なり。我光なり。』」と語った。

しかしここにもまた意識化のテーマが見られる。ミィオは闇で、剣は光である。闇に光る剣は、闇を切り裂き、光を導入していく。Ｆ子にミィオとの関係の意識化のプロセスがもたらされるのではないだろうか。セラピストは描画に圧倒されながらも、イメージを生き続け、一方では自我がそれを捉えていた。

第一四五回では、ミィオからメールが送られてきた後の面接に、ミィオが直接やってきた。このとき、ミィオはＦ子に自殺の可能性があることをセラピストに知らせ、生きて欲しい、と訴えた。セラピストはF子を一番理解しているのはミィオだと告げた。ミィオは、F子を守るためには、自分の守りには限界があること、カウンセリングを受けさせたいことをセラピストに告げた。ここで一種の同盟が結ばれる。（セラピストとクライエントではないため、治療同盟とは言えないが、それに近い。）セラピストはこの同盟に別人格を殺さないことを加えた。この直後にガラスイメージが割れた。（この第一四五回でのミィオとの応酬の中から、傷つけられた子どもイメージがバラバラになり、元型的子どもイメージが生じたのは見てきた通りである。）

第一四八回では、F子は、「空想世界に出ないのはミィオが『出るな』と言うから」と述べている。ミィオはF子を空想世界へ誘うものではなくなり、バンパイアではなくなっている。

第一四九回では、ミィオ、G男（らしい少年）、F子の三人が描かれている描画を持参した。二人の男性の間には、ひびが入り、ガラスの破片が降っている。その前方中央にF子がいる【描画④】。ガラスイメージが元型的な子どもイメージによって砕かれたセラピストの体験と、F子のこの描画は関わりがあるのだろう。F子の無意識もガラスの破砕を捉えたのだと思われる。

第一五二回では、「昔はミィオが表に出ていたから、F子ちゃんは出なかった。だから、死にたいと感じなかったけど、今は現実に向き合おうとすると死にたくなる」と語り、ミィオが出なくなり、現実の中で生きなければならないF子は、「死にたい」と訴えるようになった。これはガラス壁砕きの後の課題でもある。現実逃避の空想世界で生きることができなくなったものの、現実に向き合うには過酷だったのであろう。セラピストはF子に責められているような心境になった。F子の自殺企図が続き、セラピストにとっても重苦しい時期だった。

第一五四回では、セラピストはこのとき、ミィオが現れて、「俺は（F子に）生きていてほしい」と必死に訴えていた場面を思い出し、ミィオと共同作業のイメージを持つことで耐え抜いた。

第一五五回では、ミィオが再度面接室に現れた。一度目に会ったときのような威圧的な感じは影を潜め、セラピストには仲間のような温かい印象を受けた。今、ミィオはF子が回復するまで、苦痛な日常世界の中でF子を守っているのだろうと思い、セラピストにはミィオと手を取り合うイメージが浮かんだ。ミィオは治療妨害者でもF子を異界へ誘い込む者でもなく、セラピーの協力者であり、治療者的存在だとセラピストには感じられた。

第一五八回では、F子は「ミィオは日常で生きている。（中略）鬱になるとミィオが話しかけてくる」と語った。ミィオは空想世界へF子を引き込んで二人だけの世界を作って守るのではなく、現実の日常で開かれた世界の守りになっているのであろう。セラピストには、第二回の妖魔の「自分の命を削って相手を助ける」という言葉が思い出される。これは、ミィオが示したアスクレピオスの一面ではないだろうか。やがて、ミィオが姿を現すことは稀になる。

2）ミィオとクライエント

ガラスが割れるまでのF子とミィオとの関係をここでまとめてみると、ミィオはガラス壁によって、現実の世界からF子を守り、二人の自足した世界を作っていた。ミィオはF子の代わりに、現実世界へ出ることもあった。F子はそれによって、ガラス壁の内側に居続けることができたのである。ミィオはF子を守るために存在し、F子は空想の中ではミィオに愛され大切にされていた。しかし、治療の進展と共にこの空想世界やミィオとの蜜月に意識化が起こってくる。二人だけの世界はまた、日常世界の関係性から隔離され、月に魅入られた不毛の世界でもある。

この後、ミィオは自ら面接室を訪れる。ミィオは自分の弱さをさらし、自殺の可能性のあるF子のカウンセリングをセラピストに依頼した。ミィオはF子の無意識に沈んだ人格であるため、ここでF子の二重性が消えた。以前は治療を求める心と、求めない心が存在しており、求めない心は求める心を嘲笑っていたが、求める心に一本化される。F子は外的にも内的にもセラピーを受入れるのである。ミィオは弱さ（傷）の自覚を持ちつつ、内的に治療を仲介した。（ミィオは元型的治療者ではないが、傷を持った治療者オホナムチが重なるのではないだろうか。）

このあとに、ガラスが割れる。F子の状況は自殺企図をはらむ危険性も語られていたが、ミィオによれば、F子はセラピストによる治療を求めているのであり、ガラス壁の中でミィオと一見幸福な世界に居なくてもよくなったのであろう。ガラスの破砕は、このようにF子に条件が整ったときに起きた。

以後の展開は、G男との関係が表面化していく中で進んでいく。「G男はカウンセリングでF子ちゃんが変わることを恐れている。もうひとりのF子ちゃんが消え、ただ一人取り残されるのが怖いんだと思う。F子ちゃんはG男を一人残せないので、G男が先に変わるようにお願いします。（第一四一回）」セラピストはここで二人の姉弟が解離世界を共有していることを知り、二人と関わることの危険性を感じている。

第一四五回では、セラピストのイメージの中に元型的な子どもが現れ、ガラス壁を砕いた後で、G男は同じ日に予定されていた面接を休んだ。以後G男は面接に現れることはなかった。ミィオはF子とG男が共に空想の中で作り上げたものであり、G男はF子が変わることを恐れているという情報をセラピストは既に知っていたが、G男はF子が変わらないように治療妨害的に動いていたのかもしれない、と感じた。F子、G男、ミィオがともにガラスの向こうに充足して安住するのを守りたかったのだろう。しかしガラスイメージが砕けてしまった以上、G男はもうこれ以上面接に来る必要がなかったのかもしれない。

第一四九回でもたらされた描画には、このことが図像として示されているようである【描画④】。G男とミィオの間にヒビが入っている。第一五一回では、F子は「日常と空想世界の中間にいる。（中略）現実に生きようとすると雪は降らない。いつもは降る」と述べている。これは有情化体験であり、自然を装って、心的世界が外界に漏れでてしまったのであろう[3]。

第一五二回では、F子は「昔はミィオが表に出ていたから、F子ちゃんは出なかった。だから、死にたいと感じなかったけど、今は現実に向き合おうとすると死にたくなる」と語った。ガラスイメージが砕けた後には、現実にさらされるようになり、新たな危機を迎える。

しかし、第一五四回では、この苦しみの中で、「F子ちゃんが死のうとするとき、必ずミィオが出てくるの。親に巻き込まれないで生きるためには空想世界が必要だった」と、現在のミィオの機能と、病になる原因のひとつである中心的な問題が初めて明らかになる。

第一五七回では、再度面接に現れたミィオは「F子は辛かったことを外から見る傾向がある。（中略）俺は消えてもいい」とF子に離人症状があること、自分の存在はF子のために消えてもよいことが語られた。ミィオはこの段階ではセラピストとともにF子と生産的な関係を持つ。

第一六〇回では、母親への怒りから過去の体験が想起される。第一六七回では、F子は記憶がないものの、親から殴ったり、蹴ったりされていたらしいこと、両親は毎晩喧嘩していたこと、自分は感情と記憶を消して生きてきたことを語った。セラピストとの間には既にガラスイメージのない関係の中で、F子は心の傷について語るようになった。

第一六八回から、夢報告が多くなってくる。テーマは中間の繋ぎ目である。繋ぎ目が通れなかったり、恐ろしい物があったり、中央には入れない。しかし、やがて抜け切れるようにもなる。この中間のテーマは、何を意味するのであろうか。中間は、空想と現実の間、繋ぎ目かもしれない。F子は空想世界と現実世界を行ったり来たりできるようになっている、とセラピストには感じられた。

第一九四回では、「今は（空想世界は）なくてもいい。現実に何かしていると空想世界に入らなくなったの。でも疲れると自動的に入っちゃうけど。」第一九六回になると、「今は空想に入るのをコントロールすることが可能になってきた。」第二一六回においては、「たまに空想で遊ぶけど、最近は物語を作っているっていう感じになってきた。昔は空想に自分が入っているって全然知らなかった。今は現実に生きながら空想を考えている。」第二一九回では、「意識すれば、空想に入らないで済むようになった。」

F子は両方の世界を往き来できるようになってきた。ガラス壁ではなく、繋ぎ目を通って、次第に自在に自主的に往き来しているようである。二つの世界の間にガラス壁があっては通過することができない。しかし、どこかに繋ぎ目がないと、ガラス壁を取り除くだけでは、二つの世界は混在してしまう。繋ぎ目の存在によって、二つの世界は混乱なしに統合され、その中を人は自然な形で移動できるのであろう。

(3) 元型的子どもイメージ

やがて、F子はこうした過程を経て、元型的子どもイメージと出会っていく。しかし、すぐに元型的子どもイメージが生じる訳ではない。子どもイメージは、傷ついた子どもイメージから、次第に元型的なものに収斂していくのである。

第一八三回【夢57】では〔家にいる四歳くらいの病気の女の子をG男と学校に行かせた。女の子は薬を自分で飲んだ。その子にお粥を作ってあげようとしたが、「ピザがいい」と言う。〕この夢では、傷つけられた（病気の）子どもが自己回復のための作業をしている。この子は既に病人食を拒否して、より栄養価の高い食物を要求する。回復しつつある子どものイメージだと思われる。

第二〇〇回では、セラピストが面接室が移転になることをF子に話すと、F子は面接をやめることをほのめかした。

第二〇一回では、F子は面接を中止するか迷っていたとき、夢を見た。F子は興奮しつつ夢報告をした。【夢81】には「すごく可愛くて自由で元気なすばらしい女の子」、つまり、生命力と健康さと魅力に充ちた女の子が現れ、F子に興味を示してくれたのである。向こうが興味を持ってくれれば接触と交流が可能である。この女の子のことを、見たこともない、すばらしい子だとF子は語った。

セラピストには、この夢の子どもイメージがF子とセラピストの面接を繋いでいるイメージが生じている。繋ぐテーマは、以前にも取り上げたが、既にF子に繋ぐ機能が上手く働いているので、面接を繋ぐ存在が現れたのかもしれない。つまり、夢に現れた女の子が面接を中止から救ったのである。元型は人を魅了する力を持つ。この印象的な子どもイメージは、元型的要素を持っている（補章参照）。

ユングは「いかなる元型もそれが立ち現れてくる際には、そしてそれが無意識的なものである限りは、その人間全体を捉え、また当の元型に相応しい役割を演ずるようにその人に強いるからである」(4)と述べている。

この子どもイメージが生じた契機は何だろうか。それは中止を巡るセラピーの危機があったたからだと思われる。セラピストは怒りとともに重苦しさと見捨てられの痛みを感じていた。F子も一方的にセラピストに移転を告げられ、面接をやめることを考えたものの、痛みを感じていたのだろう。双方がどうしたらよいか、思いあぐね、傷ついていたとき、導いてくれる子どもイメージが現れた。F子の傷つきが「愁」のプロセスを呼び、元型的子どもイメージと出会えたのかもしれない。

第二〇九回では「夢に小さい男の子がしきりに出てくる。すごく元気な子ども。今までよく出ていた男の子は傷ついている子どもだから、二人は違う子どもだと思う」と語っている。傷ついた子どもとは異なる新しい子どもイメージが生まれていることがわかる。

第二三二回の【夢109】は〔十字路の交差点。青で渡ると明るい女の子に会う。その子と出会いたかった。会って一心同体になる。すごく可愛い。元気な子ども。〕第八一回での夢報告との類似性が思われる。一心同体になったということは、この子どもの力をF子が自分のものにする必要があるということであろう。

第二三七回の【夢110】では〔……階段の下に蓋があり、固い粘土に地蔵のような女の子の人形が顔だけ出して埋まっている。(中略)G男が掘り出し、私が洗って着替えをさせると、可愛いフランス人形になった。〕F子は「衝撃的な夢」と興奮しながら語った。「(夢の)人形は何にも縛られていないから動けるけど、まだ生き物じゃない。(第二三八回)」

人形は幾重にも隠されていた。しかもここは礼拝所で恐ろしい所だった。地蔵は和讃で知られているように、子どもの守り神である。したがって、人形はのちにフランス人形に姿を変えるが、その本当の姿と本質は子どもを守る者であろう。

この場の恐ろしさは、オットーによって、ヌミノース、ヌミノーゼと言われる、戦慄すべきもの、力に満ちたものの持つ威信、秘儀的な驚きなどによって引き起こされる感情の総体を意味していると思われる（Otto, 1917/1968）。なお、このヌミノース体験について、ユングは次のように述べている。「ヌミノースは、人間という主体を捉え、コントロールする。……ヌミノースは、その作用の源泉がいかなるものであろうと、主体の意志に関わりなく生じる経験である。……ヌミノースは、目に見える対象に帰属しうる性質でもあれば、目に見えない何ものかの現前がもたらす影響でもあり、意識の特異な変容を引き起こす。[5]」

さらにユングは、このヌミノースと元型との繫がりを述べている。「無意識の元型的構造があらゆる伝統の差異を超えて、あらゆる時代と民族にその例を見ることのできる諸形象を繰り返し、産みつづけ、昔からそれらに特有のものとしてそなわっていたヌミノースな性格と深い意味とを産み出される形象に刻印しつづける事実。[6]」

ユングによれば、元型はヌミノーゼに充ちており、元型の特徴の一つはヌミノース性にあると言われる。子ども神の元型がヌミノーゼを伴いつつ、地蔵イメージの中に登場し、さらに姿を変えていくのである。

第二四〇回の【夢127】は〔女が死体を仏像の中に隠す。前方から包丁を持った赤い着物を着た幼い女の子がやってきて、女を殺す。その子どもは、こちらに向かってくる感じで、すごく怖い。……」F子は、「泥の中の女の子は、私の心の中の女の子だと確信したの。気づいたら怖くなくなった。包丁は怒り。女の子はすごく怒っている」と語る。

セラピストは、F子の中に生まれた女の子の人形が怒り、女を殺しているのだろうと思う。女は母親（大人）であろうか。F子の中で怒りの感情が働き出し、F子自身が生き始めたとセラピストは感じた。

第二五四回の【夢137】では〔竹林に着物姿の女の子が風車を持っている。「風車をなくさないで」と言う。部屋の二階に泥棒がいて降りてきた。〕風車は子どもの玩具である。これを守らなければならない。泥棒が来ても盗まれなかったらしい。

第二五八回の【夢145】では〔ビデオ店内で前から来る女の子が笑いかけてくる。〕それに対する連想で「人形が変わったときの女の子。交差点ですれ違った女の子。ビデオ店の女の子は同一人物。もとは土の中に埋まっていた人形だったと思う」と語る。

セラピストには人形から人間になった子どもが遊ぶイメージが浮かんだ。掘り出された子どもの守り神は、いくつかの姿の子どもイメージになり、F子に接触している。今回も女の子が笑いかけるのである。

第二八〇回の【夢165】は車に外国人の二歳の女の子と母親が乗り、ぬいぐるみのある家に遊びに行く夢。この家と同じ家が横にあり、弟がいる。ぬいぐるみは生きていて会話をしている。背より高いガラスケースがあるが、弟が暴れて人形を振り回し、ガラスケースはなくなった。夢が変化し、幼い子どもが出てくるようになった、とF子は語った。

弟と相似形の空想世界を生きたF子であったが、既にかつて心を投影していた人形を収めるガラスケースは消えていた。ガラスケースはガラス壁とも繋がるイメージであるが、これがなくなった。F子は幼い子どもと同行することで、それを体験できたのである。子どもは密かな、回復へ向けての案内人としての存在かもしれない。

第二八三回の【夢172】では〔プレートを押すとドアが開いた。以前に夢で見た土に半分埋まっていた女の子がいた。フランス人形みたいに金髪で可愛い小さい女の子。（中略）私はこの子に前から会っている。……〕女の子のイメージは展開し、F子は女の子とコンタクトを取るが、金髪の女の子は以前、「土に埋まっていた子」と繰り返し語られる。女の子がどのように姿を変えても、元々持っている子どもの守り神としての機能は忘れてはならないものなのだろう。

これらの子どもイメージとの遭遇には既視感を伴うもののようである。これはおそらく、元型は時間軸を超えて出現するので、かつて会ったとか、ずっと待っている、と言った印象を与えてしまうのだろう。

第二八四回の【夢174】では〔……後ろから声をかけられた。振り返ると、あの小さい女の子がいて、寝転がっていた。「何をしているの？　お家に帰らなくていいの？」と聞くと、その子は両親がいないらしい。「何て名前なの？」と聞くと、「ななみちゃん（仮名）」と答えた。私はその子と手を繋いで、指をからめて一緒に歩いて行った。〕F子はこれらの子どもはみな土に埋まっていた子どもと同じ子どもだと述べている。さらにF子は、「（みな）同じ子どもなのに正反対の性格」だと語った。

ユングの錬金術研究の中では、「孤児」はよく知られたメタファーである。彼は錬金術過程の最終生成物を「その唯一性ゆえに孤児と呼ばれた」[7]と述べている。また、「『わが術の求めんと欲するは全き人間なり』と昔のある錬金術師は言い放っている。追求されているのは、他ならぬこの『全き人間 homo totus』なのだ」[8]とも述べ、「『自己』は作業（錬金術の）の中でかならず現れ、それゆえ《作業》は個性化の、あるいは自己実現の過程である」[9]とも述べている。

したがってユングによれば、錬金術の最終目的は元型としてのセルフを誕生させることである。F子の夢に現れた、両親がいない「ななみちゃん」は、「孤児」と見ることができる。この「孤児」は、セルフとしてのイメージでもあるだろう。これらの孤児を含む多くの子どもイメージも、セルフとしての子どもの特徴を示すものであると思われる。元型は両極性・対極性を持つと言われているが、多くの子どもイメージが正反対の性格を持つとされるのも、こうした元型の持つ性質の故であろう。

第二八八回の【夢190】では〔子どもたちにパンをあげた。その中の一番可愛い女の子を私はお姫さま抱っこした。〕それに対する連想では「だいぶ印象が変わったけど、その女の子は『ななみちゃん』に間違いない。前は和風の服だったのに、普通な感じの服になってきた」と語る。子どもは昔の子どもから今の子どもに近づいている。F子により近い存在になっているのだろう。

第二九一回の【夢198】は、五〜六歳の男の子が警察官に説教している夢。セラピストは子どもが権力を持つ大人を恐れていないところに、子どもの持つ力を感じた。子どもは自律し、力を発揮している。第二九六回の【夢210】は、女の子が車の運転をしている夢。子どもは運転を許されていないので、社会的拘束を超えた特別な力を持つ子どもなのだろう。第二九六回の【夢212】は、〔私は自分の部屋で女の子と一緒に寝ている。五歳くらいの女の子。（中略）その子は、私のことを抱きしめている。……〕F子はこの子どもも、これまでの子どもと同じ子どもだと述べた。女の子たちの髪の毛はまちまちである。

第二九八回の【夢215】では、布団の中から女の子が出て首を絞められた。この子は殺さないと思うので、抵抗しないでいると「ありがとう」と言われる。この子は「ななみちゃん」である。この夢には深い意味があるように思われる。F子は子どもを信頼し、殺されそうになっても、そのまま自分を委ねる。非現実の世界で生きていたF子は死ななければならないのだろう。F子と子どもイメージの間には深い信頼が成立していた。そうした関係性の中で子どもイメージは、「ありがとう」と感謝したのであろう。

補章二節に「「元型は真剣に受け取られることを望んでおり」というユングの言葉を記したが(Jung & Kerenyi, 1941)、F子は真剣に元型的子どもイメージと交流し、自分を委ねた。ただし、自我の働きを完全に捨てていたのではない。「この子が私を殺すことはないと思った（【夢215】）」

と言う。決して無前提に委ねているのではなく、自我を保持しつつ委ねたのである（ただし夢の場合、日常における自我ではなく、「夢自我」である）。

現実の世界でF子が生きるということ、つまり、殺されないということは、解離の世界で生きていたF子は逆に死ななければならないということであろう。この場面は、F子にとっては、元型的子どもイメージとの究極の対決であり、対話であったと思われる。まさに命をかけて、自我が元型的子どもイメージと向き合った体験である。これが最後の夢報告であった。面接はこののちに終結となった。

F子もG男も、解離症状を克服し、二人が空想世界を共有することも、ミィオが出ることもなくなった。F子とG男それぞれが外出をするなど、人と関わりを持てるようになった。

F子が元型的子どもイメージと出会い、行った作業は、母親殺しと、元型的子どもイメージと強い絆を結ぶことであったと思われる。その前提となるのは、セラピストが傷の痛みの極点で元型的子どもイメージと出会い、ガラス壁を砕くイメージを体験したことであろう。

その後、作業の主体はF子に移り、F子自身が夢を通して作業を進めた。F子の解離には、長い経緯があり、G男ともからんでひどく錯綜していた。これを解いて回復していくには強い元型的治療者の存在と力がなければ不可能だったと思われる。傷を負ったF子自身が地蔵という子どもの守り神（比喩的にはスクナヒコナの後の世の姿）と出会い、「傷ついた治療者」イメージを体験していったのだろう。

繰り返しになるが、子どもの守り神と出会った契機は面接中止の危機である。このときのF子の自我の、どうしてよいかわからない思い「吟」が、元型的子どもイメージとの出会いに向かわせたのであろう。元型的な子どもイメージに導かれ、F子は回復の道のりを歩いたのである。

（4）有情化の中のF子

最後に、何故セラピストに傷つけられた子どもイメージが、ロボットの子どもイメージとして感受されたかを考えてみたい。

このことは、F子の感性と深く結びついておきた現象であり、それはまたF子の症状とも関わり合っていると思われる。F子の感性の有り様を「有情化」という視点から見ていきながら、ロボットイメージの問題に対して、理解を進めたい。[10]

F子の感性の特徴のひとつに、自然物に対して、あたかも人間であるかのように交流し、また心を投影していることがあげられる。

「風は気持ちをわかってくれる。（第一二五回）」「風は音で話す。（第一四二回）」「現実に生きようとすると雪は降らない。いつもは降る（第一五一回）」「以前から入眠時にセミがバタバタ暴れるの。そうしたら木の実がしきりに落ちてくる。（第一八一回）」「カラスが好き。風もカラスも心の中の小さい女の子の通訳。（第二一四回）」「木は風を使って話す。雨も話す。（第二三〇回）」「昔は風とのコミュニケーションが必要だった。辛いときは話をした。私の心のよりどころだったの。(第二三五回)」

このような心の有り様をアニミズム的と言うこともできよう。アニミズムとは蒼古的な心の動きがもたらす現象とされるように、『日本書紀』には「葦原の中つ国は岩石木草の葉にいたるまで、良く言葉を話す。[11]」と記されている。この神話の中でも、さらに古い時代には、草木すべてが言語を話したことが神代下に述べられている。古代の人間が自然の一部であったときの感覚形式である。

こうしたアニミズム的現象は、無情(心のないもの)に有情(心の存在)を見るもので、有情化は特に詩には多く用いられている(『万葉集』ではこれは一般的であるが、表現上の試みとして現代短歌や俳句にもみられる)。

二つの例を挙げてみよう。

行きて負ふ悲しみぞここ鳥髪に雪降るさらば明日も降りなむ

山中千恵子の作品である(一九七七)。スサノヲが天上から追放されて辿り着いた地鳥髪に題材をとり、永遠の悲しみの地には、今回も明日もずっと絶えることなく雪が降り続くだろう、と歌われている。悲しみと雪が結びつき、現実にはずっと雪が降り止まぬことはないけれど、心的世界の現象としては、悲しみの記憶の地に今も雪は止むことなく降り続いているのである。

以上述べられているのは、気象上の事実ではなく、心が捉えた、心と対応する自然である。悲しい心が去らなければ雪は止まないということである。

よろこべばしきりに落つる木の実かな

富安風生の作品である（一九三二―）。人（私）が喜ぶことと、木の実が大地に落ちることとの間には、いかなる現実的物理的な繋がりもない。因果関係が全く認められない。しかし、詩の世界では、人の心と自然物に対応関係を認め、人の心を投影し、まるで木も心を持ち、喜んで実を落としているかの如くに詠まれる。これは人と自然の照応である。ともに有情化を文学の作品技法に用いている例であろう。

F子の有情化は文学的なものではなく、解離により感情と切れてしまったため、自分の感情、感覚を投影せざるを得なかったのであろう。F子もそれを自覚しており、風やカラスは自分の心の中の小さい女の子の通訳だと語っている。心のコトバを自然物がわかりやすく伝えてくれる、というのである。

ところで、この有情化は単独で成立する原理ではなく、無情化とセットになっていることは注目してよいであろう。人の心は通常は完全に有情化した世界や無情化した世界を生きることはできない。程度の差はあるが、両極の間を揺れながら心は動き、活動する。人は自分を含めて人間を有情なものとして体験し、動物も近しいものは有情化していくが、自然界の物象にも有情化を働かせる事が少なくない。

たとえば、先に例にあげた俳句の季語などには「山笑う」等、多くの有情化を受けた用例を認めることができる。しかし日常の生活の中では、有情化は目立って起こるものではなく、その影響もゆるやかである。

F子の場合、通常の有情化の頻度とは異なり、あまりにも多く、また深度も深い。これはF子が心を極端に無情化させてしまったため、逆に有情化が強く働くようになってしまったからだと思われる。

感情や感覚を解離のメカニズムを使って排除したため、それらは外側に投影され、F子はいわば自然の景物として、外在化された自らの心と出会わなければならなかったのだろう。世界は有情化され、心を持ったもの、としてF子に迫って来ることになる。当然のことではあるが、F子が回復してくると、この現象は少なくなってくる。

なお、面接初期にセラピストは吹きすさぶ風と寒さを感じていた。それらはセラピストがイメージの中で生まれたロボットの子どもイメージの痛みを感じ始めると鎮まった。この風や寒気はF子が自分の心から切り離してしまった傷の痛みにまつわる感情がもたらしたものかもしれない。そうであれば、セラピストが風、寒気と痛みに対して耐え続けたことは、F子が排除してしまったものをセラピストが体験したということになる。それは、F子がセラピストの体験を通して失ったものを取り戻すことに繋がったのかもしれない。

なぜ傷つけられた子どもイメージが、セラピストにロボットの子どもイメージとして感受されたのか、という疑問も、有情化と無情化という理論から理解されるのではないだろうか。

傷つけられた子どもイメージは、セラピストの無意識が捉えたクライエント像であることが多いが、F子の解離が心の深部に及び、感情や感覚の排除が進んでおり、いわば心を無情化させてしまっていたため、無情の物質であるロボットの子どもとして、セラピストにイメージされたのではないだろうか。

しかし、ロボットの手足には何らかのわずかな感情がうかがえ、イメージの中の手は、手足に触れている。このことはF子の心に無情化が進んではいるが、わずかに残っている感情部分があり、セラピストはこの感情部分に触れたことになろう。心理療法過程全体を見渡して見たとき、この接触もF子が感情や感覚を取り戻す契機のひとつであったと言えよう。

第Ⅵ章　五事例の総合考察

1 「傷ついた治療者」イメージが生まれる治療をめぐる原理

(1) 治療機序について

心理療法の中で、セラピストが「傷ついた治療者」として機能するために子どもイメージが生じる治療の実際を五事例から見てきた。この五事例の治療がどのような治療機序のもとで進行していったかをまず見ていきたい。

1) クライエントの傷つき

セラピストの無意識はクライエントの心の傷を、いわれなき傷を負った子どもイメージとして捉えていた。五事例すべてのクライエントは、「いわれのない理不尽な傷」を負わされている。このようなクライエントの状態を象徴的に言うならば、ヒルコであろう。ヒルコは親の側の「失態」があったために、脚腰の立たない子どもとして生まれた。しかし、大人たちの価値観に合わず、不都合であったためにヒルコを受け入れることができずに流し捨ててしまったことは、第Ⅶ章五節で述べている。

しかし、クライエントとヒルコとの関係をより限定的にみれば、クライエントとヒルコはそのまま一致するわけではない。すなわち、クライエントはいわれなき傷を負っているが、クライエントの存在がヒルコなのではなく、クライエントの負ったこの「傷」こそが神話的象徴的にヒルコであるといえるだろう。

しかし、ヒルコは流されてしまう。この結果、傷は解離され、クライエントは、傷を自覚することができず、傷の痛みを感じられないことが多い。全く感じられていない場合や、あるいは反動形成的に、傷つけられたにも関わらず、大切にされたと感じていることもある。

また傷があることを言語化する場合にも、それは意識化できる日常生活に結びつくような、あるいは因果関係に沿って理解できるようなレベルの傷に過ぎなかったり、実感を伴う情動を切り離していたり、自分を傷つけた対象に対する認識がずれていて、本当の傷は隠されたままであったりすることも多い。

こうした状態のクライエントは、いわれなき傷であるという自覚ができず、傷は自分に原因があり、悪いのは自分だと思い込んでいることもある。セラピストはイメージを通して、このクライエントが自覚していない、「いわれなき傷」に出会っていく。これは流されたヒルコを再び取り戻す作業である。

2）セラピストの過度の同一化

本書の治療では、具体的にまずクライエントが自ら解離の機制を用いて流してしまった自分の傷であるヒルコに、セラピストはイメージの中で出会い、自分自身の傷として抱えている。子どもの傷つき（ヒルコ）を抱えているセラピストには痛みが生じ始める。クライエントが「いわれなき傷」の痛みに無自覚、無感覚であればあるほど、セラピストはクライエントの「いわれなき傷」を引き受け、傷の痛みを感受することになる。この機制は、過度といえる程の同一化であろう。クライエントには解離、セラピストにはクライエントの傷との同一化が働いている。

ここで、過度の同一化について考えてみたい。

本書で取りあげた五事例すべてに、クライエントに対するセラピストの過度といえる程の同一化が見られる。「過度」と言うのは決して評価されるようなことではないと思われるが、浅いレベルの同一化では、クライエントが解離せざるを得なかった程の深い傷つきを理解することは困難ではないだろうか。

では、どのような状況や状態のときに、過度の同一化は起こるのだろうか。各事例の中に見てみたい。

「事例1」では、第一回でセラピストはグリム童話の世界に入った感覚に襲われた。日常的な世界からイメージが離脱し始め、Aさんがシンデレラのように見え始めた。これがあたかも助走のように働き、第四回、第五回には母親に殴られる子どもイメージが生じ、セラピストの身体に痛みが走っている。ここではすでに過度の同一化が働いているため、シンデレラをイメージさせるようなみすぼらしい洋服を着た弱々しい子どもイメージが生まれてきたのだろう。

「事例2」では、第二回に見えざる敵から子どもが首を絞められているイメージが浮かび、首を絞められる苦しさを感じていた。当ケースは母親Bさんと面接を行ったが、この時点でセラピストが同一化したのは、Bさんではなく、その子どものC子であると思われた。

セラピストは現実的にはBさんに巻き込まれながらも、赤ちゃんが身体を刺されているイメージが生じている。セラピストは身体の痛みを感じつつ、C子とは面接の場では出会うことがないにも関わらず、この痛みはC子のものか、セラピストのものか区別がつかない、と感じていた。つまり、「事例2」では、セラピストが初期に過度ともいえるほどに同一化したのは、目の前のBさんではなく、Bさんに傷つけられているC子であった。

「事例3」では、初期の面接でのD男は無反応であった。セラピストは窒息しそうな息苦しさを感じ、心身が麻痺した状態になっていた。セラピストは意識上ではクライエントと関係が取れていないと思っていたが、ここには過度の同一化が起こっており、無意識的には身体的な苦痛を通して、セラピストはクライエントの苦しい状況を感受したのであろう。蛙イメージも過度の同一化から生じたといえる。

「事例4」では、E子は常に笑っていたのにも関わらず、第一〇回に虐待される子どもイメージがセラピストに生じている。第一三回に再度同じイメージが出現するとともに、セラピストの個人的体験が浮上し、子どもイメージの傷とセラピストの体験が入り混じり、セラピストに傷の痛みが感じられた。ここでの痛みは身体的なものではなく、心的なものであり、激しい痛みだった。セラピストの心的苦痛の体験は、E子との過度の同一化があって感じられたものであろう。

「事例5」では、初回にF子の部屋を訪ねたときには、吹き荒れる台風の風と寒気を感じた。これは、F子が感情を自分から切り離し、解離してしまった結果、感情がF子の部屋の中の無機物や気象などの外界へ投影されたために起こった現象だと思われる。この、外界へいわば投げ捨てられた心をセラピストが感受したのは、F子との間に過度の同一化が働いていたからであろう。セラピストの過度の同一化は、「事例1」、「事例2」、「事例4」に見られるように、クライエントの傷をセラピストの自我が感受したときに起こるようにも感じられるが、そのような捉え方では理解できないケースが、「事例3」、「事例5」である。このふたつの事例では、セラピスト自身、何が起こっているのか、意識化できなかったが、無意識は捉えていたと理解することができるだろう。

このように事例毎に見ていったとき、すべてのケースで、心理面接が始まった早期の段階で激しい同一化が働いていることがわかる。

同一化が始まる前に助走のようなセッションを経過したのは「事例1」のみである。他はすべてセラピストの意識では追いつかない程の速度で過度の同一化が生起している。このスピードの速さについては、セラピストの資質によるものなのか、クライエントが傷つきを解離している状態であるということによるものなのか、おそらく、その両方の状態が揃ったことによるものかもしれない。

「事例3」では、同一化が起こっていることをセラピストは三セッションが終わるまでの面接進行中には意識的には理解していなかった。「事例5」でも面接初期の段階では、いったい自分に何が起こっているのか理解できず、セラピストの意識的自我ではコントロールできない状態になっていた。「事例2」の母親面接では、一度も現実で会うことのなかった子どものC子とセラピストは過度に同一化することで、無意識的に連携しているような関係だったと思われる。

心理療法過程の中での展開では、同一化は無意識に動かされて生起する現象かもしれないが、セラピストの意識的自我がこれを観察していくことも同時に重要であろう。

セラピストは流されたクライエントのヒルコを手探りで引き寄せ、過度の同一化を通して、クライエントの傷つきを感受する。つまり、セラピストはクライエントが解離機制を用いて流さざるを得なかった傷を投影され、過度の同一化をすることでクライエントの痛みを体験し、クライエントの苦悩を理解する。

しかし、同一化だけでは治療は展開していかないことを強調しておきたい。セラピストはクライエントの傷と自分の傷を分け、自分自身の傷を自覚していかなければならないことを次で述べたい。

3）セラピストの傷つき

セラピストがクライエントの傷に出会うと述べたが、本書で取り上げた心理療法の中での体験は、クライエントに対し、極度に受容的になった結果、セラピストがクライエントに直接的に傷つけられたり、あるいは攻撃性をセラピストに向けることを誘発してしまう、というものではない。

「傷ついた治療者」という語から、受容性が極端なまでに強調して受け取られかねないが、本書で検討している「傷ついた治療者」として機能するための心理療法の実際は、そうした態度とは大きく異なっている。

「傷ついた治療者」とは、クライエントに直接傷つけられることによって機能するのではなく、また傷つけられれば、傷つけられるほどにセラピストとして満足のいく作業をしていると思い込むような、また傷つけられたままでいるようなマゾキスティックなまでの受容性から生じることはない。

セラピストが傷つくことについては、精神分析の立場から北山修に論がある(1)。

北山は、クライエント側の投影同一化などが濫用されると治療関係が極端に揺れ、患者の問題が治療者の問題になってしまい、結果的に「治療者であって患者である」というような分裂した治療関係が生まれてしまうと、病的拘束状況を招いてさらなる患者の発症や状態悪化につながることがある、と述べている。

ここで北山が「患者の問題」と言っているのは我々の言葉では、クライエントの「傷」と言い換えることができるだろう。クライエントの「傷」をセラピストが引き受けるだけではない、と北山は主張している。

このように一方的にクライエントの傷を引き受け、受容することとの危険性について触れながら、一方北山は、傷が治療的に機能することを強調し、「セラピスト自身が患者の病気を発病しかけて、その病を克服することで生まれた知恵で治療者が患者に役立つということなのだ。病んだ患者が治療の場にやってきたところ、治療者自身が病んでしまい、この治療者が治ることを通して患者が治る(2)」と述べている。

つまり、北山は、巻き込まれつつ巻き込まれずに生き残ることが治療的だと述べているのだと思われるが、筆者も同様に考えている。

巻き込まれ、傷つけられることにのみ意味があるのではなく、クライエントから投影された傷と過度に同一化したセラピストが、傷の痛みを体験することでクライエントの傷つきを理解すること。そして、クライエントの傷ではなく、セラピスト自身の中の傷つきを自覚し、自我の関与をぎりぎりのところで保持しながら、傷から逃げずに、そこから生き残り、傷ついたままではなく、傷を回復していくという体験をすることが重要なのである。

なお、傷を受けた者に対するユングの発言があるので、次に見てみたい。

ユングは『旧約聖書』の「ヨブ記」を引用し、いわれなき傷を受けた者について、「故なくして神は彼に『多くの傷を』負わせ(3)」たと述べている。

ヨブは神から剝奪、殺人、故意の傷害と休む間もなく傷を負わされていく。しかしヨブにそのような傷を受ける理は全く見当たらない。ヨブは「其人為　全かつ正しくして神を畏れ悪に遠ざかる」[4]とあるごとき人物であった。「ヨブ記」の中には、このような理不尽な傷を与えられた者の苦悩、そして悲嘆と絶望とが見られる。苦悩し、痛みに耐えていくセラピストの体験は、ヨブと通じるものがある。

罪なくして、神に苦しみを与えられたヨブは、「わが歎息はわが食物に代り我が呻吟は水の流れそそぐに似たり」[5]と述べる。さらに、「我はわが口を禁《とど》めず我心の痛によりて語《ものい》ひわが神魂の苦しきによりて歎かん」[6]「我を撃砕き故なくして我に衆多《おほく》の傷を負せ我に息をつかしめず苦き事をもて我身に充せ賜ふ」[7]の如くヨブの発言は続く。ヨブは神から下された心の痛み、魂の痛みに息がつけなくなるのであった。ヨブのいわれなき傷は、ヒルコが負わされた傷と共通するものであろう。

セラピストが自分自身の傷の痛みに極限まで耐え、苦しみを生き抜くときの心の叫びは、ヨブの発言と重なるものであろうと思われる。

4）第三のものとの出会い

セラピストのこの作業を通して、次第にクライエントには、セラピストに投影してきた傷は、自分のものであること、理不尽な傷であることの自覚が生まれ、痛みが感じられるようになってくる。そして、やがて両者のいわれなき傷を負った体験が重なり始める。すでにここでは、セラピストもクライエントも傷の自覚を経て、ともに傷と痛みに開かれている。このように開かれた両者には、ともに傷の痛みが強くなっていく。

セラピストのイメージの中で、子どもイメージは殺されかけ（あるいは殺され）る。傷の痛みの極限で、セラピストには子どもイメージを何とか助けたい、という強い思いが湧き上がる。このとき、不条理な傷を受けていることを自覚し、傷の痛みを生きはじめた（意識レベルで、傷つけられた人となった）クライエントと、不条理な傷の痛みを生きる（意識レベルで傷つけられた人であることを認知している）セラピストとの間に、あるイメージが立ち上がる。

これが、補章で述べたグロウスベック（一九七五）の語る「第三のもの」であろう。本書でとりあげた事例において、具体的に立ち上がったのは、元型的子どもイメージである。これは象徴的にはスクナヒコナにあたるだろう。しかし、この第三のものにはいくつものイメージが想定できる。たとえば、神話の中で見るならば、スクナヒコナの去った後に海から来訪し、三諸山に祀られる大人の神なども第三のもののひとつの現れであろう。

当事例の中で生じた元型的な子どもイメージは、怒りのエネルギーとともに、子どもを傷つけている者を滅ぼした。セラピストの自我の傷つきと、クライエントの自我の傷つきが出会うとき、第三のものとして両者の間に生まれたのが、元型としての子どもイメージであり、子ども元型と出会ったセラピストとクライエントは、それぞれ「傷ついた治療者」イメージを生きることになる。

初めにセラピストが体験し、以後は、すでに自我が傷を捉えているクライエントが主に夢を媒介にして、元型的子どもイメージと関わっていくことが多い。事例では「事例1」、「事例2」、「事例5」にこのようなクライエントの内的作業が現れていた。この元型の力によって、治療が進展していった。クライエントも「傷ついた治療者」イメージを体験するのである。

このような治療の流れは、クライエントの内的作業が明確ではなかった子どもを対象とした二事例（「事例3」、「事例4」）を除いたすべての事例に認められた。「事例3」は緘黙であり、クライエント側に何が起こっていたのかを言語化することはなかった。「事例4」には元型的子どもイメージと出会うというクライエントの内的体験は認められなかったが、筆者は治療が共通のプロセスの中で展開していく以上、そこには一定の治療の流れが認められるのではないかと推測した。

さらに、このような一定の治療の流れを成り立たせるためには、治療機序としての何らかの原則や条件が存在するのではないかと考えた。第Ⅶ章で述べたように、このような原則や条件を治療機序として理解していくために媒介としたのは、日本神話である。

この構成を、傷ついた者が元型的存在に出会うという内容をもった神話の漢字表記に参照してみると、自らの傷を自覚し、傷の痛みに耐え、どうにもならない状態になり、ただ呻くような様相は「吟」、何かに向かって心がほとばしる程の訴えかけをすることは「愁」であり、その後に元型的存在が出現するときには「忽然」と記されており、ここには一連のプロセスがあることが認められる。

本書で想定されるプロセスは、神話をモデルにして臨床を見たとき、「吟」、「愁」というセラピストの体験を通して「忽然」と元型と出会うというものである。神話が示しているように、セラピストが元型と出会い、「傷ついた治療者」イメージを生きるためには、「吟」、「愁」のプロセスを踏まなければならない。

ところで、この「吟」、「愁」は日常的に体験するようなものではなく、非日常的、神話的世界に属する体験である。このような体験を通して、子ども元型との出会いが、神話表記「忽然」のような形でなされる。つまり、「忽然」は無前提に神頼みをした結果として出現したり、また魔法のように起こるものではないことを確認しておきたい。

まず深い傷つきを体験することで「傷ついた治療者」元型がセラピスト、クライエント間に共時的に布置される。次にセラピストには「吟」、「愁」の作業があり、それが促進的に機能することと、布置された元型が浮上することとが起こり、全体としてまるで自然界の風景のひとつの現れのように新しい世界が登場する。この浮上のさまが「忽然」なのであろう。

すなわち、元型的イメージと出会うためには、クライエントの流した傷と同一化をしていたセラピストが、自分自身の傷を自覚し、「吟」、「愁」を体験することが必須の作業となるのではないだろうか。

以上が「傷ついた治療者」が機能するために子どもイメージが生じる治療の機序であると筆者は考えている。

(2) 元型の布置とモデル

次に確認しておきたいことがある。本書で見てきた臨床の中では、子ども元型に出会うことで根源的治療力は機能した。

しかし、当然のことながら元型は個人のレベルでその出現をコントロールできるものではない。したがって、このような心理療法の実践を提示する以上、元型に治療の中核を委ね、期待することは、治療方法論として臨床上の実用に耐えうるものなのか、という問いに答える必要があるだろう。

簡略に言えば、個人がコントロールできないのにも関わらず、元型に出会うことを想定し、治療の構造に組み込んでいる治療論は意味があるのか、という疑問が存在する。さらに元型に出会うことで何故に傷が回復していくのか、という疑問もあるだろう。

この問いに対して筆者は現在のところ、次のように考えている。

セラピストのイメージの中で深い傷つきが起こり、その傷つきを体験するとき、「傷ついた治療者」元型がセラピストとクライエントとの間に立ち上がる、すなわちここに元型が布置されるための準備が整うのだと思われる。

「傷ついた治療者」元型が布置されるときの傷の深さは、個人的な無意識の層から、さらに深層の普遍的な層へ届くほどのものだろう。この布置は当然ながら共時的にクライエントにも影響を及ぼす。

これまでの心理臨床における治療論は、精神分析的治療をはじめ、原因があって結果が存在する、といった因果論に基づいて論じられる事が多かったが、元型の共時的布置と治癒や回復との関係は「自然《じねん》モデル」で考えるとき、より理解しやすいものになると思われる。

「自然《じねん》モデル」とは、河合隼雄の用語である。河合は心理療法の治療モデルを医学モデル、教育モデル、成熟モデル、自然《じねん》モデルなどに分類した。自然《じねん》モデルとは、物事の因果的把握を放棄し、セラピストが「道（タオ）」の状態にあることによって非因果的に他にも「道」の状況が自然に生まれることを期待するという治療スタイルであり、一種の治療哲学でもある。

河合は自然《じねん》モデルの例として、ユングがリヒャルト・ヴィルヘルムより聞いた話として伝えている雨乞い師をあげている。(8) ユングは『結合の神秘Ⅱ』でタオを取り上げ、「自らの内でタオを作り出すとは、つまり賢者が自らの天と自らの地を再び和合させること」(9) であると述べている。

セジウィックは、ユングのタオ論をより臨床に近づけて解した。(10) 雨乞い師は日照りが自分の内部で起こっていることを、まず知るが、これは臨床上の傷の自覚と同じである。この傷の自覚によって傷が再布置される。この傷に対し、雨乞い師は自らを「正す」という作業に取り掛かる。この儀式に見られる、雨乞い師の心の作業と、自然の現象の変化の過程全体をユングは分析心理学的力動の現れのひとつとして、共時性についての考えを深めている。

ユングにならって、本書で報告した心理療法事例における力動を考えていくためのメタファーとして読み重ねていくならば、セラピストの心の作業とは、クライエントと並行した自分の「傷」と取り組む作業であり、心理的存在としてのクライエントの現れ、換言するならば、クライエントの「心の自然」そのものが変化していく過程と時を共にすることになる。

ここに、分析心理学的表現を用いるならば、これが「タオを取り入れること」に重なるのであろう。共時的に生じ、クライエントと並行した自分の「傷」と取り組み、タオを取り入れるのである。

これらの前提には、セラピスト、クライエントが濃密な治療的共時性の中にいることが必要だが、このような治療環境があったときには、セラピストが自分を正す＝傷を回復させたときには、同時にクライエントの変容も起こるのだという。

ユングの「タオ」は、すでに見てきたように「和合」と同じ心理的な意味である。ユングは同じ箇所で、元型である「原人間、アントロポス」が布置されることで上なるものと下なるものとが再び結合し、タオにいたる、と述べている。[11]アントロポスとは「賢者の石」でもあるから、[12]セルフと同義的な意味を持つであろう。

タオにいたるには、元型の布置が必要なのだとユングは述べている。そしてこの元型の布置のもとでクライエントが回復や治癒にいたるには、河合の自然《じねん》モデルを用いれば、セラピストが自分に深く沈潜し、傷（タオでないこと）を自覚し、傷つきを生きることで、やがては傷を癒して、つまりタオにいたっていくが、非因果的に自然にこのことがクライエントの回復と関わってくる、と考えることができるだろう。

北山は先に取り上げた論文の中で、精神分析の立場から治療を起承転結という劇になぞらえていた。「起」はクライエントへの共感、「承」はセラピストにおこるクライエントやクライエントの問題への同一化、「転」はセラピストの気づき、「結」ではセラピストの気づきを通して、クライエントの心への理解が生じる。さらにこの理解の深まりが後の対応に生かされる、とするのである。

本書で検討してきた事例を、北山の精神分析に基づく起承転結論をモデルに置いて見たとき、分析心理学的思考との相違点が明確になる。北山の述べる「承」はセラピストの同一化、「転」はセラピストの「吟」、「愁」と重なり合う。しかし、この後の「忽然」とスクナヒコナが布置され、現れる現象は、北山の想定する因果的、定型的、予定調和的治療プロセスからは説明することはできず、自然《じねん》モデルに依らなければ理解することは困難である。

元型の「布置」のもとで共時的に生じてくるクライエントの回復という現象を、このような自《じ》然《ねん》モデルになぞらえて見ていくことによって、分析心理学的治療論における「元型の機能」をより有機的に理解していくことが可能になるのではないかと筆者は考えている。

さらに本書で提示した心理療法の実践では、こうして布置された元型と出会い易い構造が見られるのではないだろうか。これは元型のコントロールとは無論異なる。しかし、本書で述べた方法からは、わずかではあっても元型と出会う回路が開かれるように思われる。

いわれなき傷を持つクライエントと出会ったセラピストは、クライエントの傷によって再布置された自らの傷を生きざるを得ない。それは自我の関与をぎりぎりのところで保持しながらも、いかにこの苦悩を生き残っていくか、という圧倒的な体験である。このときには「吟」、「愁」などの、いわば神話的世界の感覚を濃密に体験する。すなわち、セラピストとしての表現を使うならば、自我が耐えられない程のものでありながら、投げ出さずに極限まで耐えて生き残る、という体験である。このことで心の神話的層（普遍的無意識の層）が活性化作用を受け、元型と出会い易い心的状況が準備されるのではないだろうか。

「吟」、「愁」は日常的体験ではない。観察自我は残ってはいるものの、自我の活動では受苦と傷つきを何とも処理も打開もできないまま、心身の痛みと激しい疲労困憊の中に投げ込まれたときに、「吟」と「愁」は我知らず、自ずと出てくる態度であり、それは日常を超えた非日常の神話的世界に属する体験である。

統合失調症の急性期とともに疲労困憊のときには、神話的なビッグドリームが出現しやすいと言われるが(13)、心身の極限までの疲労という条件があって神話的世界は開けてくるのであろう。このような体験を通し、セラピストは神話的な心の深層へと降下するのだろう。あるいは、この降下によって元型へ到る道（回路）が通じ、ひとつの現れのように新しい世界が登場して、元型と出会いやすくなるのかも知れない。なぜならば、この神話的層は元型の住処だからである。

セラピストが元型と出会い、元型の力によって再布置された傷から回復するときには、クライエントにも同じ回復がもたらせられる。このことを、因果論的側面もあるが、同時に全体性の回復という、自然《じねん》モデルによる共時的現れとして理解することは、心理療法の治療論として非常に意味があるだろう。

(3) 心理療法過程の中でのセラピストの体験

「吟」、「愁」という過程から見たときに、いわば神話的体験を生きる心理療法は、クライエント、セラピストが布置された元型とより出会い易い治療環境を作りだした可能性があることを述べてきた。

では、傷つきを生きていればいつでもセラピストは「吟」、「愁」を体験できるのだろうか。結論から言えば、傷を生きただけでは、それは不可能であろう。セラピストが「吟」、「愁」を体験するためには、「傷の自覚」が不可欠である。

傷つきの体験と傷つきの自覚とは次元を異にする現象であり、自覚には自我の関与がなくてはならず、体験は自我の関与がなくても可能である。自覚は自我の仕事であるが、自我が自分自身の傷として自覚することによって、回復へ向けてのプロセスである「吟」、「愁」へと繋がっていく。つまり、投げ入れられたクライエントの傷と同一化しているセラピストが傷を体験するだけでは、「吟」、「愁」を体験することはできない。

同一化の機制を生きながら、それを対象化する観察自我を作動させなければならず、その後に自らの傷を自覚していくという作業が必須になる。自分の傷であるという自覚がないままの傷の体験では治療は進展していかない。

なぜならば、自覚がなければ、クライエントに傷つけられたままで心理療法過程が滞ることになり、それはサディスティック―マゾキスティックの破壊的円環に閉じ込められる危険性をはらむからである。この傷が自分の傷であるという自覚があって初めて、ほとんど絶望の淵から、うめき（「吟」）、それでも諦めずに何とかしたい（「愁」）という神話的な思いが生じるのである。

このような思いは他者を助けたい、と思うレベルを超えているであろう。それは自分が何とか生き残りたい、という生存をかけた切なる願いから発するものだからである。したがって、セラピストの「傷の自覚」は、心理療法過程を神話的体験へと深める中核となることを強調しておきたい。

次に、「吟」、「愁」の作業の後に、セラピストは必ず子ども元型と出会うのか、と問われれば、これを一般的な治療論として主張することはできないだろうと答えたい。

すでに述べてきたように、本書の事例は、内因性の疾患は含まれておらず、すべて外傷由来と見ることができるからである。このような限定された対象との関係性の中で、子どもイメージが生じている。心理療法を通して生じた子ども元型との出会いは、さまざまな元型の形がある中で、あくまでひとつの治療論、治療イメージとして提示したことを確認しておきたい。

本書で提示した事例で、以上のような治療原理に則って治療を行う際に生まれる子どもイメージは、すでに述べたように二種類である。傷つけられた子どもイメージと元型的な子どもイメージである。傷つけられた者と元型的な子どもイメージが出会い、共同作業をして、傷つけられた子どもイメージを救う（治癒に向かう）というプロセスがある。

次にこの子どもイメージとセラピストが出会う契機はどのようなものとしてセラピストに体験されるのかを見てみたい。

傷つけられた子どもイメージの出現は、セラピストの無意識がクライエントの傷を感受したときである。元型的子どもイメージの出現（「忽然」）は、自らの傷を自覚し、傷の痛みに耐えているセラピストの自我が自分の力では打開できない窮地に陥り（「吟」）、何とかしたいと自我以外のものに切実に思いを向けたとき（「愁」）、あるいはただ何かを切実に願い続けたとき（「愁」）に起こる。

具体的には、「誰か助けて」という叫び（「事例1」）、心から助けを求めること（「事例2」）、子どもが限界だと訴え、セラピストが励ましたとき（「事例4」）、セラピストの自我が副人格に追い詰められ、さらに子どもイメージがバラバラになっていくのを見つつ、「何とかしたい」と思ったとき（「事例5」）というように多くの事例に様々な型で現れている。

「事例3」では、このプロセスを欠いたまま元型的子どもイメージが出現しているように見えるが、この場合は、何かに訴えることはなかったものの、心ほとばしる意味での「愁」をセラピストは体験している。したがって、「愁」があったとみることができるだろう。

(4) 心理療法過程の中でのクライエントの体験

では、セラピストが子ども元型に出会ったとき、クライエントにとって、それはどのような心理体験となっているのだろうか。クライエントと出会ったセラピストは、クライエントが解離した傷を投げ込まれ、その傷と過度に同一化して抱える。いわゆる狭義の「共感」とは異なる同一化の機制が働きだしたところで、セラピストとクライエントは治療的力動の中に入り込むことになるのであろう。

この治療的力動の中心は元型の力と共時性や自然《じねん》性であるため、セラピストに言語的働きかけや、共感の表出が極端に少なくても、クライエントは治療的力動に導かれるように回復へのプロセスを歩むことになるのだと思われる。したがって当然ではあるが、クライエントにはセラピストに能動的に関わられたという実感は生じない。

しかしながらクライエントは治療的力動に関する認識を持ち得なくとも、全く何も感じていないということではないであろう。自らの傷を解離させているのにも関わらず、セラピストが自らの傷を自覚し、傷の痛みに耐え、生き残り、回復していくなどの作業を感受したことを明確に言語化するクライエントもおり、「事例4」はそうした例である。

クライエントには、セラピストの作業を見届けたのちに、解離させ、セラピストに投げ入れていた傷を自分の傷として自覚する作業が自然に始まり、傷の痛みを自分のものとして感じ始め、治療の進展とともに、あるとき突然に元型像が夢やイメージに現れる場合がある。クライエントは治療的力動に巻き込まれているが、どのクライエントも「忽然」は強く意識する。クライエントを傷つけている者を切断したり、道を指し示してくれたり、生命力を溢れさせながら子どもとして生きるさまを見せてくれるなど、元型の示すその強いヌミノースな印象に心を打たれているうちに、いわば劇的に自らが癒され、本来的な能力を取り戻していけるというのが、クライエントの体験のように思われる。

クライエントもセラピストも「忽然」の後には、以前とは決定的に違っている、という感覚を共有する。イメージだけではなく、回復に向かう治療上の転回点も「劇的」に現れる。このときには、直線的な因果論では説明できない何かの裂け目を越えた、という感覚が生じる。

このような事象について精神分析的視点から見れば、その治療機序は、転移性の治癒の可能性をぬぐえないであろうし、したがって当治療には逆転移の共有や転移の解消といった基本的な問題が先送りされているのではないか、と思われるかもしれない。

しかしながら、重篤な心理的問題が解決するということは、「忽然」という表記にあらわれているように、段階を追った漸進的なものとは異なり、神話レベルの劇的な変化によることがあり、それは治療的力動に巻き込まれているセラピストにもクライエントにも感覚を伴って実感され、また変化は恒常的なものとなり、後戻りはしないものだということを添加して述べておきたい。

2　事例の中の子どもイメージ

次に事例の中では子どもイメージがいつどのように現れるのかを探ってみたい。まず始めにセッションの何回目に元型的子どもイメージが生じたのかを見てみたい。

「事例1」　全四七セッション中一三回目
「事例2」　全一〇七セッション中一〇回目
「事例3」　全二〇セッション中三回目
「事例4」　全一二五セッション中六七回目
「事例5」　全三〇三セッション中一四五回目

事例は力動的精神医学の観点から、病態水準によって軽いものから、重いものへと、「事例1」から「事例5」まで並べた。

重い「事例4、5」は全セッションの二分の一以降近くに元型的子どもイメージが出現している。軽いものは概して子どもイメージが早く出現するように見られるが、それでも「事例1」より重い「事例3」に最も早く元型的子どもイメージが現れていることから見て、病態水準の軽い重いと、元型的子どもイメージの出現時期の早い遅いとの因果関係がある、とまでは言えなさそうである。

では、クライエントを外側から対象化して見るＤＳＭによる操作的診断と、クライエントを内側からイメージで捉えていくセラピストの体験との間に差があるのか、ないのかについて、次に考えてみたい。

傷つけられた子どもイメージは、セラピストの無意識が捉えたクライエントの心的状態であり、当然ここには傷つきの深さが反映している。したがって、クライエントの心の傷の状態を問題にする場合には、どのような傷を負った子どもイメージが生まれているのかについての検討が必要となる。これと、ＤＳＭによる操作的診断とを比べてみたい(14)。

「事例1」　ブラックホールへ吸い込まれそう（全般性不安障害、強迫性障害）
「事例2」　刺される（摂食障害・虚偽性障害）
「事例3」　身動きができなくされる（緘黙）
「事例4」　刺される（解離性障害）
「事例5」　バラバラに砕ける（解離性障害）

「事例2」と「事例4」は異なる診断名を持つが、同じイメージが生じている。また、同じ解離性障害でも、「事例4」と「事例5」ではイメージは全く異なっており、セラピストに感じられる痛みのレベルも異なっている。したがって、診断名ではなく、病態水準によってイメージが異なると考えることもできる。では、病態水準とイメージとの関連はどのようなものであろうか。

傷つけられた子どもイメージと出会い、傷つきを体験するとき、セラピストは不安や恐怖を感じ、それを切実な痛みとして受け取る。この痛み、具体的には不安、恐怖の質は、病態水準によって異なると言えよう。

神経症圏の痛みや破壊は、まだ日常の感覚で理解可能なものである。これらは、刺される、身動き不能にされるなどの傷や加害されるイメージになって現れている。ブラックホールは例外的に非日常のイメージのようにも思えるが、例外とみなすか、あるいは、宇宙という自然においては、日常現象に属する概念として受け入れていくか、ふたつの可能性があるだろう。

昨今の理論物理学の急激な展開を思うとき、このような科学用語の持つ象徴性は多義的である。しかし意識的な努力（たとえば踏ん張るなど）をすることで、吸い込まれないように耐え抜くことができる可能性が皆無ではなかった。

病態水準が重くなるにしたがって、バラバラに砕ける、といった修復不能なイメージが生じている。セラピストの痛みは、極端に肥大化し、不安や恐怖はバラバラに砕け、解体してしまうという感覚と結びつく。不安の質は明らかに神経症圏とは異なっている。病態水準とセラピストのイメージ体験とは明確に関わりがある、といえるだろう。

次に、元型的子どもイメージは、病態水準の違いによって現れる像に特徴や差異が見られるだろうか。あるいは病態とは無関係なのか、を見ていきたい。

「事例1」　ナメクジ（神経症圏）
「事例2」　カマキリ（神経症圏）
「事例3」　炎の中の子ども（神経症圏）
「事例4」　鋼鉄の子ども（精神病圏の疑い）
「事例5」　炎の中の子ども（精神病圏の疑い）

事例の中に現れた元型的な子どもの姿は、病態水準とは直接繋がらないようである。ただし、事例はすべて「解離」の臨床像を持っている。

「事例1」のクライエントは面接開始時点では傷を認識していたが、過去には傷つきの記憶を切り離しており、深部の傷に対してはセラピーの中でも解離が働いていた。ここで述べているのは、DSMの診断名としての解離ではなく、「心の傷」を自分から切り離してしまった、という意味での心的体験を指す。「心の傷」に対する心的体験の有り様が、「解離」というメカニズムを持っているのだと考えられる。したがって、この面に注目すれば、各事例は病態水準は異なってはいるが、臨床像は類似していると見ることができるだろう。

このような事例の中の元型的子どもイメージは、ナメクジは形態的にはヒルコ、炎の子どもはカグツチ、鋼鉄の子どもはカグツチの切られた血が刀から滴って生まれた刀剣の神タチミカヅチ等、神話のイメージとどこか繋がりが窺えるようであり、特に捨てられ、あるいは殺された子どもとしてイメージが結ばれているようにも見える。

しかし、イメージが全て神話から由来しているわけではない。神話に基づくというよりは、神話的ではあるが、より自由なイメージになっているとみるのが妥当であろう。神話に見られないイメージもあり、カマキリはその例だからである。

さて、セラピスト、クライエントの間に個人史とは関係しない第三のものが立ち上がり、この第三のものである元型的子どもイメージとセラピストが出会い、いわれなき傷を負った子どもイメージを元型的子どもイメージが助ける、というイメージをセラピストが体験した後には、クライエントの作業に移っていく。クライエントは元型的子どもイメージと出会い、傷つける大人(母親)の切断を行う。

しかし取りあげた五つの事例のうち、クライエントが子ども元型と出会わなかった例が二事例ある。「事例3」と「事例4」である。「事例3」のクライエントは十三歳、「事例4」のクライエントは十四歳であり、いずれも中学生の子どもである。

補章でヤコービ(一九九九)の「子ども元型が呼び起こされることは大人に起こることである。ときには、思春期の青年たちにも起こるが、子ども自身の中に起こることはない」という説を取り上げたが、この二例にはヤコービ説が当てはまるのではないだろうか。
ただし、「事例5」のクライエントは面接開始時に十五歳であったが、五年後には元型的子どもイメージが生まれる夢体験をしている。この年齢をどう見ていくべきか、どこかにゆるやかであっても分水嶺があるのかについては今後の課題としたい。

3 クライエントの臨床像

すでに見てきたように、事例は「1」から「5」まで病態水準の順に並べた。診断名は、DSMの操作的診断に則して記載したが、別の観点から見れば、事例はすべて基本的にトラウマ関連であると思われる。事例で示されるクライエントの多彩な症状も、心的外傷関連疾患の一連のスペクトラムに収まると考えることもできるかもしれない。病的な解離性障害は外傷性の精神障害に含まれると見ることもできるだろうし、強迫と同じように統合失調症に隣接していると見ることもできるだろう。

では事例のクライエントに何らかの外傷に対する脆弱性――外傷を受けやすい、外傷の影響が決定的に残存してしまう――などの特徴的な心理要因が見られるのか否かを次に考えたい。

事例のクライエントは、通常一般の人々が拾わず雑音として処理しているものをひとつひとつ有意味的なものとして拾ってしまう、つまりは他者が見過ごす偶発的で微細な刺激を意図的に発信されたものとして感知してしまう、という特別な受容器を持っているのではないだろうか。
「事例3」のクライエントは一見鈍感に見えるが、その実敏感であるため、自分の傷つきやすさを防衛する必要が生じ、やむを得ず、鈍さを装っていたのであろう。つまり、クライエントは苦しみに耐えられずに解離し、その苦しみがセラピストに伝わったといえる。セラピストが感じた息づまる苦しさは、クライエントの防衛の苦しさであったと思われる。治療が始まってからの短時間での変貌はクライエントがいかに心的刺激に敏感であり、それらに反応できたかを示す証左であるだろう。

このような受容器——具体的には感じやすさとして現れる——を持っていると、刺激はそれが小さなものであっても拡大して感じられ、「激化」しやすく傷となって残留する。また感じやすさは虐められやすさ、傷つけられやすさ（vulnerability）につながっていき、他者の攻撃性を刺激し、誘発し、それがまた連鎖的に次の傷を呼んでしまう。

では、何故クライエントはこのような感じやすさを持つようになったのであろうか。

多くの人々が母子関係を基にして、外界を対象として認知し、自我境界を形成していけるのに対し、クライエントは、母子関係での共有感覚を持ち得なかったという生育歴の共通性を持っている。

事例の中に見られるのは、母親が病理を持っている例、母性剥奪の例、ネグレクトの例など様々であるが、すべて母子関係がgood enoughには機能していない[15]。クライエントの母親は、子どもが心を創造的に形成する契機となるgood enoughな母親ではなく、共感不全といった特徴を有す。

クライエントは、このような生育歴から培われた自分の感覚と他者の感覚は相容れないものであるとした漠然とした実感を持っている。けれどもそれだけではなく、同時に自らを外界へ投入するという適応行為を行いうる資質を持っているために、一度何らかの外傷的な出来事にさらされると、一般のクライエントとして想像される以上の心理的苦痛、とくに疎外感、閉塞感に身動きがならなくなってしまうのではないだろうか。そこには、狭義の受容や共感などの治療では癒されない心の傷つきが沈潜していくのかもしれない。

4 オオホナムチとオオモノヌシとの出会い――崇神天皇の時代から

本書では「傷ついた治療者」イメージの祖形を、主にオホナムチ、スクナヒコナの神話（第Ⅶ章3参照）に見ている。その上で神話を媒介にして「傷ついた治療者」イメージのいくつかの側面を述べてきた。ここでは神の時代ではなく、歴史時代に現れたオホナムチ、オホモノヌシの相を見ていきたい。

オホナムチ・スクナヒコナの国土経営は神々の世の神話として記されている。スクナヒコナが去った後、別の姿の神が海からやって来て、オホナムチによって三諸山に祀られた。三諸山の神はオホモノヌシと名のっている。

崇神天皇の時代に疫病が流行り、これに困った天皇が自ら夢見をしたり、占ったりしたところ、オホモノヌシと名のっている。オオモノヌシの神のタタリであることが判明した。

この天皇（崇神）の治世に疫病が多発して、人民はほとんど死に絶えそうな状況であった。そこで天皇は歎き（神に）訴えつつ、（夢見のためにしつらえた）神聖な寝所に居られた夜、大物主の神が天皇の夢に出現して、「このことは我が心によるものである。オホタタネコをして私を祀らせたならば、神のタタリは起こらず、国は平安になるだろう」とおっしゃった。そこで早馬による公用の使者を全国に遣わして、オホタタネコという人を求めたとき、河内のミノノ村でその人を発見し、天皇にたてまつった。（中略）そこで天皇は大いに喜んで「天下は平安になり、人民が栄えるにちがいない」とおっしゃって、オホタタネコを神主として、御諸の山にオホミワの大神（オホモノヌシ）を大切にお祀りになった。（中略）その結果、疫病はすべて終息し、国は平安になった。

（『古事記』[16]）

崇神天皇治世の五年、国内に疫病が蔓延し、人民の半数が死に絶えようとしていた。六年には、多くの人民が離散し、反乱を起こした。（崇神）天皇の徳をもってしても収めることは難しかった。そこで朝夕、天神地祀を祀り、（いたらぬところを）お詫び申し上げた。これ以前には、アマテラスとオホクニタマの二神を天皇の住居の中に祀った。（中略）

オホクニタマノ神（オホナムチ）はヌナキノイリビメに祀らせた。しかしヌナキノイリビメ（神さまを祀る人）は髪が抜け落ち、やせて衰弱し、この神を祀ることが出来なかった。（中略）

天皇はミソギをして身を清め、お住まいを清め、祈っておっしゃることには、「私が神をうやまう程度は未だ不完全なのでしょうか。どうしてこうも神は（私の願いを）お受け下さいませんのか。また夢の中でお教えくださって親愛をお示し下さい」と申し上げた。この夜の夢に一人の貴いお方が戸に向かい、立たれて、ご自分からオホモノヌシの神と名乗って、「天皇よ。これ以上訴えなくてよろしいのだよ。国が治まらないのは私の意である。もし我の子オホタタネコが私を祀ったならば、瞬時に平安になるであろう。また海の外の国も自ら従ってくるであろう」とおっしゃった。（中略）

また、三人の（霊力のある）人が同じ夢を見て、天皇に申し上げることには、「昨晩、夢を見ました。一人の貴い人が『オホタタネコをオホモノヌシの神を祀る神主とし、また、イチシノナガヲチをオホクニタマの神を祀る神主としたならば、必ず天下は平安になるであろう』と教えて言われました」と申した。天皇は夢の（お告げの）コトバを得てますます喜ばれた。（中略）

また、ついでに他の神を祀ろうと占ったところ、否と出た。（中略）

オホタタネコをオホモノヌシ神を祀る神主とした。また、イチシノナガヲチをオホクニタマの神を祀る神主とした。その後に他の神を祀ることを占ったところ吉と出た。ついでに別に多くの神々を祀った。そこで疫病は初めて終息し、国内はようやく静かになった。五穀も実り、人民は栄えた。（『日本書紀』）[17]

『古事記』では、オホモノヌシの子孫であるオホタタネコがオホモノヌシを三諸の山に祀ったならば、タタリはなくなる、と天皇の夢の中で知らせがあった、と記されている。そこで夢告のとおりにして平安がもたらされたのである。紀でも類似の伝承を伝えている。

補章で述べたとおり、神々の代にはオホナムチがスクナヒコナに去られた後、海から神がやって来たことが記されている。やって来た神は三諸の山に祀られ（記）、また「私がいたからお前は国造りが出来たのだ。私はお前の魂だ。三諸山に住もうと思う」（紀）とも記載されている。神々の時代に三諸山に祀られた神は、「海を照らしながら寄りくる神」と記され、また「私がいたからお前は国造りが出来たのだ」と述べられているが、スクナヒコナが姿を変えたのではなく、スクナヒコナの次に異なる性質を持った神が現れたのだと思われる。

しかしながら、スクナヒコナは「岩立たすスクナミカミ」と歌謡に歌われており、三諸（三輪）山の神座が磐座であることとは、スクナヒコナと三諸山の繋がりを表しているとも思われる。

この三諸山の神が人間の時代になってから再び人々の記憶に上がってきて、夢に現れ、自分を祭るように指示する。祭神の名は、「オホモノヌシ」と名乗った。天皇が疫病の蔓延に打つ手がなくなり、神のお告げを夢に求めざるを得なくなったとき、天皇は夢を送ってくるものに対して、聖なる寝床で「愁」という行為をしている。人間の世になった後も、神と交流するのには、「愁」が必要だった。この「愁」により、オホモノヌシがその夜の夢に（「忽然」と）出現しているのである。三諸山は、紀の神代下一書から後は、オホモノヌシを祀った、とされている。[18]

オホナムチ、スクナヒコナ、オホモノヌシの関係については説が多い。その中でも、古川のり子の三者の関係を論じた研究が注目される（古川、一九九五）。

古川はオホナムチ、スクナヒコナ、オホモノヌシの三神で一柱の神といえるような緊密な関係にあることを述べた上で、オホナムチを介して結びつくスクナヒコナとオホモノヌシは、多くの点で共通しながら、前者は「コト」（出来事）、後者は「モノ」（恒常原理）という対照的な性質を持っている、としている。

国造りにおけるスクナヒコナの役割は、中つ国に「コト」を引き起こして新しい秩序、文化を創りだすことであり、オホモノヌシは恒常的秩序を確立させ、不変の「モノ」とすることである、と論じている。

この説の中には、スクナヒコナが子どもの神であることや、三神の関係の中に子ども神が含まれることは述べられていないが、三神の役割と活動については国造りののちの秩序形成のプロセスを通して、「国作りの神をしてのオホナムチの機能は、スクナヒコナ、オホモノヌシという、自身の魂の二つの対照的な側面の働きを通して見事に発揮されたわけである」[19]と述べている。

古川の論は、三神の関係を国造りのプロセスの中で有機的に見ていったところに特徴がある。その結果、従来オホナムチ—スクナヒコナ、オホナムチ—オホモノヌシという、それぞれの二者関係で語られていたこれらの神々は、スクナヒコナとオホモノヌシの関係からの考察がなされるようになった。

古川の三神に関する視点は、国造りという三神のいわば社会的機能に据えられている。この三神の機能について、分析心理学的視点から、臨床で起こる事象を「コト」と「モノ」を用いて理解をすると、どのようなことが浮かび上がってくるだろうか。

大系本の頭注には、この三者には多く不明な点も見られる、とあるが、(20)三神の存在は固定的、独立的なものではなく、イメージの上では乗り入れをしているようにも見える。

崇神の時代に三諸山にオホモノヌシを祀った者は、オホモノヌシの子孫オホタタネコであると記されているが、書紀ではオホモノヌシだけでなく、オホクニタマ（オホナムチの別名）の神も祀らないと祟りが止まないことが託宣（神の言葉）として示されている。したがって、崇神の代の祟りには、オホモノヌシとオホナムチがセットになっていることが窺える。

神代ではオホナムチとスクナヒコナが深く結びついているが、崇神代ではオホナムチとオホモノヌシが結びつく。スクナヒコナもオホモノヌシもオホナムチと結びつくことが求められる。オホナムチは傷を持った神である。

スクナヒコナもオホモノヌシも分析心理学では元型にあたると思われるが、いずれにしても、オホモノヌシという元型だけでは、癒しの神として機能できず、オホナムチ（傷つき）とセットになって初めて癒しの神として機能するということがわかる。スクナヒコナも単独では機能しないことは第Ⅶ章で述べている。これが「傷ついた治療者」の原像であろう。

本書に提示した事例の中で生じたのは、元型的子どもイメージである。したがって、オホナムチ（セラピスト）は、スクナヒコナ（子ども神）に出会ったことになる。

これを古川の論と重ね合わせて考えてみるならば、古川の述べる「コト」の神が機能したのだろう。スクナヒコナが「コト」を引き起こし、新しい秩序を創り出すという機能は、臨床上に現れた「子どもイメージ」の機能と共通している。

子ども神はもはや機能しなくなった古い秩序を解体させ、焼き尽くし、新しい秩序の生成を促す。この場合の古い秩序とは、無自覚な傷つきを中核にした世界であり、クライエントを傷つける者とクライエントとの固着した関係性のことでもある。

神話による天下平定の場合は、「コト」だけではなく、「モノ」も必要であった。当事例では「子どもイメージ」が生じたが、元型的子どもは元型の中のひとつの例に過ぎない。したがって、治療の対象によっては他の元型であるオホモノヌシ、つまり大人イメージが生じる場合もありうるだろう。

筆者の臨床では、いずれの事例も、傷を解離させたクライエントであったため、「子どもイメージ」しか生じなかったのかもしれない。それを裏づけるように、「事例4」と「事例5」は、終結後に大人になったクライエントが異なるテーマを抱えて現れた。すでにクライエントは、かつてのいわれなき傷を負わされたヒルコイメージではなくなっている。

セラピスト（オホナムチ）は、子どもイメージ（スクナヒコナ）と作業（「コト」）をしてきたが、次には大人イメージ（オホモノヌシ）という、大人と作業（「モノ」）をしていかなければならないのかもしれない。

また、オホモノヌシという大人の「モノ」の神の出現は、共同体の秩序崩壊（疾病大流行）という、個人を超えた大破局に出現するのだとしたならば、事例の対象がさらなる重篤な統合失調症など、世界の秩序が破壊されたようなレベルで生じてくることも考えられる。

次に、何故人間の世になってオホモノヌシはタタリ神になったのかについて考えてみたい。

これは人間の時代になり、無意識に由来する元型の力を忘れ、意識的努力だけに頼ろうとしてきたことにあるのではないだろうか。

タタリをなすオホモノヌシ神の威力は国民の半ばを滅ぼす勢いだったが、この破壊力は、元型の持つ治療力と表裏になっていると思われる。元型は、両極の力を本質的に持っているため、医療神（治療神）と疫病神は、セットになって含まれているものであろう。この両極の力のどちらが出るかという原理は、忘却いかんと祭祀の正統性とにあるようである。

治療神は、血脈の者に祀られることで治療力として働き、忘れられ、あるいは正統ではない者に祀られ、あるいは敬意を払われないことで破壊力となって発動するタタリ神になってしまうのではないだろうか。

このオホモノヌシは、多くの神々の中でも特別の力を持っていると言われている。『日本書紀』のオホモノヌシ祭祀神話の終末では、まずオホモノヌシを祀り、次にオホナムチを祀り、その後に他の神々を祀る、という手順をふまえなければ疫病は止まず、天下は安定しない、と占いに出たが、その通りであったと伝えている。

補章で取り上げているとおり、ユングは「無意識の働きの多くは、意識によって間接的に誘発されるが、決して意識的恣意から生ずるのではない。」「様々な元型は魂の生命力であって真剣に受け取られることを望んでおり、また不思議と自分が力を出せるように立ちまわる」と述べている（Jung & Kerenyi, 1941/1975）。

河合はユングのこの言葉を裏付けると思われる言説を、ユングが一九一一年にフロイトと決別した後の「方向喪失の状態」と呼んだ内的体験から学んだことを通して、次のように述べている。

「（ユングは）『自我の意思よりも高いものが存在し、それに対して人は頭を下げねばならない』ことを知り、『われわれが内的人格の欲することや、語ることに従ってゆくならば、苦痛は消える』ことを経験した。つまり、ユングは当時の西洋人の一人として、自我の意志、その判断力などを重視し、それに頼ろうとしてきたが、自分の内なる世界に自我を超える存在があることを認めざるを得なくなったのである。(21)」

河合の取り上げたユングの「方向喪失の状態」の体験は、オオナムチの傷つきの体験とも通じ、「自我の意思よりも高いものが存在し、それに対して人は頭を下げねばならない」というユングの言葉は、スクナヒコナやオオモノヌシを敬うことと重なり、また、「われわれが内的人格の欲することや、語ることに従ってゆくならば、苦痛は消える」ということは、傷つきを体験した者（オオナムチ）と元型的存在（スクナヒコナやオオモノヌシ）と共同作業をすることにより、天下は安定するということに繋がるのだろう。

5　セラピストの条件

セラピストの条件として有用なのは、前述したように、狭義の共感ではなく、本論に示されたような、クライエントから投げ込まれたものを抱える心理的容器としての他者であり、投げ込まれたものを自分自身の内界で独自に体験する心的力動態としての存在でありつづけることだろう。

本事例では、セラピストがクライエントから解離した傷を投げ込まれ、その傷と過度に同一化して抱えるところから始まっているが、自分自身の傷を自覚し、傷ついたまま終わるのではなく、オオナムチのように生き抜いている。

セラピストにはクライエントの傷を感受すること、自らの傷を自覚すること、そして「吟」、

「愁」を体験するという能力が求められるかもしれない。さらに意識的な努力だけに偏ることの限界を知り、自分自身の無意識の深層に存在する元型を認め、真の敬意を払うという姿勢も必要であろう。それはクライエントの内なる力への敬意とも呼べるものである。

クライエントの力動に向かう内的方向性がまず前提として発動するからこそ、心理療法は展開するのである。クライエントの内的態勢に触れるとき、セラピストはおのずと深い敬意を感じるのである。

この思いは、同時にセラピストの外側の力の限界性を自覚することと表裏一体のものである。クライエントのこころの傷と、セラピストのこころの傷、内なる力と外側の力、その潜在性と限界性、ここには多層的な反転が繰り返し現れる。この力動こそが、「傷ついた治療者」という、そもそも二極性に満ちた分析心理学概念に繋がっていこうとする動きなのではないだろうか。その現れは画一的ではなく、さまざまな可能性を探ることができるだろう。

その現れのひとつとして、本論は「傷つけられる者イメージ」と「子どもイメージ」の出会いに注目して論考を進めてきた。そして、ここでは反転を繰り返して両極性が深められたイメージとの遭遇を見ることができた。

このような心理療法空間には、元型が「忽然」と生まれ、分析的な作業をしていくことができるのだろう。つまり、そのようなセラピストに、元型が「忽然」と生まれ、クライエントと共同作業をしていくことができるのではないだろうか。

ここで、セラピストになぜ「子どもイメージ」が生じたのか、について考えてみたい。

グロウスベック（一九七五）は、治療者が自分自身の傷と病にとどまってふれ、そして、経験するだけでなく元型的な性質の無意識からの力強いイメージと直面した時にのみ、次に患者が同じ過程を進むことが出来る、と述べている。

分析心理学的立場をとる心理療法において、深いレベルの傷つきが癒されてゆくとき、セラピスト、クライエントの両者がその深層へと繋がる作業が必然となる。そしてこのプロセスについて、臨床現場では、「セラピストが体験した深さまでしかクライエントもまた行くことはできない」と言われている。セラピストが行った深さまでしかセラピーは進まないのであるならば、セラピストの体験レベルの由来はあるのだろうか。

本書の事例では、セラピストの個人的無意識、普遍的無意識ともに「子どもイメージ」が生じている。ここで、セラピスト自身の体験について触れる必要があろう。なぜなら、セラピスト自身が、かつて自分の内側と繋がる作業をした際に、「子どもイメージ」に出会った体験を持っており、この体験こそが、セラピストの体験レベルの由来と通ずると思われるためである。

私（以下、セラピストを私と記す）は過去に交通事故に遭い、身体の障害を負っていた。外見上はわからないが、気温が低くなると、身体が痛くなり、全身が動かなくなることもあった。外側からの治療を受けても一時的な効果でしかなかった。ただひたすらに、痛みに耐え続けるという経験であった。

ある時、外側からの治療の限界を悟り、「違う方法で治りたい」と強く願った。そして、私は床に額を押し付けて、じっと動かずに、内側からの治癒の協力を待った（私自身なぜこのような奇妙な行動をとったのか、意識的にはわかっていなかった）。この時、傍らには家族犬がいた。彼はちょうど一メートル離れたところに座り、じっと動かずに、うずくまっている私の呼吸に鼻息で合わせてくれているようだった。私が床から額を離すまで、決して動かなかった。

その作業空間（建物）を囲む環境といえば、野うさぎや、野たぬきがいる人里離れた場所で、竹林に囲まれ、誰からも覗かれない奥まった地形だった。そのうえ、作業中は窓という窓はすべてカーテンを閉め切り、完全に外界をシャットアウトしていた。

床に額をつけて、身体の痛みに耐えてうずくまっていたある日、真っ暗な中から子どもイメージが生まれた。具体的にどこからきたのはわからなかったが、自分のこころの中の深い地下の暗闇から現れたということだけはわかった。恐ろしく目力のある子どもイメージだった。そして、そのイメージと関わった。

その子どもイメージと対話を続けているうちに、私の身体の痛みはなくなり、悩まされていた症状は消失した。そしてそれ以来、症状は再発していない。

本書の執筆を通して、私はこの極めて個人的な体験について、ギリシャ神話や日本神話で語られている元型的体験と通ずるということに気づかされた。

ギリシャ神話における医神アスクレピオスの師でもあったカイロンは、〝癒されない傷〟を負っていたといわれている。カイロンの治療の場所は山のふもとにある洞穴にあり、この洞穴の地下に傷を癒す治療法があった。古代の人々は、日常から離れた神殿の聖なる部屋で治療を受けていたのである。また、カイロンの弟子であるアスクレピオスは、犬に守られていたとも、治療室の中に犬がいたともいわれている。

今思うと、私は無意識のうちに治療空間としての準備を整えた環境を用意していたことになる。家族犬の守りのなか、私は床（地）に額をあてて、治癒を待っていた。

私の〝痛みに耐え続ける〟という体験は、日本神話における「吟」であり、外側からの治療に限界を感じ「愁」のプロセスを越え、「忽然」と現れたのは「子どもイメージ」であった。日本神話ではスクナヒコナにあたるであろう、子どもイメージと共同作業をして、私の傷（身体の障害）は内側から治癒したのだと思われる。

私ひとりでは、到底この作業はできなかったであろう。もしかすると、家族犬は、私よりも先に彼の中の内なる子どもイメージとコミットしていたのかもしれない。このことは、今回の研究によって検証できたことであり、この体験を理解するためにも、本書は大きな意味を持ったと考えている。

心理療法を行うためには、特別な空間が用意されることを前提としなければならない。西洋の古代の人々は、神殿の中の聖なる部屋に出向いて治療を受けることを、自然で当たり前のように行っていたであろう。日本神話では、オホナムチが国造りをするために神の来臨する場で神を迎える（第Ⅶ章3参照）、とある。

さらに、本章ですでに述べたように、崇神天皇の時代には、天皇が聖なる寝床で疫病を解決するための夢を見ている。現代では、そのような場所はないため、その代わりに、面接室（セラピールーム）という日常から離れた空間が用意されているのだと思われる。心理療法を行う面接室は、古代の人々にとっての神聖なる場所とつながるだろう。

では、上記のセラピストと同様の体験をした者だけが、「傷ついた治療者」として機能することができるのであろうか。もしも仮にそうだとしたならば、本書における心理臨床実践の一般化への道標の可能性を失ってしまうことになる。

ここで述べたいのは、セラピストの条件として最も大切なことは、外側の力の限界を知っていることだということである。セラピストが深層からの元型的な力と共同作業をするためには、心理療法空間の中で、自らの傷の痛みや苦しみに対して、防衛機制を働かせずに（外側に逃げずに）、うずくまり、そのまま持ちこたえる力を持つことができるかどうかにかかっているだろう。

この体験は思考レベルの行為とは違い、自分自身の内側に向いた切実なものでなければならない。セラピストがこれらのプロセスを生き抜いたときに、深層からの治癒の協力者と出会うことを可能にするのである。

6　現代の心の病

五事例を通して神話について触れたが、神話のパターンは、社会や子どもたちの無意識とどこかで繋がりあっているのではないだろうか。現代に蔓延している日本人の心の病は、崇神天皇の時代に疫病が多発した状況の再来ではないかとさえ思われる。

オホナムチの時代にスクナヒコナの助けをかりて、オホナムチとスクナヒコナは一対となって荒れた国土を平定し、病を克服した。そして、スクナヒコナが去った後にはオホモノヌシが現れ、オホナムチを助けて平和な時代になった。しかし、次第にその存在を忘れ、人間の天皇の時代となって突如疫病が蔓延し、国民の半分が死に絶えたという。

現代の日本を重ね合わせてみると、戦争が終わり、経済成長を成し遂げた後、物質に恵まれ、平和を満喫している中、心の病に苦しむ人が多くなってきた。人びとは極めて意識的な外側のものを手にしたが、それは同時に内側を切り捨て、無意識的な世界を忘れ去ってしまったのではないだろうか。

神話的で無意識的なネガティブな世界に触れない現代は、優しさや思いやりなどに偏り、前向きに生きなければならないなど、片面のみを強いているように思われる。今日、青少年の悲劇的な事件が大きな社会問題となっているが、この現象は、神話的世界、無意識的世界に回路を開き、攻撃性、破壊性をも含んだトータルなものを通して心を開くことの重要性を知らせてくれているのだろう。

また臨床現場に携わる者として、大人たちが自分自身の傷つきに目を背け、傷を切り離し、意識しないまま目の前の子どもに投影している現象が多く起きているように感じている。傷つきを投影された現代の子どもたちは、不登校、引きこもりを始めとした様々な症状に苦しんでいる。耐えられないほどの苦しみであれば、傷をヒルコ（第Ⅶ章5参照）のように流さざるを得ない。つまり自らの傷を切り離し、解離させざるを得ない状態に追い詰められている子どもたちが多く存在しているのではないだろうか。

このことは、神話に重ねてみるならば、オホナムチのように、大人たちが自らの傷つきを自覚し、傷の痛みを生き抜くことが求められている、ということになるだろう。これらのことを現代のこころの病に苦しむ子どもたちが自ら犠牲になりながら、大人たちの分断された意識と無意識を繋ぐことの必要性を知らせてくれているのだと思われる。

本章では、セラピストは子どもイメージと出会い、共同作業することで「傷ついた治療者」として機能したことを述べてきた。

神話との繋がりで見るならば、オホナムチ（傷つき）の体験は、セラピストの（傷つき）体験と重なり、スクナヒコナの存在は、元型としての子どもイメージの存在と重なりあう。つまり、オホナムチはスクナヒコナと心理療法の場で出会うと理解することもできるだろう。神話の中では、傷を持った神であるオオナムチは、オオモノヌシというスクナヒコナ以外の神ともセットになって大事業を成し遂げている。

筆者がこれまで論じてきたことは、「子どもイメージ」という、限定された元型的存在とセットになって内的作業をしてきたセラピスト像である。大きな流れの中のひとつでしかないであろう。しかし、そうではあっても、「オオナムチ、スクナヒコナが力を合わせ、こころを一つにして、病を治療する方法を定めた」といわれる古代からの知恵は、またこれからも生きて機能していく、可能性に充ちた治療イメージではないだろうか。

第Ⅶ章　子どもイメージが生じる臨床体験の理論化のために

――日本神話における「傷ついた治療者」と子どもイメージ

「傷ついた治療者」や「子ども元型」については、ヨーロッパの神話を基に研究が展開してきた経緯があり、補章ではそれらを研究史の中で概観している。本章では、日本神話の中に見出された「傷ついた治療者」と「子ども（神）」について論じていきたい。

本書は「はじめに」で述べたように、理論的根拠を日本神話に求めている。筆者は日本神話の中に、「傷ついた治療者」とともに「子ども神」を見出すという作業を試みた。その結果、「オホナムチ・スクナヒコナの神話」をモデルとして取り上げることが出来るように思われる。

さらに類似のものとして、「ウミサチ・ヤマサチの神話」があげられる。また同じく、「ヒルコ、ヒルメの誕生神話」からは「傷」を巡る認識、「カグツチの誕生に伴う母親殺し」と「スサノヲのオホケツヒメ殺し」からは「母親切断の意義」に対する認識を見ることができるように思う。

傷つきを認めることは、「傷ついた治療者」イメージと出会う前の必須の作業であり、母親切断は「傷ついた治療者」イメージと出会った後に行う作業だと思われる。したがって、「傷ついた治療者」イメージによる治療を述べる際には、前後の作業に関わる神話を探し、論及することも必要になると考える。

これらの神話の提示するイメージの流れを重視しつつ、神話構造とプロットを検討し、それらに心理学的視点から再検討を加え、原理を抽出し、その上で「傷ついた治療者」と「子ども（神）」との繋がりを理論化していきたい。

そのためにまず、前提となる二つの作業を見ておきたい。一つはこれらの神話に関する日本のユング派の研究者の論を確認しておくことである。もう一つは筆者が神話を読んでいく際の視座、基本的態度の確認である。

1 分析心理学（ユング派研究者）による神話理解

(1) 河合隼雄

日本の心理学的神話研究史の中で日本神話と臨床心理学を体系的に結びつけて論じた嚆矢は河合隼雄であり、著作としては『中空構造日本の深層』（一九八二）が挙げられよう。河合のこの著作は、神話の構造を語りながら、日本人論や日本文化論にまで言及している。

以降の河合の神話論の一つ『神話と日本人の心』（二〇〇三）で河合が試みているのは、個別の各神話に心の深層のあり方を探ると同時に、実際に我々が生きていく上でのヒントを得、それを明らかにするという方法である。

著作の中から本書のテーマと重なる部分を取り上げてみると、河合は大国主の数度に渡る「死と再生」については、「国を治める人としては多くの試練を経て初めて成人になる」[1]と見ている。

このように、傷との関係ではなく、イニシエーション儀礼が強調して語られている。またスクナヒコナについては、「大国主が国造りの神格としての高さを持つのに対し、スクナヒコナはそれを補償する自然との結びつきを持つ[2]」と述べている。大国主がその名のように偉大でゆるぎない存在であるのに対し、「スクナヒコナはトリックスターとして大国主を補償している[3]」と述べ、「かくして、このペアの神は農耕、医薬、国土造りの重要な仕事を成し遂げる[4]」と説明している。

この河合の論を支えるものとして、フォン・フランツの著作『世界創造の神話』(一九七二/一九九〇)があり、河合はこれを引用している。フォン・フランツは「ふたりの創造者」というテーマが世界に広く分布していることを指摘している。フォン・フランツによれば、このふたりの間に存在する相補性が重要だということになる。河合はこの論を日本神話に取り入れたのである。また『播磨《はりま》風土記』の中で「大汝少日子根命《おおなんじすくなひこねのみこと》」という一神の名になっているところにも、ふたりの神が一個の神格の相補的な両面であることの証拠であると見ている。

しかし、二神がなぜ国造りの神になったのかについては、河合は大国主の死との関わりで語っているのだが、なぜ医薬の神になったのかについては、個別に論じてはいない。神の持つ医療神という特別な能力や職能はどこに由来するのか、という点について、「傷ついた治療者」と「子ども(神)」との関わりの中で語られることはなかったのである。

(2) 織田尚生

時系列で見たとき、河合のふたつの著作の間に位置するのが、織田尚生の『王権の心理学』（一九九〇）である。織田は神話を心的現実と見ている。

国家の危機に対処するために成立した日本神話の歴史的背景を重視しながら、神話の内容考察を通して統合失調症のクライエントの個人的神話を理解する試みが『王権の心理学』の内容である。織田は統合失調症に対する理解を深めると共に、治療的に役立つため、という明確な目的を持って論じているようである。したがって、取りあげられる神話は、創生神話、国生み神話、太陽神誕生神話といったコスモスに関するものになっている。

コスモスの解体と崩壊は、統合失調症の内的な状態であろうし、統合失調症からの回復は、コスモスの再編成、世界再創造となるからである。このコスモス論の中で織田はヒルコを取り上げ、「中心に対する周縁の意識が、ヒルコを葦舟に入れ、流すことによって登場を開始した。」(5)「不完全な子である（中略）ヒルコが太陽の舟によって流された。」(6)「周縁は破壊」(7)の場所であると述べており、あくまで織田の関心はコスモスに向いていることがわかる。

さらに織田は、ヒルコをスクナヒコナとの関係で述べている。スクナヒコナにトリックスターのイメージが見られることを述べ、「オホナムヂが表の存在とすれば、トリックスターたるスクナビコナは裏の存在として中つ国における創造を支えるのである」(8)としている。

また、スクナヒコナが常世に帰ったのち、オホモノヌシが海上から来訪する場面を取りあげ、「未成熟で出来損ないの神格ヒルコが今や周縁から中つ国に帰ってきたと考えてもよいだろう。

公式的で欠点のない表の存在は、未成熟で不完全な存在によって保証されないと、生命を保つこと、あるいはコスモゴニーの過程を進めることが出来ない。さらに言えば、ヒルコ神話においては、周縁は流し捨てる場所、つまり価値のない破壊の場所であったが、このスクナビコナにおいて、生成の場となり、周縁の意味の変容を明らかに認めることが出来る」[9]と述べている。織田の論はコスモスという視点からのものが強かったため、スクナヒコナやヒルコを取りあげてはいるが、傷つきや治療的力の根源、あるいは子ども神というテーマは論じられることはなかった。

これらの略述からもわかる通り、日本のユング派を代表する二人の論者は、「傷ついた治療者」と子どもイメージを結びつけて神話を理解することはなかった。

次に、筆者が神話をどのような視点から読んでいくのかについて述べてみたい。

2　神話を読む際の基本的態度

神話の読みには、当然のことであるが歴史がある。また、歴史的制約からくる読みのバイアスがある。たとえば、本居宣長は『古事記』を否定すべからざる神典と見たし（大野（編）、一九六八）、津田左右吉は未熟で幼稚な思想の現れが神話にあると規定した（津田、一九四八）。

戦後の神話研究は、皇国史観一色であった戦前、戦中の研究に対する反省からスタートした。「歴史社会学派」と言われる学派が台頭し、歴史的事実に忠実な「科学的読み」が一時期主流になった。一九七〇年代頃から次第に研究の中心的地位から遠のくが、現在この流れは一九九〇年代頃からポスト・モダン等の新たな視点を取り入れた研究として再構成され、新視点の研究として注目されている（シラネ、一九九九）。中心的研究者は、神野志隆光などである。

今日では神話を「文学作品」として読んでいくという方向が主流になったかの観があるが、その嚆矢が『古事記注釈』（一九七五）を始めとする西郷信綱の一連の研究である。西郷は神話を読むための基本的姿勢についていくつかの指摘をしている。それらを順に見ていきたい。

「方位とは、作品の意味を再発見し、（中略）現在化しようとする意識のはたらきのことである。[10]」

「経験には一種の否定的創造力がある。方法はこの否定と創造の弁証法を生気づけ、その導きの糸となるだろう。だから、逆説めくが、方法を越える事物に到達するように促すものこそ、真の方法だといえる。[11]」

「肝心なのは古代人にたやすくなった積りになることではなく、作品に問うて聴き、聴いてさらに問うという言語過程をくり返しつつ、自己の地平を作品の地平に滑りこませ、両者を融合させようとすることだと思う。これは作品を読むことが、自己の経験を読むことと不可分であることを意味する。だが、とりわけ古事記のような古典以前のアーケイックな世界にぞくするものを読むには、自己の経験をその無意識部分に至るまで読み解こうと努力しなければならなくなるだろう。そこには多分に初期文化の無意識構造が表現されているからだ。[12]」

「相手は作品であって、物理的対象ではない。そして作品であるかぎり、それは読み手の主観のはたらきと無縁に、その外側それ自体としてではなく、私にとっての、あるいは私たちにとっての作品としてのみ存在する。それは読むものの立場と不可分に包みあっている。(中略)だからといって、作品をだしに己の夢を語る形而上的欺瞞が正当化されるわけではない。[13]」

西郷は以上のように記して、神話を読むには読み手の主観の働きや経験の媒介が必要であることを述べている。さらにはここで述べる経験とは、自己の無意識にまで到達したものでなければならないと説いている。

神話には心の体験を語ったものがあるとして、心と神話の結びつきを想定し、神話に基づいて人の心のあり様を理解していくという方法をとる筆者から見たとき、西郷の神話の読みに対する言説は、優れたものであると思われる。何故ならば、西郷のこの立場は、神話の部分を切り取って心理事象に当てはめる、という手段を排しているからである。

意識と無意識を総動員して神話は読まれるべきだという西郷説は、神話は合理的、論理的に読むのではなく、心を通して読まなければならない、と言い換えることが出来るだろう。それには感覚やイメージと関わりながら、神話に向かうことが必要になるが、神話にこうした読みが出来て初めて神話と臨床は繋がるのだと筆者は考えている。

以上の西郷の神話に向かう姿勢を指針とした上で、本書では神話を注釈学的に扱うのではなく、あくまでイメージの展開を追うという立場から、神話理解を試みていきたい。

3　オオナムチとスクナヒコナの神話

これから具体的に神話を読んでいきたい。

日本神話の中で治療神として語られるのは、オホナムチ（大国主）とスクナヒコナであろう。『日本書紀』神代上第八段一書第六には、「夫《か》の大己貴命と、少彦名命《すくなびこなのみこと》と、力をあはせ心を一にして、天下《あめのした》をつくる。またうつしきあをひとくさ及び畜産《けもの》のためは、其の病を療《おさ》むる方《みち》を定む。又、鳥獣・昆蟲《はふむし》の災異《わざわい》をはらはむが為は、其の禁厭《まじなひや》む法《のり》を定む。是《ここ》を以て、百姓《おほみたから》、今に至るまでに、ことごとくみたまのふゆを蒙《かがふ》れり。[14]」（傍線は筆者）と記されている。

また『伊予風土記逸文《いよふどきいつもん》』には温泉を開き、温泉治療の術を定めたことが記されてもいる。『古語拾遺《こごしゅうい》』にも二神が共に天下を経営し、医療を収めたことが述べられている。これらの記載は、二神が治療神として広く承認されていた証であると思われる。

『古事記』によれば、この二神は兄弟神として協力しあい、共に行動し、『万葉集』の中では、

「オホナムチスクナヒコナ」と併称される。『万葉集』三五五番「大汝少彦名のいましけむ志都《しず》の石室《いわや》は幾代経ぬらむ」、九六三番「大汝少彦名の神こそは名づけそめけめ名のみを名児山《なごやま》と負ひてわが恋ふる千重の一重も慰めなくに」、四一〇六番「大汝少彦名の神代より言ひ継ぎけらく父母を見れば尊く……」これらの歌は、そうした例である。あるいは、オホナムチスクナミカミのように、一神であるかのように扱われる現象さえみられる。[15] 二神は相互に深い繋がりを有する神である。

また大国主は『古事記』によると、大国主、大穴牟遅《おおなむち》、葦原色許男《あしはらしこお》、八千矛《やちほこ》、宇都志国玉《うつしくにたま》の五つの名を持っている。『日本書紀』神代上第八段の一書第六は、大物主、大国玉を加え、七つの名を挙げている。このように大国主は多くの別名を持つ神である。

『古事記』の大国主の物語は三段から構成されている。第一は八上姫《やかみひめ》を巡る神々との葛藤の結果の殺戮と蘇生、つまり死と再生の物語と、根の国でのスセリ姫との結婚が語られ、第二はヌナカワ姫、スセリ姫との歌謡の唱和、第三段は、スクナヒコナとの国造りである。これらの一段ごとに大国主は違った名前で登場する。

しかし、スクナヒコナと共にあるときは、オホナムチである。造化三神と呼ばれ、特別な神として扱われる神産巣日神が、自分の子であるスクナヒコナと兄弟となれ、と呼びかける部分では、オホナムチをアシハラシコヲと呼んでいる。ここでオホナムチをアシハラシコヲと呼ぶのは、天上にいてこの世には下りてくることのない別格の神が、地上であるアシハラノナカツ国にいる強力な男神に対し、語りかける場面を意識しての特別なことである、と『日本思想大系　古事記』の注は述べている。[16]

事実、この会話体の直後の「地の文」では、オホナムチスクナヒコナの名称がセットになって出ている。『古事記』以外の他の記述においても、この原則は一貫しており、例外は認められない。（『日本書紀』には『古事記』に記載されている大国主の物語の第一、第二の段は見られない。『日本書紀』本文はオホナムチの神として、大国主の名前は使っていない。『古事記』と『日本書紀』には、大国主、オホナムチの表記の書き分けがあるが、本書文では原文及び口語訳以外は混乱を防ぐため、以下からオホナムチに統一して記す。）

また、スクナヒコナは歌謡の中で間接的にその名が示されることはあるが、単独での活動が語られず、オホナムチとの繋がりにおいてだけ出現する。スクナヒコナは小さな姿をしており、子どもの姿を持った神である。このスクナヒコナやオホナムチの神話は、私たちが「傷ついた治療者」や治療者元型を考える際の有効な資料となると思われる。

ここで次に『古事記』と『日本書紀』の口語訳[17]を提示しておきたい。

　大国主神が出雲のミホの岬にいらっしゃったとき、カガミ（カガイモ）で造った船に乗ってサザキの皮を丸剝ぎにして衣服にし、波頭に乗り、やってくる神があった。名を聞いたが返答がなかった。また（大国主神に）したがっている神々にお聞きになったが、皆「存じ上げぬ」

と申した。そこで、ヒキガエルが言うことには、「この件は、カカシが必ず存じているに違いありません」と申し上げたところ、カカシにお聞きになったが、このとき、「この子はカミムスヒの神の御子さまのスクナヒコナの神です」と答えた。そこでカミムスヒという御母なる神に申し上げたところ、「これはまことに私の子、私の手の内からこぼれ出た子なるぞ。そなたアシハラシコオの神と兄弟となって、国を造りなすがよい」と言われた。そこで以来、オホナムチとスクナヒコナとの二神が相並んでこの国を造営なさった。その後、スクナヒコナは常世国へ渡って行かれた。

（中略）

そこで大国主は、「私が一人でどうやってこの国を造り得ようか。どちらの神と私は一緒に上手くこの国を造ればよいのか」と訴えて言われた。このときに、海を照らしてやってくる神があった。その神がおっしゃるには、「よく私を祀ったならば、私は一緒に上手く事をなそう。そうしなければ国は造れまい」と言うことであった。そこで大国主が「では、どのようにお祀りすればよろしいのか」とおっしゃると、「私をヤマトの国の青垣のように囲っている山々の東の山上に祀れ」とお答えになった。この神が三諸山の上にいらっしゃる神である。

（『古事記』[18]）

ある書に言う。大国主神はまたの名を大物主、または国作りの大己貴命と申す。または葦原醜男、八千戈、大国主、又は顕国王神と申す。子は百八十一神であった。この大己貴命と少彦名命と、力を合わせ心を一つにして、天下を経営した。又、人間及び動物のためには、病気を治療する方法を定めた。又、虫害、鳥獣の害を除去する方法を制定した。したがって、人民は現在まで恩恵をこうむっている。

かつて大己貴命は少彦名命に、「我々が造った国は、うまく出来たと言えるだろうか」と言ったところ、「うまく出来た所もあり、又出来ていないところもある」と答えておっしゃった。この話には、きっと深い由があるのだろう。その後に、少彦名命は熊野の御崎に行き至って、ついに常世国においでになった。又言うことには、淡島について粟のくきに登ったところ、弾かれて常世国におつきになったとのことである。

以後、国中の未だ造作していない所を大己貴神は一人で巡回して造った。出雲国に至って興言《ことあげ》して「葦原中国は本来荒れて広大であった。岩も草木もことごとく強暴であった。しかしすでに私は征服し、従わないものはない」とおっしゃった。「今、この国を治めるのは私一人である。私と一緒に天下を治むべき者はいるのだろうか。真実いてほしい」と言われた。このとき、不思議な光が海を照らし、忽然として浮かびくる者があり、「もし私がいなかったならば、汝はどうしてこの国をうまく平定出来ただろうか。私がいた故にこそ汝は国造りの功績が得られたのである」と言った。このとき、大己貴神が「それでは汝は誰なのか」と質問して言われた。「私は汝の幸魂奇魂である」と答えがあった。大己貴神は「そうだ。私は知った。汝は私の幸魂奇魂である。今どこに住もうと思っているのか」とおっしゃった。これに答えて、「私は日本国の三諸山《みもろやま》に住みたいと思う」と言った。そこで宮をその地に造ってお住まいになるようにした。これが大三輪の神である。

（中略）

大己貴神が国を平定しようとした初期、出雲国のイササの浜に行き到って飲食しようとした。このとき、海上にたちまち人の声があった。驚いて探したところ、全く何も見えなかった。ややしばらくして一人の小男神がいて、カガミの皮で舟を造り、サザキの羽で衣服を造って、海の潮に浮いていた。大己貴神は取り上げて手のひらに乗せていじったところ飛び上がってほっぺたに食いついた。そこで（この小さな神の）姿を不思議に思って、使いをつかわして天神《あまつかみ》に申し上げた。すると高皇産霊尊はお聞きになって、「私が産んだ子どもは千五百もいるが、その中の一人の子どもは手にあまり、私の教えたことにしたがわない。指の間から落ちたのは、この子に違いない。（お前が）愛した上で養育せよ」とおっしゃった。この神が少彦名命である。

（『日本書紀』神代上第八段一書第六上）(19)

（1）　童児神としてのスクナヒコナ

スクナヒコナは国土に常にいる常在の神ではなく、常世《とこよ》からやってくる来訪神であった。常世とは、海の彼方にある理想郷で、命と霊の国である。また永遠不変の意味を持ち、神の住む国、理想郷にも譬えられる。[20]

『古事記』歌謡三九は、酒楽歌《さかくらのうた》であり、そこには「許能美岐波　和賀美岐那良受　久志能加美　登許余迩伊麻須　伊波多々須　々久那美迦微能」と記されている。この一字一音の表記は、「この御酒《みき》は、我が御酒ならず、くしのかみ　常世に座《いま》す　岩立たす　少御神の」と解読されるが、[21]この歌謡の中でスクナヒコナは「常世にいます」神と明記されている。

『古事記』、『日本書紀』ともにオオナムチが国造りをする前、岬や浜にいたときにスクナヒコナと出会い、ともに国造り、国土経営を行ったと語っている。しかし、事業半ばでスクナヒコナは再び常世へ帰って行ってしまう。スクナヒコナと出会った岬は『古事記』にはミホノ岬、『日本書紀』はイササである。イササは一書第六にスクナヒコナが寄り付いた場とあり、のちにはタケミカズチの神とアメノトリフネが降下した場になっている。こうした記述から、この浜がミアレ（神出現）の場所であったという論も見られる。[22]

ミホはオオナムチの子、言代主《ことしろぬし》が「鳥遊《とりのあそび》」をする場所でもあることが『古事記』、『日本書紀』ともに記されている。

鳥の遊びは鎮魂のための呪術であり、[23]鎮魂を行う方便として鳥を狩猟して、鳥が保管している魂を迎えたのである。[24]したがって、ミホは魂迎の場、イササはタケミカズチの神も降臨する神迎えの場となっている海岸である。

特別なこのような場で国造りの直前にスクナヒコナに出会っているということは、国造りには常世の神の力が必要であり、その協力を得るために神の来臨する場で、神を迎えたことを意味しているのだろう。

やがてスクナヒコナが常世へ帰ってしまったあと、『古事記』ではひとりでの国造りは不可能だとして、海に向かって訴えていると、寄り来る神が前ぶれもなく（忽然と）海から来訪し、三諸山に祀られることになる（海に向かって訴えることの意味は後述する）。

『日本書紀』は「私とともに天下を治めるものはいるのだろうか。（本当にいてほしい）」と訴えたところ、海から「私がいたから、天下平定が出来たのだ」と声がし、「私はお前の幸魂奇魂だ。三諸山に住もうと思う」と言った、と記している。幸魂は「幸くあらしむる魂」、つまり幸をもたらす魂であり、奇魂は奇徳を持って万事を知り、弁別できる魂の意、である。古代人にとって魂は肉体を離れて行動しうるものであり、このように魂だけが現れうると考え得た、とされる。(25)

それにしても、オホナムチとともに国造りをする治療神スクナヒコナは何故子どもの姿をしているのであろうか。

柳田國男は『桃太郎の誕生』の中で、一寸法師、桃太郎、瓜子姫、はなたれ小僧様などの民話や昔話を取り上げながら、このように異常に小さな童子を「小さ子」と呼び、海や河からやってくる小さ子を「水神信仰を暗示」(26)するものと見ている。

同じ民俗学の立場でも神話に立脚した折口信夫はスクナヒコナを魂との関係で捉えた。折口は常世の国から来るのは小さな不思議な神であるが、元は威霊であり、魂であったこと、魂はひさごやうつぼ船などの小さな器に入っていると考えられていたらしいことなどから、常世から来る魂が神格化されたものとして、スクナヒコナの小ささ、子どもの姿を捉えた。

なぜ霊魂がやってきて、オホナムチと出会ったかについては、帝王となるべき人、あるいはその土地を治める人が持たねばならない威力ある魂が数種類あるが、この魂が前述のオホナムチに付いて、この世を治める資格を得たと述べている。(27)

筆者の関心はスクナヒコナが子ども神であるとともに、スクナヒコナとオホナムチが治療神であることにある。なぜ、子どもであるスクナヒコナと大人であるオホナムチは治療神であり得ているのであろうか。

これについて折口は、神話的想像力の中では医薬の道は他界から伝えられたと考えられたとして、常世のスクナヒコナに医療の術を成す根源的な力があったと見ている。先に述べた酒楽歌《さかくらのうた》は、酒を褒め、ことほぐ歌謡である。その歌詞にある「久志能加美《くしのかみ》」を従来の説では「酒《くし》の司《かみ》」と見るのであるが、(28)折口は「薬《くし》の司《かみ》」と解する。その上で医薬の司であるスクナヒコナが造った霊妙な薬効のある酒が、人間を治癒させることが賛美されていると見ている。(29)

折口説は医療神としてオホナムチとスクナヒコナは並び称されているが、子ども神であるスクナヒコナの方がより根本的な医療の神だと見ているのである。(30)

ではこのスクナヒコナが医療神であり、また子ども神であることと、この神が常世からやってきて、また去って行くということを心理学的に重ねてみると、どのようなことが見えてくるのであろうか。

折口は常世について、以下のように述べている。

親しみのあるとこ世の国は言ふまでもなく他界であり、他界は即神の所在だと考えられてゐたといふことである。併しその一方に、神ではない邪悪の屯聚する所といふ恐怖国の義も、此語の類語にはあるのである。(31)

折口によれば、常世は神と邪悪という両極性がともに住む両義的世界である。これを心理学的な言葉で言い換えれば、元型的存在に満ちた集合的無意識の世界と見ることが出来るのではないだろうか。そして、この世界にこそ、治療力の根源があり、これを伝えるものが子どもの神なのだと神話は語っているのであろう。

筆者はこの子どもの神を常世という普遍的無意識の中の子ども元型の現れとして見ていきたい。子どもの神はオホナムチの国造りの始めに出現し、オホナムチの思いとは別に事業半ばで去って行ってしまった。オホナムチの意識のコントロールを超えたところで、子ども神は常世からの来訪と帰還をしている。

オホナムチが子ども神と出会えたのが海であり、そこは神来臨や魂迎えに関わる場であったことを考えたとき、無意識にオホナムチは未開の土地を開いて国造りをするという大事業、心理学的には心の未知の領域に向かうという作業を前にして何とかして成功させたいと思い、協力者を求め、おのずと神来臨の場に赴いていたのだと考えられる。

(2) オホナムチとスクナヒコナはなぜ一対なのか

次にオホナムチとスクナヒコナがなぜ一対のものとして活動するのかを考えたい。オホナムチに付着して彼の事業を成功に導く威霊がスクナヒコナであると説く折口説は重要な意味を持つと思われる。これを心理学的に見るとどのように理解できるであろうか。まずオホナムチを巡るイメージの展開を見てみよう。

オホナムチは葦原の中つ国で国造りを行う神であるが、単に国土を治めた神なのではない。この神には固有の特徴があった。オホナムチが登場する『古事記』の最初の場面では、オホナムチは兄弟神に欺かれて「我身悉傷」という状態になったイナバの素兎に治療法を教えて治癒させている。彼は初めから治療者だったのである。

その後、オホナムチは兄弟神に殺害され、再生を繰り返し、傷ついた体験を持つ神になっていった（大国主物語第一段）。オホナムチの神話は治療者と傷との関係を語り続けている。第三段では、この傷ついた神に、国造りの半ばで常世の医薬の神である子ども神が現れ、ふたりで国造りを行っている。臨床に重ね合わせて見たとき、治療者であるオホナムチは、セラピストの自我を意味するのであろう。

そのオホナムチは傷を受けた神であり、そこからの回復の後には大事業を行わなければならなかった。このときに出会ったのが、元型的な治療者だったのだと筆者は考えているが、元型的な治療者像はひとつではない。子ども神はそれらの現れのひとつであるが、ここでは治療者が子ども神であることを重視したい。

ここでの子ども神は集合的無意識に住む元型的存在であり、それ故に治療力を持っている。現実の傷を持ち、治療者でもある神（セラピストの自我）と、他界の子ども神（元型としての子ども）が出会い、現実の傷を持った神は、他界に由来する根源的治癒力と共同作業を行うのである。この子ども神は、傷を持った者の何とかしたいという強い思いを受けて集合的世界から現れ、傷を持った者に力を与えて去って行く。この子ども神の援助を得たのが傷ついた体験を持つ神であることは何を意味しているのであろうか。

オホナムチは国造りという大事業を前にして神迎えの場にいたのであるが、これはすでに述べたように、誰かの助けを求めていたことを表していると思われる。未曽有の事業は、神に助けられなければ一人の力では成就しない程の大規模なものであっただろう。

かつて傷ついた体験を多く持つオホナムチは、危機的状況の中で自分の力の限界を認め、自らの傷つきを自覚していたのであろう。オホナムチの傷を切り離していない体験と、傷の自覚、傷に開かれていることが、オホナムチを神来臨の場に向かわせ、根源的な力の助けを求めさせたのではないだろうか。

スクナヒコナに去られた後には、この傷は意識的なものになって自覚されている。「どうやって私ひとりでこの国を造りえようか」というオホナムチの嘆きは、いずれかの神の助けなしには国造りが完成しないことの自覚を示しているだろう。

一方、常世の子どもの神（スクナヒコナ）は、傷ついた人の傷の自覚（オホナムチ）と結びつかなければ、この世に出現して治療神とはなれず、潜在的治療力のままなのだと思われる。スクナヒコナが常世以外では、単独で活動していないことの意味をそのように見ておきたい。

子ども神と出会うためには、傷つけられたことの自覚が必要となるが、それは自らの傷をいわれなきものであると自覚したとき、痛みと苦しみを感受できるようになり、防衛機制を働かせずに、この耐え難い痛みや苦しみから逃げず、何とかしたいと思うからであろう。この何とかしたい、という心からの思いや訴えかけが、子ども神を呼ぶのだと考えられる。

次にこのようなプロセスを、ウミサチ、ヤマサチの神話を参照しながら、さらに考えてみたい。

4　ウミサチ、ヤマサチの神話

これまで述べてきたようにオホナムチ、スクナヒコナ神話は、傷つき体験と傷の自覚を経て元型的な子ども神との海辺での出会いを語っているが、類似の内容が『古事記』上巻の最末部分や『日本書紀』第十段に見られる。（ただし、ここでは元型的な子どもと出会うのではなく、元型的な老人との出会いとなっている。）海幸、山幸の神話である。
山幸（ヒコホホデミノミコト）は兄海幸に借りた大切な釣針を失ってしまった。代わりの物を差し出すが許されず、返済を強く迫られる。万策尽きてしまったときの記載は以下のようなものである。

ヒコホホデミノミコトは、大そう深く憂い苦しんでいた。海のほとりに行きつつ、うめくばかりであった。このとき、シオツツという名の老人に会った。老人は「いったいどうしてここで苦しんで訴えておられるのか」と言った。（『日本書紀』第十段[32]）

ヒコホホデミノミコトは、どこでどう（失ったものを）求めてよいかわからなかった。ただ苦しみうめくばかりだった。そこで歩いて海辺に至り、その場にたたずみ、嘆いていた。その時、ひとりの老人がたちまちやって来た。（『日本書紀』一書第一[33]）

ヒコホホデミノミコトは、山幸である。山幸は借りた釣り針を返せと迫られていたが、針は魚に呑みこまれ失われてしまっていた。広大な海の中から釣針を呑んだ一匹の魚を探すことは出来ず、返すことは全く不可能であった。どうしたらよいのか解決策が全く見当たらない山幸は、ただ傷つき、苦しみ、声にならない声で、うめくことしか出来なかった。やがて彼は海辺へ赴き、そこでたたずんだのである。[34]

ここで神話の表記を問題にしてみたい。オホナムチ神話にはスクナヒコナに去られた後、新しい援助者として海からやってくる神の出現の前には「愁」(『古事記』)、「忽然」(『日本書紀』)の表記がみられる。

ウミサチ、ヤマサチ神話には、援助者が出現する前には、同じ「愁」、「忽然」、あるいは「吟」の漢字が使用されていることを指摘しておきたい。援助者の姿はそれぞれ別であるが、どちらの神話にも打つ手のなくなった主人公の前に援助者が出現する前には、同じ漢字が用いられている。その上で、これらの漢字の分析を行い、神話を再吟味していきたい。(なお、オホナムチ神話には「吟」の表記が見られないが、「吟」の内容は存在する。)

漢字調査のため用いたのは古辞書である。それらの古辞(字)書は八九八―九〇一年の成立とされる漢和字書『新撰字鏡《しんせんじきょう》』と、平安末期の成立とされる漢和辞書『類聚名義抄《るいじゅうみょうぎしょう》』の二種である。(以下それぞれ『字鏡』『名義抄』と略記する。)この二種は成立時期が時代的に『古事記』、『日本書紀』に近いので、記紀の漢字の訓みや意味を調べるのに用いることができる。

『字鏡』の「さまよふ(左万与不)」の訓に対し、吟の字が用いられているので、吟は「さまよふ」と訓読すべきであろう。

この「吟」については『字鏡』は、「㊿ 出気息心也、呻吟也、恵奈久、又佐万与不、又奈介久」と記し、「左(万)与不」については、「呻　吟也、歎也、左万与不、又奈介久」と解訳する。[35]

『名義抄』は「吟（中略）ニヨフ、ナケク、カナシフ、シナケル、サマヨフ」と記している。(36)『名義抄』からは、この吟は「ニヨフ、ナケク」等の意であること、それは『字鏡』とも矛盾がないことがわかる。今日の「吟」の持つ意味は、詩歌などを作り、又うたうというものであるが、古辞書にはそのような意味は記載されてはいない。古語のそれは現代語とは全く異なる意味で訓まれ、解読されなければならないのである。

さて「吟」の古語としての意味は、「ナケク」「ニヨフ」である。ニヨフは「吟ふ」と記され、うめく、うなる意味である。したがって、神話の中の「吟」は「サマヨフ」と読み、歎きつつ、うめき、うなる意、ため息するしかすべがないような心の状態、つまり「出気息心」の意味なのである。それは言葉にならない心の痛みの表現であるだろう。

「愁」は、『字鏡』には、漢字表記としては直接取り上げられていない。しかし、『思想大系本　古事記』の「愁」の訓は、「うれふ」をとっており、『古典大系本　古事記』も同様の訓をとっている。

なお、『字鏡』では、漢字「忡」を「宇礼不」と訓じている。さらにこの「うれふ」については、

忡　心憂也、心保止波志留《こころほとばしる》、又伊太牟(37)

と記している。ここに見られる「心ほとばしる」については、

忪　心動、心保止波之留[38]

とある。

『思想大系本』の訓とその解釈を示した脚注には、「愁（うれふ）」について、「心の苦しみを他人に打ち明け訴える意、愁訴」とある。

この訓解は、「愁」を『字鏡』の「宇礼不」に近いものと見ていることにより成立していると思われる。なぜならば、心の痛み（「心憂」、「伊太牟」）が他者に打ち明けられ、訴えられるのは、心の痛みに限界まで耐えた結果のことであろうし、そこに到るには、心ほとばしる、というプロセスがあると思われ、それらを「宇礼不」は語っているからである。

『名義抄』には、「ウレフ」は、

愁　ウレフ、ウラム、苦、悲[39]

患　ウレフ、ヤマヒ、禍[40]

と記されている。

『字鏡』によれば、「ウレフ」は憂や痛みに心が動くこと、それも心がほとばしるような、激しく奔流する心の動きと密接に関わる語とされている。「愁」の「ウレフ」はこの意味に近いと思われる。『名義抄』の「ウレフ」は、「愁」も「患」も同じ訓であるが、「愁（ウレフ）」は悲や苦によるウレヒ、「患（ウレフ）」は禍によるウレヒである。「愁」は神話の中では「告・言・白」などの発言する意味の動詞と共に用いることが多く、また『名義抄』からは苦や悲などの感覚や感情を伴う語であることがわかってくる。

それらを統合して考えれば、「愁」は愁訴、嘆願であるが、一般的な意味のそれではなく、心を動かすほとばしるような思いからなる訴えなのだということが理解できるだろう。

なお、総合考察において後述するが、「愁」の用字は天皇が国家の存亡をかけて神からの夢告を願いつつ、聖なる床に着く（崇神天皇条）場面にも表れている。これらの神話の場面の状況を考えたとき、神に向けた天皇の「愁」は単なる訴えではなく、心ほとばしる思いからの非日常的なものであることが読み取れると思う。

「忽然」は『名義抄』には、

忽　タチマチ、　トシ、　イルカセ、　ワスル、　ホロフ、
ナイカシ、　オコタル、　アラシ、　ハルカニ、　ニハカ、
イカル、　カロシ、　カシク、　ワコツ[41]

と記されている。(『字鏡』には記載なし。)

「ニハカ」は「急に」、「トシ」は「速く」、「タチマチ」は「あっという間に」、の意で、急速、瞬時と読みとることができるだろう。

神話の中の「忽然」の意味は現代語と異なるものではなく、古辞書にも特別な意味は記されてはいない。しかし、神話記述に表れている「吟」、「愁」、「忽然」と続いた漢字の様相は、そこにプロセスを理解していくとき、深い意味を示してくれるものになる。

困難にぶつかり、どうにも打開できない状況に陥ったとき、途方にくれた神は、心の痛みにうめきつつも海に向かい、激しく訴えたのである。つまり、無前提にただ「忽然」と援助者が出現したのではなく、「吟」、「愁」の過程と作業があった後、その結果として援助者がやってくることが理解される。

『日本書紀』本文にあるヒコホホデミノミコトの「吟」は、シオツツにとって「愁」と捉えられる。ヒコホホデミノミコトはうめくだけだったが、シオツツは、それを苦しい訴えととる。ヒコホホデミノミコトが傷をさらし、万策尽きて自分にはどうすることもできないと認識し、海に向かったとき、「忽然」と援助者がやって来る。(ここでの援助者は、子どもではなく、老人である。また、この老人はヒコホホデミノミコトの救済者であり、常世への道案内をしてくれる。分析心理学の用語では、老賢者といえるだろう。)

本当の救済は「他界(常世)」へ行くことで与えられるが、常世は「海童《わたつみ》」「海神《わたつみ》」の支配する世界とも記されている。「海童」という表記から、童児神と関わる世界であることが暗示されているのである。[42]この部分をオホナムチの神話とともに考察してみよう。

スクナヒコナに去られた後、自分ひとりでは国土経営が決して出来ない、という認識のもとに、オホナムチ（大国主）は一人でいることを「愁」える。オホナムチは苦しみ、心から訴えた。自分とともに活動してくれる神、その神がどのような由来の神であるかは知らないが、ただひたすら求めたのである。

この必死の求めがあって、たちまち「忽然」と海を照らして神がオホナムチのもとへ来訪した。ここでの神は無前提に顕現してはいない。（表記はないものの内容的には）「吟」と「愁」のプロセスがあって、神は「忽然」と現れている。

心理学的に見れば、海という無意識の世界から、光とともにつまりイメージや意識化を伴いながら救済者がやってきたのである。

オホナムチ及びウミサチ、ヤマサチ神話の中ではプロセスの後に「忽然」と海上に神が出現したとされるが、オホナムチもヤマサチも、痛みと苦しさの中で心を激しく動かし、何とかしたいと思い続けたこと、救済者は無意識からやって来たことが窺える。

こうした神話は、万策既に尽き、個人の努力ではどうにもならない危機的状況に陥ったとき、苦悶し、苦しみのあまり、ただ心ほとばしるような思いを生きるが、このことが救済力を持つ元型的治療神と出会う原動力になっているという理解を裏づけるのではないだろうか。つまり、救済者の姿は様々であるが、救済者に出会うためには、苦悶と心ほとばしる思いが必須なのである。臨床に重ね合わせてみれば、持てる力のすべてを出し尽くし、意識的な防衛を取り払い、傷の痛みに耐え抜いた後に、自分の力ではどうにもならない、と限界を感じたとき、それでも何とかしたい、何とかなってほしいという、ほとばしる思いが生じたことになるだろう。

その時、瞬時に無意識の彼方から見知らぬ救済者がやって来る。現実の心理療法では、セラピストは自我を保ったまま、無意識から浮上してくる者をイメージを介して捉えることができるのだと思われる。

その救済者については、神話の中では子ども（スクナヒコナ）であったり、大人（オホモノヌシ）や老人（シホツツ）であったりするであろうが、筆者の臨床体験では、子どもイメージとして生まれている。

5　ヒルコ、ヒルメの神話

記紀の中には傷の体験と自覚部分を取り出し、強調して語っていると思われる神話も見られる。イザナキが、ヒルコ、ヒルメを生む神代の出来事として語られている神話である。

『古事記』ではイザナキ、イザナミが最初に生んだ子がヒルコである。『古事記』と『日本書紀』第四段第一と第十の一書では、この最初の子どもは不具の子であり、葦舟に乗せて流してしまうのだが、この記載には異伝があり、紀第五段本文と第二の一書ではヒルコは最初の子どもではなく、三貴子といわれる三人の最も尊い神の内の二神、日の神アマテラスと、月の神ツクヨミ誕生の次に生まれている。

記紀のヒルコ伝承自体に二つの系統があり、不具児からは生み損ないの原理を、三貴子誕生と結んだ伝承に中心を置く見方からは、日の神の物語が抽出される。ヒルコに対しては、その背景に洪水神話と結びついた兄妹の始祖神話を想定し、洪水を逃れて生き残った兄妹が近親婚をしたところ、第一子に不具児が生まれたという、近親婚の結果としてのヒルコをみる見方がある。(43)

日の神の子を「うつぼ舟」に入れて流す神話は世界的に広く分布しているが、ヒルコはヒルメ(日ル女)に対する名称であり、ヒルメが太陽の子であると同様に、ヒルコも太陽の子を意味し、ヒルコの話も日の御子を流す神話の類型の一つとして考えられるという説もある。(44)

ヒルコ神話及び三貴子誕生に関する神話研究には様々な考えがあり、研究の蓄積が見られる。多くの研究では、ヒルコ誕生及び島々の誕生、イザナミの死とイザナキの黄泉国訪問、アマテラスの誕生をそれぞれ切り離し、個別のモチーフを持ったそれぞれ個別の神話として理解しているが、筆者はこれらを、本章二節「神話を読む際の基本的態度」で示したような立場に立ち、一連のイメージの流れとして連続性の中で見ていきたい。

その上で『古事記』を中心にして、ヒルコ神話から始まる神々の誕生の神話の構想を罪や穢れとの関係から見ていきたい。ヒルコを流す前後の記載は、『古事記』の本文には以下のように記されている。

約束して柱を廻ったとき、イザナミが「なんて良い男でしょう」とまず先に言った。その後でイザナキが「なんて良い女なんだろう」と言った。互いに言い終わってから妻に「女が先に発言したのはまずい」と言った。しかし寝床で事を起こし、生んだのがヒルコ（水蛭子）である。この子は葦で作った舟に入れて流し捨ててしまった。次の子が淡島。この子も二神の子の中には数えない。そこで二神は相談した。「今我々の生んだ子はまずい子である。……」

（『古事記』(45)）

ヒルコは船に乗せ、放ち捨ててしまう。次々にイザナミは子どもを生むが火の神を生んだとき火傷をして死んでしまう。イザナキは死んだ妻の国に行くが、そこに見たものは蛆がたかりうごめく腐乱死体であった。見られたことを怒り、追跡するイザナミからイザナキは逃れ、生と死の境のヨモツヒラ坂を封鎖し、身を清めたときに生まれた子がヒルメ、つまり日の神アマテラス（天照大神）である。

『日本書紀』本文と第二の一書では、三年の間、ヒルコは脚が立たなかったと述べられている。

イザナキ、イザナミは相談して、「我々はすでに沢山の島々と山川草木を生んだ。（次には）

天下の主たる者を生もうではないか」と言った。そこで日の神を生んだ。（この神を）オオヒルメと申し上げる。この子どもは光明に充ち、その光はあたりを照らしてやまなかった。（両親である）二神は喜んで、「我々の子どもは沢山いるけれど、このように特別な霊を持った子はいない。長く地上に留めおくべきではない。すみやかに天上に送り込み、天上界のことがらを授けよう」と言われた。このころ、天地がひどく離れてはおらず、（天を支える）天柱から（アマテラスを）天上に送った。次に月の神を生んだ。日の次に美しい光を持っていた。太陽と並んで支配するがよい。そこでまた、天に送り申した。次に蛭児を生んだ。三歳になるまでお足が立たなかった。したがって、イハクス舟に乗せて風にまかせて捨てた。

（中略）

ある書では言っている。日の神と月の神がすでにお生まれになった。次に蛭子を産んだ。この蛭子は三歳になったけれども、脚が立たなかった。（『日本書紀』第五段）(46)

子生みの最初にはヒルコという不具の子が生まれるという神話記述がある。蛭は大神宮儀式帳には、「田蛭波穢故」とあり、汚いものとされている。この汚いものは紛れもない二神自身の子どもだったのだが、自分たちの中から汚いものが生じたという傷つきを受け入れず、ないことにして捨てたのである。その結果、さらに汚いものや傷を体験しなければならなかったのではないだろうか。

イザナミの身体に音を立ててたかる蛆虫は、形を変えた蛭の暗闇での姿ではないだろうか。蛭は生き血を栄養とするが、蛆は腐った肉を食べる。蛭から蛆へとさらに汚く恐ろしいものになってしまっているのであろう。イザナキが自分の傷、穢れを受け入れたとき、最も貴いものが生まれた。同じヒルの名を持つ太陽の子どもヒルメである。

神話表現には、吸うヒルから嚙む蛆へという、イメージの展開があり、さらには穢れを認めた上での最上の子どもの誕生へと続いているのだから、この部分を精神分析学、特にクラインの対象関係論における発達段階論と照合して見ると、口唇的攻撃性を持った分裂―妄想態勢から抑うつ態勢への発達と見ることもできるだろう。

すでに述べたようにヒルの名前からヒルコはヒルメ同様に太陽神であるという松本の説があるが、そのように見なくとも、ヒルの同一名の元に最悪から最高という対極の子どもイメージが現れているとして捉えられるのではないだろうか。アマテラスの天の岩戸篭りで明らかなように、ヒルメがいなければ世界に闇が広がり、悪が世界を覆ってしまう。このようにヒルメは悪と闇を打ち払う最高神として天上界に君臨した。

ケレーニィは『神話学入門』（一九四一―七五）の中で、「昇る太陽や生まれたばかりの幼児の比喩的価値とは、相関的でかつ等しいのである。昇る太陽と生まれたばかりの幼児は、始原児が登る太陽と、世界中の生まれたばかりの幼児たちの比喩であるのと、全く同様に始原児の一種の比喩である」(47)と述べている。

ヒルメは太陽＝幼児＝始原児（元型としての子ども）であったと考えられよう。なお、のちにヒルメは子ども神ではなくなり、天上界では自ら皇祖―祖母神となるが、幼児との関わりは失われず、自分の孫（幼な子）を地上に送り出した。ヒルメと孫との関わりは、大人と幼児という両義性を象徴しているのかもしれない。大人になったヒルメの子ども心性が失われていないからこそ、幼子である孫を尊重し、地上に送りだしたのではないだろうか。

子ども神が生じるためには、今まで切り離していた傷を引き戻すこと、つまり真に傷を体験し、自覚することが必要であったことを神話から理解できるのではないかと思われる。

以上のヒルコ、ヒルメ神話を臨床と重ね合わせてみるとき、強調しておきたいことがある。それは、傷を認めることで、すばらしいものが生まれる、という神話は原理論的なものであり、最悪＝ヒルコ、最高＝ヒルメ、という価値付けは、イザナキ、イザナミの大人の視点、つまり外側からのものにすぎないことである。

ヒルコの傷をヒルコ側から見ればいわれなきものであり、ヒルコにはいかなる罪も責任もない。心理療法に重ねてみると、傷を負っているクライエントは、面接の場にヒルコとして現れる、ということであろう。いわれなき傷を受け、不当にも汚いものとして排除された、象徴的にヒルコであるクライエントは、大人から受けた自分の傷を自覚していないことが多い。

クライエントが理不尽、不条理な傷を受けていること、象徴的な意味でのヒルコであることを自覚することが、クライエントの変容のためには必要であり、最終的には象徴的にヒルメになることかもしれないということを述べておきたい。

6　母親殺しの神話

(1)　カグツチ

ヒルコ、ヒルメ神話として見てきた記載は、間にイザナミの死とイザナキの黄泉の国訪問譚《たん》が挟まっていた。ヒルコからヒルメに変化するためには、汚穢や傷に触れることが必要であり、死穢はそのための穢れであったと筆者は考えている。このイザナミの死は、火の子どもカグツチを産んだことでもたらされた。これは、子どもの側からは意識しないまま母親殺しを行ったことになる。

さらに母親殺しを行った火の子どもは、イザナキの剣によって切断される。したがって、ヒルコ、ヒルメ神話の全体の流れは、欠損のある未成熟な子ども（いわれなき傷を負った子ども）としてのヒルコの誕生、母親を殺す子どもの誕生、母親（妻）の死、火神の被殺、死の国の汚穢に触れること、最高の子どもとしてのヒルメの誕生、と続いていることになる。

ここで、火神の誕生、母親殺しから殺されるまでの部分を見てみたい。

次に（イザナミは）火ノヤギハヤヲを産んだ。別名は火ノカガビコと言う。または火ノカグツチ、と言う。この子をお生みになったことで陰部が焼かれてしまい、病に伏した。

（中略）

そこでイザナミは火の神をお生みになったために、ついに亡くなられてしまった。

（中略）

そこでイザナキは身につけた長い剣を抜いて生まれた子ども、カグツチの神の首を斬った。その剣の先についた血は神聖な岩石群にたばしってイハサク、ネサク、イハツツの神となった。剣の根元についた血は、岩石群にたばしって、ミカハヤヒ、ヒハヤヒ、タケミカヅチ（別名、タケフツ、トヨフツ）が生じた。次に剣の取っ手に集まった血が指の間から漏れ出て、クラオカミ、クラミツハの神となった。殺されなさったカグツチの頭には、マサカヤマツミ、胸にはオドヤマツミ、腹にはオクヤマツミ、陰部にはクラヤマツミ、左手にはシギヤマツミ、右にはハヤマツミ、左足にはハラヤマツミ、右足にはトヤマツミが生じた。お斬りになった刀の名はアメノヲハバリ、又はイツノヲハバリと言う。

（『古事記』(48)）


火の神カグツチが生まれたとき、母親イザナミはヤケドによって亡くなった。

（中略）

ついに身につけた長い剣を抜いてカグツチを三つに切った。それぞれは神になった。また、剣の刃から滴る血は、アマノヤスノ河原にある多くの岩群となった。これはフツヌシの祖である。

　また、剣のツバから滴る血は、そそいで神になった。ミカハヤヒ、ヒノハヤヒである。ミカハヤヒは、タケミカヅチの祖である。また、ミカハヤヒ、次にヒノハヤヒ、次にタケミカツチ、また、剣先からしたたる血は注いで神となった。イバサク、ネサク、イハツツ、イハツツメである。また、剣の頭からしたたり落ちる血は、注いで神となった。クラオカミ、クラヤマツミ、クラミツハである。

（『日本書紀』一書第六）(49)


記紀（一書第六・七・八）ともに火神カグツチ誕生のとき、イザナミが死んだため、怒ったイザナキがカグツチを殺すことを述べている。（なお、本文と第一・九・十・十一の一書ではカグツチは登場しない。第二・三・四・五の一書では登場するが、焦点が当てられず、被殺されることはない。但し、一書第六は例外的な異伝内容を持ち、カグツチ殺しは見られない。）

　記も紀も殺されたカグツチの血からは、雷神や山の神や水神が生じたと述べる。さらに『古事記』ではカグツチの死体からも山の神が生じたと述べられているのである。

　斬られた火神の血から生まれた雷神タケミカヅチはヒルメの子孫が天上から降臨する際に、これを助けて活躍する神である。また、生まれた多くの他の雷神は、農業に必要な水をもたらす神であり、山の神も生産性と関わる神である。

　ここで、この生産性について吟味しておきたい。火神にまつわる生産性は、何に由来するのだろうか。神話プロットとしては後にある火神の死によるものなのか、前にあるプロットである母親殺しにあるのだろうか。

それらを明らかにするため、次に母親殺しの後にカグツチが殺されない一書第二を見てみたい。

次に火の神カグツチを産んだ。このとき、イザナミはカグツチのために焼かれて亡くなられた。まさに死なんとする生と死の間で伏したまま土神ハニヤマヒメ、水神ミツハを産んだ。カグツチはハニヤマを妻として、ワクムスヒを産む。この神の頭にはカイコと桑、ヘソの中に五穀が生じた。　（『日本書紀』一書第二）(50)

以上見たとおり、ここではカグツチは殺されないが、結婚によって子どもが生まれ、その子どもの身体に、カイコ、桑、五穀が生じて、生産性へと繋がっていく。つまりカグツチは、殺されないままで豊かな子どもを産むのである。

この一書第二の伝承を加えて考えたとき、母親殺しの後のカグツチは、殺されるにしろ、殺されないにしろ、生産性と結びついていることがわかる。また、カグツチが登場する神話記載はカグツチが登場しないものと、その部分が省略されているものを除いては、すべて母親殺し、あるいは母親を傷つける表現が見られる。

母親殺しを持たないカグツチ単独の神話はない。それらを考案したとき、カグツチの「死」に直接的に生産性が結びついているのではなく、「母親殺し」こそ、生産性に結びついているのだ、と理解することが出来よう。カグツチが母親殺しをしたことが、生産的に展開、発展し、新しい種々な価値を生んだ、と考えられるのではないだろうか。

以上がカグツチ神話の部分の理解である。次にこの「部分」をヒルコ、ヒルメ神話の全体構造の中に入れて、神話の全体の流れの中で見たとき、どのような理解ができるのか見てみたい。

心理学的なイメージの流れから見れば、最悪の子どもの誕生から、最高の子どもへと生まれ変わる中間に、母親殺しと汚穢＝傷に触れることがはさまれていることになる。

最高の子どもを産むのは、イザナキであり、母親殺しはイザナキではなくカグツチが行うが、父から生まれた彼はイザナキの分身と見ることができるのである。さらに、母親殺しも穢れに触れ、傷つくことも意味深いことであり、新しい子どもの誕生のためには必須である、と神話は語っているように思われる。

（2）スサノヲ

母親殺しが単独で語られているのが、スサノヲのオホケツヒメ殺しである。単独と述べたのは、神話の流れの中の一部分を担うものとしてではなく、そこだけが前後と繋がらない独立した「部分」になってしまっているという意味である。

この部分は、実は『古事記』にしかなく、また用字法に混乱が見られるため、ここは不用意に接合された部分であると見られている。[51] したがって、この神話は前後の神話との意味の繋がりの中で理解することは出来ず、部分としてしか扱えないが、そのような限定を踏まえた上で、取りあげてみたい。

スサノヲは高天原で乱暴を働き、追放されて地上にやってくる。その途中でオホケツヒメという食物を供してくれる神に食物を乞う。

また、食物をオホケツヒメに求めた。そこでオホケツヒメは鼻、口、尻から様々な食材を取り出し、いろいろなものに調理してお出ししたとき、スサノヲはこれを立ちうかがい見ていたため、汚くして（私に）出しているのだとして、オホケツヒメを殺した。そこで、殺された神の身体からは頭にカイコ、目に稲の種、牙に粟、鼻に小豆、陰部に麦、尻に大豆が生じた。[52]

（『古事記』）

この種の神話は、神話学、とくに民族学的神話学の立場からは、セラム島の神話の中の殺された女神ハイヌヴェレの名を取り、ハイヌヴェレ型神話と呼ばれる。イエンゼンによれば、殺された神の死体から作物が発生する、というこの神話は初期栽培民文化に特有のものであるとされる(Jensen, 1966/1977)。

この型の神話は古層栽培文化の中で最大の関心事である食用植物の死と再生を説明したものだ

という理解がなされている。この神話をイエンゼンの提唱から一旦切り離し、心という視点から見たとき、どのような視野が開けてくるのだろうか。

オホケツヒメは食物を調理した上で提供してくれる神であるので、これを母親と見れば、母親は自分の排泄物を食物として提供していることになる。これに怒ったスサノオが食物提供者を殺したのである。

神話の文章には「立ち伺うひて」「けがしたてまつると思ひて」「殺しき」とあるのだから、提供された食べ物の実態を見、認知し、怒りを向けて殺したことになる。その結果、五穀の種が生じ、豊穣がもたらされた。母親殺しは不毛ではなく、この殺害があってはじめて食の豊かさが招来された。


繰り返し述べてきたが、本章の中心は、「傷ついた治療者」として機能するためのひとつに、子ども神との出会いが重要な意味をもつ、と述べることである。

オホナムチ、スクナヒコナの神話は、本書のこの内容を心の深層に基礎付けたものとして語っている最も重要なものであると筆者は考えている。しかし心理療法の実際の中では、セラピスト、クライエントが「傷ついた治療者」になるだけではなく、その前後の作業がある。

前者には傷の自覚、後者には傷つける者（母親）殺しが必要となってくる。この作業は特にクライエントにとって必須であると思われる。何故ならば、クライエントには傷の自覚が見られない事が多く、そのために傷つけた者を切断することができないからである。

本書で用いられるのは、①傷を負っている者が、「吟」、「愁」のプロセスを経て、治療神（子ども神）と出会い、「傷ついた治療者」として機能する神話、②傷つきを自覚する神話、③母親殺しの神話、である。①は本論の中核となるものだが、①だけでは実際の治療は成立せず、心理療法の流れの中では②と③の作業も必須のものだと思われる。

ヒルコ・ヒルメは、傷つきを自覚する神話であり、カグツチの（誕生に伴う）イザナミ殺し、スサノヲのオホケツヒメ殺しは、母親（縛りつけたり、呑み込んだりする者）殺しの神話として見ることが出来るのではないか、と筆者は考えている。

すでに見てきたとおり、神話研究、とくに心理学的視点からの従来の神話研究では、オホナムチ、スクナヒコナや、ヒルコの神話を、「傷ついた治療者」や子ども神のテーマと重ねて見るということはなかった。しかし、子ども神は傷を負った者との関わりの中で出現しており、傷を自覚することに意味があると記されていることがわかるのではないだろうか。

したがって、これらの神話を「傷ついた治療者」イメージや、子ども神のイメージという視点から理解することが可能であると思われる。

補章　研究史

1 「傷ついた治療者」

「傷ついた治療者」についてまとまった論を提示したのは、ユングの高弟であるマイヤーであろう（Meier, 1949/1986）。

マイヤーは、医神アスクレピオス神殿で行われた古代の治療行為と現代の分析治療が類似していることを取り上げた。また神話の中の治療の師ケンタウロスのケイロンはアスクレピオスを養育した賢者であるが、不治の病を負ったものとされており、マイヤーは、ケイロンを「傷ついた治療者」の祖型と見ている。つまりマイヤーは傷を持つことという治療者の条件について触れながら、アスクレピオスの癒しをわかりやすい形で説明したと思われる。

神話を通して「傷ついた治療者」について論究したのは、グッゲンビュール＝クレイグ[1]であるが、神話の中から最初に見出したのはユングである。

ユングはすでに『結合の神秘I』（一九五五／一九九五）の中で、ケレーニィが『医神アスクレピオス―生と死をめぐる神話の旅』（一九四八／一九九七）で、原初の医師を「傷つけられ、傷つける者」と呼んでいることを取り上げている。[2] しかしユングは「傷ついた治療者」を独立した理論として展開させることはなかった。

「傷ついた治療者」についてのイメージや理論を展開させたのがグッゲンビュール＝クレイグで

ある。グッゲンビュール=クレイグの理論を以下に要約して述べる。

治療者と傷ついた人という関係は「母と子」「父と子」の関係のように基本的で元型的なものであり、人間は元型の二つの極を生来自分の中に持っている。したがって患者の中に医者がおり、医者の中にも患者が存在している。

しかし医者が自分の心の傷つきに開かれていないと「医者―患者」元型の医者の部分だけを生きてしまう。すると自分の傷つきは無意識に沈み、外的な患者に投影し、医者は健康であり続け、患者は自分の傷つきを持ち続けてしまう。

したがって両者の間でこの元型が分裂しないような方向転換が必要である。そのためには医者が自分の傷ついた極を内に取り入れる必要がある。

以上が最も簡略化した論の一部の骨子である。このグッゲンビュール=クレイグが提示した「傷ついた治療者」論が基になり、幾人かの臨床家が「傷ついた治療者」イメージによる治療に対して発言をしている。ポストユンギアンと呼ばれるグロウスベックは、それらについてまとめており、彼が取りあげた臨床家たちの発言は、研究史を概観した上で過不足がないと思われるので、グロウスベックにしたがって、以下に年代順に列挙する。(3)

傷つけられたことは、私たちの中にある癒しの力を活性化させることも意味する。つまり、私たちは傷つくことなしには、この癒しの力に出会うことはないと言えるのではないか。傷のまさに目的は私たちに私たちの中にある癒しの力に気づかせるためと言っても良いのではないか（Adler, 1956）。

創造的な人は常に病の地獄に近い。そこでは彼の傷が開かれたままであり、閉じられることがない。傷ついた人のみが、癒し手になることが出来る（Neumann, 1959）。

医師が深く病に触れられたとき、それに感染したとき、興奮し恐れ揺さぶられ、彼に転移し、彼の中に継続し、彼自身の意識によって、彼に属するものになったとき、彼はそれと上手くやることが出来る（Jaspers, 1964）。

減らすことが出来ない固定した損傷した部分こそが、心理療法の実践のための分析家の基本的動機であろう。教育分析の中に訓練生の病と健康さが対立物のペアとして現われ、それが分析の後互いを超越するだろう（Fordham, 1968）。

以上、様々な心理臨床家によって述べられているのは、心理療法における、あるいは治療における傷の意味や治療者と傷との関係についてである。しかし、具体的な「傷ついた治療者」イメージの実際については述べられていない。

グッゲンビュール＝クレイグ及び以後の研究には、この面での論の展開が見られなかったと思われる。グッゲンビュール＝クレイグの述べたのは、治療の具体論ではなく、原理論であり、以降の研究もそうした立場を踏襲するものが多く、治療者イメージの具体はことだてて問題にしなくても良かったのであろう。

原理論だけに留まらず、「傷ついた治療者」論に基づく治療実践論について論を展開したのはグロウスベック（一九七五）である。グロウスベックは治療の深まりを六段階に分け、各段階のセラピスト、クライエントの心の作業について図式を用いて分かりやすく説明している。

この中で注目したいのは、治療者と患者の無意識の交流の中から対立物の対極性を備えた第三の人、または元型的イメージが両者（参加者）たちの間に立ち上がること、この第三のものがhealingプロセスの中心となるのであり、また、healingが生じるには、二人の間に投影の引き戻しとwounded healer元型に患者が接触することがなければならず、このためには、まずは分析家が元型的内容を経験する必要がある、と述べている点である。

グロウスベックが述べる治療者と患者の間に立ち上がる「第三のもの、元型的イメージ」は、臨床上重要なものだと思われる。これが「傷ついた治療者」イメージである。ただし、グロウスベックは、「この第三のもの、つまり元型的イメージがどんな形態を取るのかは、変化に富んでいる」[4]と述べ、決まった形態はないと見ている。

同じくポストユンギアンのセジウィックは、明言をしてはいないが、グロウスベックとは異なり、「傷ついた治療者」イメージのいくつかの原型を認めているように推測される。セジウィックは、逆転移という視点から、「傷ついた治療者」論についての学説を集成し、さらにその上で自説を論じている。その中でセジウィックは、クライエントとセラピストが相互変容するプロセスのひとつとして、「セラピストがクライエントへ同一化する」側面について述べた個所で、以下のように記している。

しばらくするうちに分析家は患者の中に子どもを見るかもしれない。より正確にはそれは、そのように抱えられ促進される患者の〝内なる子ども〟、つまり可能性をもった自己なのである。分析家による一見したところ純粋で無防備な患者の取り込み自体が、境界のない、子どものような性質を持つと言える。したがって同様の傷つきや希望やそういったものすべてをもった、分析家自身の〝内なる子ども〟が動かされる。ゆえに、両者の中にある〝内なる患者〟は、〝内なる子ども〟としてうまく特徴づけられると言ってもさしつかえない。これは生育史や発達的事実としての、あるいは未来的、より永続的な自己の象徴としての〝子ども〟の様々な側面と一致する。言いかえれば、患者は自分の〝子ども〟の治療のためにやってくるのである。子どもは彼らの子ども時代のことであるかもしれないし、現在の〝成長〟のことであるかもしれない。
両者における子どもとしての自分、自己（セルフ）、内なる患者が一つに収れんすることから、〝自己〟についての別の問題が生じてくる。つまりこの逆転移にもとづく分析の方法においては、〝体現〟することへの要求が高いので、分析家が自分の自己の感覚と結びついていることが特に重要である。(5)

セジウィックによる、「分析家と患者の両者の〝内なる患者〟は〝内なる子ども〟としてうまく特徴づけられる」という視点は、心の中の子どもが傷ついていることを示唆しているのではないかと筆者は考えている。

またセジウィックが内なる子どもという存在について、生育史上の個人というだけでなく、可能性を持った「自己、セルフ」とも見ているところから、筆者は「内なる治療者」という視点が生じ得るであろうと考えている。セルフは破壊性もあるが、治療者としての側面を持つからである。(6)

セルフとして、治療者としての子どもイメージである。セジウィックが示唆した子どもイメージの傷つきと、自己としての子どもという視点は「傷ついた治療者」の具体的な像として子どもイメージへと展開していく萌芽を持っている。しかしセジウィックは傷ついた子どもイメージと治療者としての子どもイメージを有機的に結びつけ、「傷ついた治療者」として機能するための子どもイメージとして、構造的に見ていくことはなかった。

筆者はセジウィックの論を承け、さらにそれを展開させる形で子どもイメージを媒介にして、「傷ついた治療者」論を考えていきたい。

本書では「傷ついた治療者」として機能するための現れのひとつとしての子どもイメージを述べてきたが、それらは一定の治療プロセスの中で出現し、治療的機能を担っている。子どもイメージは、「治療論」の中で検討するに値するイメージであると思われる。子どもイメージについては、すでに単に漠然としたイメージとして取り扱うのではなく、イメージと治療の細部を立体的に組み合わせて論じる必要がある。そのための前提になるのは、「傷ついた治療者」に関わる子どもイメージの理解である。

ここでは子ども元型についての研究史を次に概観しておきたい。

2　子どもイメージ

発達史から見た「子ども論」は、精神分析学派（フロイト派）に多くの研究上の蓄積がある。フロイト、クライン、マーラー、コフートなどによる精神分析的発達論は、広く知られている。しかし、本書で主に問題にしていくのは、個体の発達上の子どもではなく、分析心理学の視点から見た元型としての子どもであるので、精神分析的発達論で取り上げる子ども論は割愛することにした。

（1）ユング（Jung, C. G.）

ユングは『神話学入門』（一九四一／一九七五）の中で、ケレーニィが聖なる子どもの神話について論じた論文に心理学的な注釈を加えている。「幼児元型の心理学のために」がそれである。このユングの論文は、ユング派あるいはユング派的立場をとる人々が「こころの中の子ども」を分析し、あるいは、臨床現場で取り扱っていく際の基礎資料となっている。言葉を変えて言えば、「幼児元型」とは、ユングによって発見された万人のこころに住む普遍的な子どもであり、独自の働き、機能を持っている。このこころの中の子どもに関するユングの論述をたどってみたい。

ユングは、幼児モチーフの説明を「元型」から始めている。(7)

無意識のこころの中には「神話を形成する」構成要素があるに違いない。それらは、神話全体を形作っているのではなく、むしろ神話の構成要素であり、それらは、その本質上「モチーフ」「原像」「類型」あるいは、「元型」と呼ばれる。

元型は神話やメルヘン、夢や精神病的な空想の中にも現れる。元型は物理的事実から生ずるのではなく、むしろ魂が物理的事実をいかに体験するかを表現している。神話はもともと前意識的な魂が現れたものであり、無意識的な魂の出来事が自然に表明されたものである。無意識の働きの多くは、意識によって間接的に誘発されるが、決して意識的恣意から生ずるのではない。無意識の現れは、自動的に意識で確認できる原因なしに生ずるようだ。無意識的な空想発動の産物は二つのカテゴリーに分けられる。一つは個人的な性質のものである。これは個人的体験、忘却、抑圧されたことなどの個人史の体験に起因し、個人の想起によって説明される。二つ目は非個人的なものである。これは、神話類型と似ており、個人でない人間の魂の集合的構成要素に対応していると仮定できる。これは、集合的無意識と名づけられる。この二つ目の産物は、よく似た条件のもとで、神話と個人の類型の両方が生まれるということはありうることである。心理学が無意識の産物を扱うときの方法論的原則は「元型的な性質の内容は集合的無意識の中の出来事を現している」というものである。ゆえにその内容は、意識には関わらず、本質的に無意識に関係する。様々な元型は魂の生命力であって真剣に受け取られることを望んでおり、また不思議と自分が力を出せるように立ちまわる。

元型が発生するその基盤が集合的無意識に関わっていることを、ユングは明確に示している。このようにまず、元型の一般論が語られ、その元型のひとつに「童児神」があることを次のように述べている。

この童児神の元型はいたるところに分布しており、神話に現れる他のあらゆる性質の童児モチーフと分かちがたく交じり合っている。幼子イエス、（中略）民間伝説では童児モチーフは隠れた自然力の化身としての小人や妖精の姿をしているし、（中略）錬金術の世界では、メルクリウスとして現れる。(8)

ユングはこのように述べた上で、五つの童児元型が示すものと、その特質を以下の様に記した。

①過去状態を表す元型
②元型の機能
③元型の未来的性質
④童児モチーフの一者性と多数性
⑤聖なる子どもと英雄児

①元型は誰もが持っているこころの器官であり、こころの構成要素であり、内的人格（魂）が生きていくためのなくてはならない成分要素である。それはこころの原初的な暗い部分のある種本能的なものを表現し、擬人化している。これらの根源との結びつきがいかに基本的に重要なものであるのか、（中略）宗教の原初的形態は、今でもあらゆる宗教生活の中で働いてい

る中核であり、いつまでも存続し続けるだろう。

現在の状態は子ども時代の状態と衝突し、自分本来の性格から離れてしまったかもしれない。すると子どもらしさがなくなり、人工的になり、根を失う。人類が聖なる子どもを語り続けてきたのは、人類も繰り返し子ども時代の条件と、つまり根源的で無意識的で本態的な状態と衝突するかもしれず、この根源的条件との繋がりを切断しないために子どもイメージに関するものを意識の眼前にもたらそうとするからである。童児モチーフは集合的な内的人格の前意識的な子ども時代の様相を表す。子どもモチーフはその人の子ども時代の記憶の残滓であることはない。元型とは、個々人ではなく、全人類が持っている像である。

（原注より）素人の先入観は、童児モチーフを実際の「子ども」時代の体験と同一視し、現実の子どもを童児モチーフの存在の因果的前提であるかのように考えがちである。しかし、心理的現実においては、子どもという経験的なイメージは、これ以上には正確に表現できない心的事実を表現するための表現手段に過ぎない。ゆえに、神話の中の子どもイメージも、経験的な「子ども」の写しでは絶対的になく、それ自体として、はっきり識別できるシンボルである。
②子どもモチーフは、かつてあったもの、とうの昔に消え去ったものを表すばかりでなく、今働いているシステムである。進歩の理想は常に抽象的、より非自然的である。発達した意識は、常に根こぎにされる危険がある。それゆえ、今なお存在している子どもの頃の状態による補償が必要となる。

③子どもモチーフの本質は未来的性格、未来の可能性である。個性化プロセスにおいては、意識と無意識の総合、対立を結合するシンボルとなる。したがって、全体性を作るものであり、「自己」のシンボルである。

④子どもモチーフは、ひとりであらわれるか、多数かは問題になるところである。個性のない多数の子どものあらわれは、人格の解体を示す。ひとりの子どもの出現は無意識的な可能性を示す。正常人に多数の子どもがあらわれた場合は、自我が全体性を自分の内部で体験できないことを示している。

⑤童児は聖なる子どもの姿が多いが、ときには英雄の姿であらわれることもある。神は全くの超自然の存在だが、英雄は人間的だが超自然の一歩手前にまで高められた存在であり、半神である。無意識と人間的意識との総合を英雄はあらわしている。童児を特徴づけているのは、暗闇を征服する目的の行為である。

以上のごとく、ユングは童児元型の五つの特徴を述べたあと、童児元型の個別的現象学として、①捨て子、②童児の無敵さ、③両性具有、④初めと終わりとしての存在、といった四つの特性について述べ、問題性の様々な様相を記述した。

①捨て子とは、神秘的で不思議な誕生の特徴であり、まだ何であるか不明の内容の出現を意

味している。これはシンボルとしての「子ども」である。捨て子ははっきりと母親から解放され、または孤立させられている。それは成長して自立にまで至るものを意味している。それは、根源からの分離なくしては成就しない。ゆえに捨てられることは必須条件になる。根源からの分離の必要性を意識に教えるシンボルが捨て子である。意識の拡大者としての童児は、以前の無意識を征服する者である。

②あらゆる聖なる子ども話に見られるパラドックスであるが、子どもは脅かされるが、人間的尺度を越える力を行使する。ほんの子どもであるが、神的でもある。子どもは無意識の中、生きた自然そのものから生まれる。一面的意識では、知ることのできない様々な道と可能性を擬人化している。童児として擬人化されているのは、意識の枠を超えた生命力、一面的な意識の知らないさまざまな道や可能性や全体性である。童児は人間の最も強力で不可避的な衝動、つまり自己を実現しようとする衝動を表す。自己実現への衝動と強制とは自然法則であり、それが動き始めたときには、打ち勝ちがたい力を持つものである。

③元型とは無意識的な基礎と意識との対立を結合しつつ媒介する。根こぎにされそうな現在の意識と原始の自然で無意識的本能的な全体性との間に橋を架ける。意識を超越した全体性を自己と名付けている。個性化過程の目標は自己の統合である。全体性のシンボルは個性化過程の初めの頃に出ることがある。幼児初期の最初の夢にさえ見ることが出来る。この観察は潜在的全体性が先験的に存在することを証明する。

④幼児は新しい子どもへの生まれ変わりである。したがって、終わりと初めを示す。「子どもは捨てられ、曝されたものであると同時に、心的で神的で力強いもの、取るに足りぬ不確かな最初にして勝利を祝う最後である。人間の中の『永遠の幼児』は筆舌に尽くしがたい体験、不調和、不利益、そして神的特権であり、すなわち人格の最終的な価値と無価値を決定するところの計り知れないものなのである。[9]

これらのユングの童児元型論は、ユング派の子どもイメージ論の基礎理論となっていると筆者は捉えている。

（2） ヤーコビ（Jacoby, M.）

ヤコービは、これらのユングの論を受けて、「子ども元型」論を展開させた（Jacoby, 1999）。子ども元型の機能として、大人の心を過去に結びつけ、意識の片面を補償し、修正する働きがあること、未来的性質、可能性を示す働きがあるという見方は、ユングと同じである。ヤコービが独自に発展させ、強調している「子ども元型論」は、①子ども元型イメージが大人の心に起こるということ、②大人の自己再生の力は子ども元型による、と見ている点である。（番号は筆者による。）

①子ども元型のイメージが呼び出されることとは、大人に起こることである。ときには、思春期

の青年たちにも起こるが、子ども自身の中に起こることはない。生まれながらの子どもを生きている子どもたちは、この経験と全く親しい存在である。

②再生の見通しを象徴化するのが英雄神話のモチーフである。現実の子どもと象徴的な子どもを区別することは必須である。現実の子どもへ童児元型を投影すると、人格発達の妨げとなり、悪影響を及ぼす。親が自分の幼少期に発達させた喜びを見出す能力、彼らの自己再生のための個人的な発達と能力を真に援助する力は、子ども元型によっている。現実の子どもに過大な期待をかける親は、子ども元型から切り離されている。彼らは子どもの世界を共感的に理解することが難しい。

(3) シンガー (Singer, J.)

シンガーはユングの説に従いながらも、自らの臨床体験の中から、「我々自身の夢では、特別な子どもの現れはしばしば深い意味をそこに持っている。私の実践において、身体が不自由であったり、病気であったり、死にかけている子どもが夢に現れるのはよくあることだと気づいた。このことは個人の生活とは一致しないかもしれない。だから私は不思議に思うのだが——どのようなやり方で、夢見手の生まれつきの可能性は、ゆがめられたり切り取られたりするのだろうか。神話や比較宗教の文献における元型的な状況においてその詳細が現れるように、無意識の素材における個々の詳細についての分析や、類似した詳細と比べることによって、個人が目下の懸念を乗り越えて、人生の課題という点で向かおうとしている場所を理解することが可能になるのかもしれない[10]」という論を展開している。

個人の現実生活とは一致しない「傷のある子ども」とは、元型的な子どもを指しているのであろう。シンガーは、臨床の知見と神話を用いてdivine childの有様を描き出し、子ども元型と子どもの傷つきについて触れている。しかし、元型的な傷ついた子どもと治癒力との関係を語ることはしていない。

（4） 西村洲衛男、渡辺雄三

西村と渡辺は大人が見た夢に現れた子どもについて取り上げている。

西村は、①過去に関係するもの、②補償に関係するもの、③未来に関係するもの、④単一性と多様性に関係するもの、⑤英雄に関係するもの、の五点を挙げている（西村、1984）。

渡辺は、①扉を開けるもの、②蘇るもの、③生まれるもの、④幼いもの、という四つの側面を抽出している。共にユングを参照しつつ、臨床の中で報告されたクライエントの夢の中の子ども像に、個人的意味だけではなく、元型的意味をも認める論になっている（渡辺、1990）。

（5） ケレーニィ（Kerenyi, K.）

ケレーニィは、比較神話学の立場から童児神の神話を検討した。『神話学入門』（一九四一／一九七五）はユングとの共著であるが、童児神の項目はケレーニィによる。

ケレーニィはカレワラに述べられたクッレルヴォやナーラーヤナ、アポローン、ヘルメス、ゼウス、ディオニソスなどを取り上げながら、彼らが全て幼児期には孤児とされていたことに注目し、ここに童児神の根源的特質を見たのである。童児神は幼児の元型の姿であり、始原児だとする。始原児は太初のものであり、父以前の息子なのだから、両親は必要ないとされる。

こうした見方からは、童児神が元型的存在であることが浮かび上がってくる。この見方はユングの「幼児元型論」に繋がるものである。（事実ユングはケレーニィの論考の後を引き受けて、「幼児元型の心理学のために」を記している。）童児神の神話をユング心理学に結び付けて解釈したところにケレーニィの論の特色がある。

（6） キャンベル（Campbell, J.）

キャンベルもまた、比較神話学の立場から世界の神話を検討し、神話の核には普遍的な原イメージが存在すると見て、その原イメージを探求した。

解釈の多くがユング心理学によってなされた点はケレーニィと同様であるが、キャンベルはユング以外の精神分析学の知見も取り入れ、広い展望に立っている。キャンベルの神話学の特徴は、表層の表現から神話を読むことをせず、核に還元し、そうした作業を徹底した上で神話の比較研究を行っていることである。図像学の成果も取り入れられ、多用されている。神話はよりわかりやすいものになり、神話から世界思想や人間の普遍的心理との繋がりを読むことが可能になった。

本書と関わるのはキャンベルが『神話のイメージ』（一九八一／一九九一）の中で子どもイメージを述べている部分である。ここでは、流浪する幼児のモチーフが取り上げられ、奇跡的、超人的な子どものテーマとして広い視野の中で語られる。

ただしここではユングではなく、ランクの『英雄誕生の神話』（一九〇九／一九八六）を取り上げ、子どもは限りなく優秀な血筋の人間なのだが、今は捨てられたり、追われている身であって、そのため卑しい親に養われているに過ぎないという幻想を持っており、「迫害される子どもに共通の思い」がこの神話の背景にはある、という精神分析的な解釈を紹介している。

しかし、キャンベルは精神分析的な見方だけではなく、ユングによる子ども元型論的な見方をも提示し、それらが論全体を補強している。

以上、ユングおよびユング派の理論家やユング派的立場に近い臨床家、および神話研究者によって論じられた子ども元型について述べてきた。

ユング以降の子ども元型論は、研究自体が多くはないが、その中で論の大枠は変わってはいない。臨床の場の経験を経て、検証されたいくつかの細かな知見がユングの理論に加わったというのが現状だと思われる。

注――

はじめに

（1）本書、補章を参照。
（2）織田（2006）「日本神話と心理療法―自然発生的治癒の布置」、一八頁。
（3）同上、一九頁。
（4）なお、筆者は心理職であり、医師ではないので、本来「治療」という用語になじまないが、本論文では「傷ついた治療者」が鍵概念であるため、セラピーのことを「治療」、セラピストのことを「治療者」と表現する個所があることをお断りしておきたい。
（5）Rogers（1989/2001）『ロジャーズ選集―カウンセラーなら一度は読んでおきたい厳選33論文（上）』、「10　クライエント・センタード／パーソン・センタード・アプローチ」を参照。ただし、ロジャースはこのことを「傷ついた治療者」論の文脈の中では述べていない。

第Ⅰ章

（1）本書の事例における診断分類は、すべて『DSM-IV-TR精神疾患の分類と診断の手引』（2003）に拠る。心理職である筆者は「医学的診断」を行うことはできないが、本論文では論考の一部として事例概要の中で分類を行うこと、ただしその際、明確に分類することには焦点を当てていないことをお断りしておきたい。

（2）強迫観念や、強迫行為もあることから、強迫性障害が妥当であるという見方もあると思われるが、主な症状は不安に由来するものであると考えた。

（3）『万葉集』は二十巻からなるが、巻二の最初はイワノヒメ（仁徳皇后）の歌から始まる。イワノヒメの歌は『万葉集』の中で最も古いものであるが、イワノヒメは実在性が疑われており、神話的伝説的な存在であろうと言われている。したがって、この歌はイワノヒメ本人の実作ではなく、イワノヒメに仮託された後世の作品であるとされている。棚木（1994）「待つ女」『古代文学講座4　人生と恋』を参照。

（4）このことについては次節でより詳しく述べる。

（5）青木ほか（1982）『日本思想大系1　古事記』、二二二―二二六頁。

第Ⅱ章

（1）Bは他者に保護されたい欲求が強く、他者に依存的である。また、人格的に未熟な点があり、母親としての成熟も不足している。さらに、自分で引き受けず、子どもに押し付ける病的な防衛を特徴としており、パーソナリティの世代間連鎖などがある。以上のことから、精神科医からは、力動的には虚偽性障害の傾向があるが、「特定不能の人格障害」ではないかという指摘もいただいた。

（2）DSM-IV-TRでは、鑑別診断のための指針として、動機、目的を重視すべきことを述べている。虚偽性障害の目的は、保護を受けるためである。Frances, et al.（2001/2004）『DSM-IV-TRケーススタディ―鑑別診断のための臨床指針』、二二九頁。

第Ⅲ章

（1）Dの症状は母親との分離体験に由来するコミュニケーション障害と見ることもできるほか、広汎性発達障害の疑いも考えられる。

第Ⅳ章

（1）青木ほか（1982）『日本思想大系1　古事記』、六〇頁および六二頁。
（2）大野（編）（1968）「古事記傳」『本居宣長全集〈第九巻〉』、四三二頁。

第Ⅴ章

（1）この理由については四項「有情化の中のF」で述べる。
（2）「ガラス壁」については二項「副人格ミィオ　2）ミィオとクライエント」にて述べる。
（3）有情化については四項「有情化の中のF」で詳述する。
（4）Jung（1944/1976）『心理学と錬金術Ⅱ』、三五七頁。
（5）Jung（1940）, Collected Works of C. G. Jung Vol. 11: Psychology and Religion, para. 6.
（6）Jung（1956/2000）『結合の神秘Ⅱ〈ユングコレクション6〉』、一七二頁。
（7）Jung（1955/1995）『結合の神秘Ⅰ〈ユングコレクション5〉』、四四頁。
（8）Jung（1944/1976）『心理学と錬金術Ⅰ』、一七頁。

（9）Jung（1946/1994）『転移の心理学』、一八六頁。
（10）Lipps（1903/1936）『世界大思想全集 第一期102 美学（上）』、一五九頁。
（11）坂本ほか（1965）『日本古典文学大系67 日本書紀』、一六一頁。

第Ⅵ章

（1）以下の要約は、北山（2007）『劇的な精神分析入門』所収「治療物語の定番―『傷ついた治療者』」より、一七八―一八一頁を参照。
（2）同上、一八〇頁。
（3）Jung（1952/1988）『ヨブへの答え』、一一一頁。
（4）日本聖書協會（1941）『舊約聖書』、「ヨブ記」第1章1節。
（5）同上、「ヨブ記」第3章24節。なお文中の傍線は筆者による。
（6）同上、「ヨブ記」第7章11節。
（7）同上、「ヨブ記」第9章17節。
（8）河合（1992）『心理療法序説』、一四―一五頁。
（9）Jung（1956/2000）『結合の神秘Ⅱ〈ユングコレクション6〉』、二〇六頁。
（10）セジウィックの見解については、Sedgwick（1994/1998）『ユング派と逆転移―癒し手の傷つきを通して―』、一三三頁を参照。
（11）Jung（1956/2000）『結合の神秘Ⅱ〈ユングコレクション6〉』、二〇六頁。

（12）同上、一二〇頁を参照。
（13）山王教育研究所のセミナー「ユング派夢分析入門」における武野俊弥の発言（一九九六年一一月一〇日）。
（14）以下の（　）内は、DSM-TV-TRによる診断。
（15）"good enough"（ほど良い）とは、小児科医で精神分析家のウィニコットの用語である。ウィニコットは"good enough"について「単に本能的な衝動に応えるということのみならず、最も原初的な種類の自我ニードego needのすべてに応えるということに相当し、そこには陰性（ネガティブ）の世話（ケア）や生き生きとした無視へのニードさえも、含まれるのである。」と述べた。（Winnicott（1958/1989）『小児医学から児童分析へ　ウィニコット臨床論文集Ⅰ』、一三一頁。）このようにほど良い母親とは、完全に近い欲求充足経験の後に適度な欲求不満経験をもたらすことで子どもに備わる潜在的能力の発達を促す、ごく普通の平均的な母親を指す。
（16）青木ほか（1982）『日本思想大系1　古事記』、一四八頁および一五〇頁。
（17）坂本ほか（1967）『日本古典文学大系67　日本書紀』、二三九頁および二四一頁。
（18）坂本ほか（1967）『日本古典文学大系67　日本書紀』、五六六頁（補注）。
（19）古川（1995）「オオナムチ・スクナヒコナ・オオモノヌシ」、一一三頁。
（20）坂本ほか（1967）『日本古典文学大系67　日本書紀』、五六三頁（頭注）。
（21）河合（1986）『宗教と科学の接点』、一四七頁。

第Ⅶ章

（1）河合（2003）『神話と日本人の心』、二〇九頁。
（2）同上、二二四頁。
（3）同上、二三七頁。
（4）同上、二三七頁。
（5）織田（1990）『王権の心理学』、一一八頁。
（6）同上、一一九頁。
（7）同上、一二〇頁。
（8）同上、三〇〇頁。
（9）同上、三〇〇頁。
（10）西郷（1975）『古事記注釈　第一巻』、二〇頁。
（11）同上、二二頁。
（12）同上、二二頁。
（13）同上、二三頁。
（14）坂本ほか（1967）『日本古典文学大系67　日本書紀』、一二八頁。
（15）青木ほか（1982）『日本思想大系1　古事記』、三四七頁（補注）。倉野ほか（1958）『日本古典文学大系1　古事記　祝詞』、一三二頁。
（16）青木ほか（1982）『日本思想大系1　古事記』、七八頁（注）。

（17）本論文における古事記及び日本書紀の口語訳は、三浦（2002）『口語訳　古事記』や西郷（1975）『古事記注釈　第一巻』を参照のうえ、筆者が訳を加えた。
（18）青木ほか（1982）『日本思想大系1　古事記』、七六―七八頁。
（19）坂本ほか（1967）『日本古典文学大系67　日本書紀』、一二九―一三一頁。
（20）垂仁記のタジマモリの話（天皇の命をのばすため、タジマモリが常世へ果実を取りに行った）や雄略紀、丹後風土記の浦島子の話には、常世の多彩なイメージが描かれている。
（21）山路（1973）『記紀歌謡評釈』、九一頁を参照。一部に個人的見解を入れた。酒楽歌については次頁にも述べた。
（22）青木ほか（1982）『日本思想大系1　古事記』、八九頁。倉野ほか（1958）『日本古典文学大系1　古事記　祝詞』、一三一頁。
（23）折口（1956）『折口信夫全集〈第17巻〉芸能史篇』、四四〇頁。
（24）同上、八一頁。
（25）坂本ほか（1967）『日本古典文学大系67　日本書紀』、一三〇頁（頭注）。
（26）柳田（1969）『柳田國男全集〈第6巻〉』、六一頁。
（27）折口（1955）『折口信夫全集〈第3巻〉古代研究』、四一五頁。
（28）山路（1973）『記紀歌謡評釈』を参照。
（29）折口（1956）『折口信夫全集〈第16巻〉民俗学編』、三五七頁。
（30）スクナヒコナの名を持つ薬草の名が、平安初期の漢和辞典である『和名類聚抄』二十に記されている。正宗編（1970）『和名類聚抄』二十巻四丁ウラを参照。
(31) 折口（1956）、三一一―三一二頁。
(32) 坂本ほか（1967）『日本古典文学大系67　日本書紀』、一六五頁。
(33) 同上、一六九頁。
(34) なお、『古事記』はこの記載がなく、既に海辺に居るところからプロットが展開する。
(35) 京都大学文学部国語学国文学研究室編（1958）『新撰字鏡』、一一五頁および一一七頁。同編（1958）『新撰字鏡國語索引』、一〇二頁。
(36) 正宗（校訂）（1970）『類聚名義抄』、一四三頁。
(37) 京都大学文学部国語学国文学研究室編（1958）『新撰字鏡』、五七八頁。同編（1958）『新撰字鏡國語索引』、四〇頁。
(38) 京都大学文学部国語学国文学研究室編（1958）『新撰字鏡』、八九頁。
(39) 正宗（校訂）（1970）『類聚名義抄』、六九七頁。
(40) 同上、六六八頁。
(41) 同上、六七九頁。
(42) 神武天皇即位前記による。坂本ほか（1965）『日本古典文学大系67　日本書紀』、一八八頁。
(43) 大林（1972）『国生み神話―シンポジウム』、一二三六頁。伊藤清司の発言による。
(44) 松本（1956）『日本の神話』を参照。
(45) 青木ほか（1982）『日本思想大系1　古事記』、一二一頁。

(46) 坂本ほか (1965)『日本古典文学大系67　日本書紀』、八七頁および八九頁。
(47) Kerenyi (1941/1975)『神話学入門』、七二頁。
(48) 青木ほか (1982)『日本思想大系1　古事記』、二八—三二頁。
(49) 坂本ほか (1967)『日本古典文学大系67　日本書紀』、九一頁および九三頁。
(50) 坂本ほか (1967)『日本古典文学大系67　日本書紀』、八九頁。
(51) 倉野ほか (1958)『日本古典文学大系1　古事記　祝詞』、八四頁(頭注)。
(52) 青木ほか (1982)『日本思想大系1　古事記』、五四頁。

補章

(1) Guggenbuhl-Craig (1971/1981)『心理療法の光と影—援助専門家の〈力〉　ユング心理学選書②』、一一〇頁。
(2) Jung (1955/1995)『結合の神秘I〈ユングコレクション5〉』、四〇九頁。
(3) この要約はGroesbeck (1975) による。
(4) Groesbeck (1975) 'The Archetypal Image of the Wounded Healer,' p. 131.
(5) Sedgwick (1994/1998)『ユング派の逆転移—癒し手の傷つきを通して—』、一三〇—一三一頁。
(6) Jung (1946/1994)『転移の心理学』、一六九頁。
(7) Jung & Kerenyi (1951), Science of mythology: essays on the myth of the Divine Child and the mysteries of Eleusis. 以下は英語版に従ってまとめた。

（8）Jung & Kerenyi（1941/1975）『神話学入門』、一一〇頁。
（9）Jung & Kerenyi（1941/1975）『神話学入門』、一三五頁。
（10）Singer（1995）'The Motif of the Divine Child,' pp. 41-42.

あとがき

私は心理療法家として、日々臨床に追われた毎日を送っている。臨床をしながら論文を書くということは、研究に未熟な私にとっては尚更のこと、経験したことのない苦悩がつきまとった。しかし、同時に臨床だけでは得られない貴重な体験をすることができた。臨床研究は文字通り、臨床と研究を繋ぐ作業である。

論文執筆作業を始めた当初は、私の中で臨床と研究は分断されており、臨床から研究、研究から臨床へと、その都度切り替えなければならなかった。時間的な限界や体力や能力の限界など、さまざまな限界の壁にぶつかるたびに、もう解放されたい、と泣き言をつぶやいたこともあった。まさに神話の「吟」、「愁」は、私にとって論文執筆作業にも当てはまる体験だった。

しかし、心理臨床の発展のために、貴重な臨床事例を提供してくれたクライエントの方々のことを思うとき、臨床と研究に橋をかけることが、事例への敬意を表す方法として、唯一私にできることであると自分に言い聞かせながら、どうにか完成にまでこぎつけた。

心理療法を論じる際には、臨床事例の一部を取り上げて理論化することが通例のようになっていると思う。臨床事例を通して心理療法を語る際のある種の常識的な観点からのさまざまなご批判があるかもしれないが、本書ではセラピスト、クライエント双方のプロセスが明確になるように、すべての事例を初回から終結までの面接経過をあえて取り上げた。

さらに、事例の中では、セラピストのイメージのみならず、個人的体験までも開示しているが、私は面接中はもちろんのこと、プライベートでも滅多に私的なことを話さないため、余計に相当な抵抗が働いた。不特定多数の見知らぬ人にも読まれることを思うと、（日本神話の）稲羽の素兎のように、皮を剝がされ、裸の身の傷を曝されているような痛みを感じた。個人的体験に登場する私の実在する母親もどう思うだろうか、と気にかかりもしたが、論の性質上避けて通れないことであり、清水の舞台から飛び降りたつもりで、勇気を振り絞り、脚色をせずに忠実に書いた。

しかし、そのような思いでセラピストの体験を書き終えたにも関わらず、最も気になり続けていることがある。それは、もしも事例のクライエントの方々がセラピストの体験を読んでしまったら、どのような影響があるのか、ということである。

セラピストは決して面接の中で自分の中に生まれたイメージを語ったりはしないし、ましてや子どもの頃の個人的な体験を話すことはないため、たとえ、クライエントが無意識でキャッチしていたとしても、意識的にはセラピストの体験を知らないまま終結を迎えている。

五事例すべてのクライエントの方から、本書に事例を掲載することを承諾していただいているが、当事者のクライエントの方には、できるだけ読まないで欲しい、と思っている。けれども、実際にクライエントの方がこれを読み、面接当時のセラピストの体験を知ることになったがために、何らかのマイナスの影響があったとしたならば、大変申し訳なく思う。

また現在、私の面接を受けているクライエントの方が読んでしまう可能性もある。クライエントの方々にどのような反応が起きるだろうか。心理療法のプロセスに影響はないだろうか。こうした私の心配は、心理臨床実践を通した臨床的接近方法による研究の難しさを如実に物語っていると思う。私はクライエントの誰ひとりも傷つけたくはないと願っている。セラピストが傷つきを体験するからこそ、心理療法的な援助ができるのだということをクライエントの方々は理解してくれるだろうと、私は信じたい。

本書の心理臨床研究は、「傷ついた治療者」が機能するための可能性を示唆した始まりだと私は考えている。セラピストとしての私は、今後も地道に臨床経験を積み重ね、傷を解離させたヒルコだけではなく、異なる状態のテーマを持つクライエントとも共同作業ができるように、子ども元型以外の元型とも出会えるための研究を続けていくことが、今日まで私を支えてくれた方々への恩返しだと思っている。

本書で論じたこととは、クライエントの方々との共同作業を通して学んだことである。セラピストとともに決して平坦ではない心理療法過程を最後まで共に歩んでくださり、さまざまなことを教えてくれたクライエントの方々、おひとり、おひとりに深く敬意を捧げたい。そして、本書に事例を掲載することを承諾してくださったことに、改めて感謝を申し上げたい。

本書は東洋英和女学院大学大学院にて二〇〇八年度に授与された学位論文を元に一部加筆修正

したものである。論文執筆中から多くの方々に助けられながら、刊行のはこびとなった。私を支えてくれた方々おひとり、おひとりにこころから感謝を申し上げたい。

ユング派分析家の故織田尚生先生は、臨床家としての私を一から育ててくださった。本書を書き終えた今、臨床があってこその研究であるとつくづく思う。完成の報告ができないままお別れした亡き恩師に本書を捧げたい。

本書の出版を引き受けて編集を手掛けてくださった森下紀夫氏と、論創社を紹介いただいた佐々木利明氏にも、こころからお礼を申し上げたい。

二〇一〇年二月

野うさぎが駆ける土地にて　　網谷　由香利

【参考文献】

Adler, G.（1956）"Notes regarding the dynamics of the self," in Dynamic aspects of the psyche. New York: Analytical Psychology Club.

American Psychiatric Association・高橋三郎・大野裕・染矢俊幸（2003）『DSM-IV-TR精神疾患の分類と診断の手引』医学書院。

青木和夫・石母田正・小林芳規・佐伯有清（校注）（1982）『日本思想大系1　古事記』岩波書店。

網谷由香利（2005）「ヒステリー概念によるDID再考─自らを去勢することで願望充足を果たした女性─」『思春期青年期精神医学』、Vol. 15 No.2、一五五─一六四頁。

Birkhauser-Oeri, S.（1976）Die Mutter im Marchen. Stuttgart: Bonz.（『おとぎ話における母』氏原寛訳、人文書院、一九八五年）

Campbell, J.（1968）The hero with a thousand faces. Princeton University Press.（『千の顔をもつ英雄（上）』平田武靖・浅輪幸夫監訳、人文書院、一九八四年）

――（1981）The mythic image. Princeton University Press.（『神話のイメージ』青木義孝・中名生登美子・山下主一郎訳、大衆館書店、一九九一年）

Eliade, M.（1958）Rites and symbols in initiation: The mysteries of birth and rebirth. Trask, W.（tr.）, London: Harvill Press.（『生と再生』堀一郎訳、東京大学出版会、一九七一年）

――（1951）La Chamanisme et les Techniques archaiques de l'extase, Paris: Payot.（『シャーマニズム』堀

一郎訳、筑摩書房、二〇〇四年）
Fordham, M.（1968）"Reflections on training analysis," in J. B. Wheelwright（ed.,）The analytic process: aims, analysis, training. New York: G. P. Putnam's Sons.
Frances, A. et al.（eds.,）（2001）DSM-IV-TR Case Studies: A Clinical Guide to Differential Diagnosis. American Psychiatric Publishing, Inc.（『DSM—IV—TRケーススタディー—鑑別診断のための臨床指針』高橋三郎・染矢俊幸・塩入俊樹訳、医学書院、二〇〇四年）
古川のり子（1995）「オオナムチ・スクナヒコナ・オオモノヌシ」『比較神話の展望』、青土社、九九—一〇四頁。
Groesbeck, C. J.（1975）"The Archetypal Image of the Wounded Healer," Journal of Analytical Psychology, 20（2）, pp. 122-145.
——（1978）Psychological Types in the Analysis of the Transference, Journal of Analytical Psychology, 23（1）, pp. 23-53.
Guggenbuhl-Craig, A.（1971）Power in the helping professions. New York: Spring Publications.（『心理療法の光と影—援助専門家の〈力〉 ユング心理学選書②』樋口和彦・安渓真一訳、創元社、一九八一年）
Jacoby, M.（1999）Jungian psychology and contemporary infant research. Weather, R.（trs.）, Routledge.
Jaspers, K.（1964）The nature of psychotherapy. Chicago: Chicago University Press, Manchester: Manchester University Press.
Jensen, A. E.（1966）『殺された女神〈人類学ゼミナール２〉』大林太良他訳、弘文堂、一九七七年。

Jung, C. G.（1921）Psychological Types, In Collected Works of C. G. Jung Vol. 6 , Hull, R. F. C.（tr.,）Princeton University Press, 1971.（『心理学的類型』佐藤正樹訳、人文書院、一九八六年／『タイプ論』林道義訳、みすず書房、一九八七年）

——（1940）Psychology and Religion, In Collected Works of C. G. Jung Vol. 11. Hull, R. F. C.（tr.,）Princeton University Press, 1969.

——（1944）Psychology and Alchemy, In Collected Works of C. G. Jung Vol. 12 , Hull, R. F. C.（tr.,）Princeton University Press, 1968.（『心理学と錬金術（Ⅰ・Ⅱ）』池田紘一・鎌田道生訳、人文書院、一九七六年）

——（1946）The psychology of the transference, In Collected Works of C. G. Jung Vol. 16. Hull, R. F. C.（tr.,）Princeton University Press, 1966.（『転移の心理学』林道義・磯上恵子訳、人文書院、一九九四年）

——（1952）Answer to Job, In Collected Works of C. G. Jung Vol. 11. Hull, R. F. C.（tr.,）Princeton University Press, 1973.（『ヨブへの答え』林道義訳、みすず書房、一九八八年）

——（1955-56）Mysterium Coniunctionis, In Collected Works of C. G. Jung Vol. 14. Hull, R. F. C.（tr.,）Princeton University Press, 1970.（『結合の神秘Ⅰ〈ユングコレクション5〉』池田紘一訳、人文書院、一九九五年。『結合の神秘Ⅱ〈ユングコレクション6〉』池田紘一訳、人文書院、二〇〇〇年）

Jung, C. G. und Kerenyi, K.（1941）Einfuhrung in das Wesen der Mythologie — das gottliche Kind/das gottliche Madchen, Pantheon, Amsterdam; Science of mythology: essays on the myth of the Divine Child and the mysteries of Eleusis. Hull, R. F. C.（trs.）, Routledge & Kegan Paul, 1951.（『神話学入門』杉浦忠夫訳、晶文社、一九七五年）

Kerenyi, K.（1948）Der gottliche Arzt: Studien uber Asklepios und seine Kultstatten. Basel.（『医神アスクレピオス―生と死をめぐる神話の旅』岡田素之訳、白水社、一九九七年）

河合隼雄（1982）『中空構造日本の深層』中央公論社。

――（1986）『宗教と科学の接点』岩波書店。

――（1992）『心理療法序説』岩波書店。

――（2003）『神話と日本人の心』岩波書店。

北山修（2007）『劇的な精神分析入門』みすず書房。

京都大学文学部国語学国文学研究室（編）（1958）『新撰字鏡』臨川書店。

――（1958）『新撰字鏡國語索引』臨川書店。

倉野憲司・武田祐吉（校注）（1958）『日本古典文学大系1　古事記　祝詞』岩波書店。

Lipps, T.（1903）Aesthetik, Psychologie des Shonen und der Kunst; Erster Teil, Grundlegung der Aestetik. Hamburg und Leipzig.（『世界大思想全集　第一期102　美学（上）』佐藤恒久訳、春秋社、一九三六年）

正宗敦夫（編）（1970）『和名類聚抄』風間書房。

――（校訂）（1970）『類聚名義抄』風間書房。

松本信広（1956）『日本の神話』至文堂〈日本歴史新書〉。

――（1971）『日本神話の研究』平凡社〈東洋文庫〉。

Meier, C. A.（1949）Antike Inkubation und moderne Psychotherapie. Rasher.（『夢の治癒力―古代ギリシャの医学と現代の精神分析―』秋山さと子訳、筑摩書房、一九八六年）

——（1959）"Projection, transference and the subject-object relation in psychology," Journal of Analytical Psychology, 4, pp. 21-34.

——（1971）"Psychological types and individuation, a plea for a more scientific approach in Jungian psychology," in J. B. Wheelwright（ed.,）The analytic process: aims, analysis, training. New York: G. P. Putnam's Sons.

三浦佑之（2002）『口語訳　古事記』、文藝春秋。

大野晋（編）（1968）「古事記傳」『本居宣長全集〈第9巻〉〜〈第11巻〉』、筑摩書房。

Neumann, E.（1959）Art and the Creative unconscious. New York: Pantheon Books, London: Routledge & Kegan Paul.

日本文化資料センター（1997）『群書類従　巻第18 神祇部18』「大三輪神三者鎮座次第」。

日本聖書協会（1941）『旧約聖書』。

西村洲衛男（1984）「大人の中の子ども―さまざまな子どもの側面―」、『子どもの深層』馬場謙一・福島章・小川捷之・山中康裕編、有斐閣、一八七―二一二頁。

織田尚生（1990）『王権の心理学』第三文明社。

——（2006）「日本神話と心理療法―自然発生的治癒の布置」『東洋英和女学院大学大学院紀要』第2号、一五―二六頁。

大林太良（1972）『国生み神話』学生社。

折口信夫（1955）『折口信夫全集〈第3巻〉古代研究』中央公論社。

――（1956）『折口信夫全集〈第16巻〉民俗学編』中央公論社。
――（1956）『折口信夫全集〈第17巻〉芸能史編』中央公論社。
Otto, R.（1917）Das Heilige: Uber das Irrationale in der Idee des Gottlichen und sein Verhaltnis zum Rationalen. Breslau: Trewendt & Granier.（『聖なるもの』山谷省吾訳、岩波書店〈岩波文庫〉、一九六八年）
Rank, O.（1909）Der Mythus von der Geburt des Helden: Versuch einer psychologischen Mythendeutung. Leipzig und Wien: Franz Deuticke.（『英雄誕生の神話』野田倬訳、人文書院、一九八六年）
Rogers, C.（Kirschenbaum, H. & Henderson, V. L.（ed.））（1989）The Carl Rogers Reader. Houghton Mifflin Company.（『ロジャーズ選集―カウンセラーなら一度は読んでおきたい厳選33論文（上）』伊東博・村山正治監訳、二〇〇一年）
坂本太郎・井上光貞・家永三郎・大野晋（校注）（1967）『日本古典文学大系67　日本書紀』岩波書店。
西郷信綱（1975）『古事記注釈　第一巻』平凡社。
Sedgwick, D.（1994）The Wounded Healer: Countertransference from a Jungian Perspective. Routledge.（『ユング派と逆転移―癒し手の傷つきを通して―』鈴木龍訳、培風館、一九九八年）
シラネハルオ・鈴木登美（編）（1999）『創造された古典　カノン形成国民国家日本文学』新曜社。
Singer, J.（1995）"The Motif of the Divine Child", in J. Abrams（ed.）, Reclaiming the Inner Child, Thorsons, pp. 41-42.
Sullivan, H. S.（1953）The Interpersonal Theory of Psychiatry, Perry, H. S. et al.（eds.）New York : W. W. Norton & Co., Inc.（『精神医学は対人関係論である』中井久夫・高木敬三・宮崎隆吉・鑪幹八郎訳、

みすず書房、一九九〇年）
棚木恵子（1994）「待つ女」『古代文学講座4　人生と恋』勉誠社。
富安風生（1933）『草の花』、竜星閣。
津田左右吉（1948）『日本古典の研究』岩波書店。
Von Franz, M-L.（1972）Creation Myth. Spring publications.（『世界創造の神話』富山太佳夫訳、人文書院、一九九〇年）
――（1975）An introduction to the psychology of fairy tales. Spring publications.（『おとぎ話の心理学　ユング心理学選書①』氏原寛訳、創元社、一九七九年）
渡辺雄三（1990）「夢の中の子供」『心理臨床』3（1）、一九―二四頁。
Winnicott, D. W.（1958）Collected Papers: Through Paediatrics to Psycho-Analysis. London: Tavistock Publications; New York: Basic Books.（『小児医学から児童分析へ　ウィニコット臨床論文集I』北山修監訳、岩崎学術出版社、一九八九年）
山路平四郎（1973）『記紀歌謡評釈』東京堂出版。
山中千恵子（1977）『山中智恵子歌集〈現代歌人文庫11〉』国文社。
柳田國男（1969）「桃太郎の誕生」『柳田國男全集〈第6巻〉』筑摩書房。
横山重・松本隆信（編）（1974）『室町時代物語大成　2』角川書店。

【著者紹介】
網谷由香利（あみや・ゆかり）
現在　佐倉心理療法研究所所長。臨床心理士
東洋英和女学院大学大学院人間科学研究科人間科学専攻（臨床心理学領域）博士後期課程修了、専攻　臨床心理学、分析心理学、博士（人間科学）東洋英和女学院大学大学院
論文『心理療法を通して生じる子どもイメージー「傷ついた治療者」の機能をめぐる分析心理学的一考察ー』（東洋英和女学院大学大学院）、『ヒステリー概念によるDID再考ー自らを去勢することで願望充足を果たした女性ー』（思春期青年期精神医学・JSAP　Vol.15 No.2, 2005, pp.155-164.）
著書『中学生の境界性人格構造に対する心理療法のあり方』「ボーダーラインの人々ー多様化する心の病ー（分担執筆）」（ゆまに書房）、『こころの傷が治ったーカウンセリングの現場から（共著）』『不登校・心の病を治す』『こころの病が治る親子の心理療法』（以上、第三文明社）

子どもイメージと心理療法

2010年4月20日　初版第1刷印刷
2010年4月30日　初版第1刷発行

著　者　網谷由香利
発行者　森下紀夫
発行所　論 創 社
東京都千代田区神田神保町2-23　北井ビル
tel. 03（3264）5254　fax. 03（3264）5232　web. http://www.ronso.co.jp/
振替口座　00160-1-155266
印刷・製本　中央精版印刷
ISBN978-4-8460-0801-7　